全球变局下的财富管理趋势

——2019青岛·中国财富论坛

王波明 | 主编
张燕冬 | 执行主编

人民出版社

目　录

序

引　论

第一章

全球与中国经济：不确定性中的新引擎

第二章
开放与全球投资

第三章
逆周期下的财富管理新格局

第四章
航运贸易与金融创新

第五章 资本市场制度创新与突破

第六章 风险投资赋能创新生态

第七章 多渠道拓宽企业上市之途

第八章
供应链金融与实体经济

第九章
全球资产配置路径与未来

第十章
生物识别开启移动支付新场景

第十一章
移动支付的风控与监管

第十二章
科技助力传统金融焕发新动能

第十三章
迈向数字经济的金融科技

第十四章
中国财富管理金家岭指数

第十五章
青岛再出发

序

要让青岛成为山东这个中国对外开放新高地中的桥头堡，对内与京津冀、沿黄流域、东北三省形成发展良性互动，对外面向东北亚、联通日韩，努力打造长江以北地区国家纵深开放的新的重要战略支点。而打造国际航运贸易金融创新中心，就是在这样的开放发展大背景、大坐标中提出来的。航运、贸易、金融，三者是一个互动的系统。航运是贸易的重要载体，贸易是金融的重要依托，金融是贸易的重要杠杆。从一定意义上来说，推动航运、贸易、金融紧密互动发展，就是打造一个生态系统。政府作为这个生态系统的组成部分，所能给予整个生态圈的就是营造市场化、法治化环境。

以财富之水助力国际航运贸易金融创新

王清宪*

财富，有物质和精神两种。我们今天这个论坛叫"中国财富论坛"，我理解，既是物质财富创造者的论坛，又是为物质财富创造者提供精神财富的论坛。

今年论坛的主题，是"财富助力航运贸易金融创新"。青岛正在发

* 王清宪，时任山东省委常委、青岛市委书记。

起国际航运贸易金融创新中心建设攻势，围绕航运做贸易，围绕贸易繁荣金融，全面提升青岛在航运、贸易、金融领域的全球竞争力和影响力。诚挚地欢迎大家帮我们一起出谋划策，推动航运、贸易、金融等多业态在青岛深度融合、互动提升。

从去年6月的上合组织青岛峰会，到今年4月的海上阅兵活动，习近平总书记在不到一年的时间里，两次来到青岛，对山东和青岛的工作，提出了一系列重要指示要求。习近平总书记的重要指示要求内容丰富，从全局与战略的层面，对青岛有三句话是最基本的。第一句，“办好一次会，搞活一座城”，这个“活”，是要内生的“活”，是全要素的“活”，正像山东省委书记刘家义同志指出的，是空间布局层面的“搞活”，是动力层面的“搞活”，是各个领域的“搞活”。也就是说，是立体、综合、全方位、内生地“搞活”。第二句，建设现代化国际大都市，我们研究提出要建设具有开放、现代、活力、时尚特质的国际大都市。第三句，要求山东在全国开放大局中打造对外开放新高地。山东省委要求青岛，充分发挥沿海开放城市作用，整合全球优质要素资源，做山东面向世界开放发展的桥头堡。我们理解，就是要让青岛成为山东这个中国对外开放新高地中的桥头堡，对内与京津冀、沿黄流域、东北三省形成发展良性互动，对外面向东北亚、联通日韩，努力打造长江以北地区国家纵深开放的新的重要战略支点。在我国东部沿海，已经有了珠三角、长三角开放支点的今天，从国家区域协调发展和纵深开放的角度来讲，中国的北方的确需要这样一个新的开放的战略支点，青岛应当有这样的担当。

青岛打造国际航运贸易金融创新中心，就是在这样的开放发展大背景、大坐标中提出来的。我们认识到，航运、贸易、金融，三者是一个互动的系统。航运是贸易的重要载体，贸易是金融的重要依托，金融是贸易的重要杠杆。金融放大贸易，贸易撬动航运。

从全球来看，伦敦、新加坡、纽约、香港、上海、深圳等世界知名的开放城市，都是集航运、贸易、金融功能于一体的航运中心、贸易中心、金融中心。具体来说，主要分三种模式。第一种是以市场交易和提供航运服务为主，以伦敦为代表。世界20%的船级管理机构常驻伦敦，世界50%的油轮租船业务、40%的散货船业务、18%的船舶融资规模和20%的航运保险总额，都在伦敦进行。全球有1750多家从事航运服务的公司与机构在伦敦设有办事处。第二种是以货物中转为主，以新加坡为代表。由于新加坡自身腹地较小，直接外贸运输并不多，但通过实施世界上最为开放的自由贸易政策，将其他国家的国际贸易货物都吸引了过去，以转口贸易产生的利润、税收等收入，推动金融、交通、旅游等行业发展，实现了由传统的中转型国际航运中心，向综合性航运贸易金融中心的转变。新加坡国际航运中心排名世界第1位，“全球金融中心”指数排名第4位。第三种是以腹地货物集散服务为主，以纽约为代表。它承担了美国外贸进出口运输量的40%，在区域运输中占据重要地位，带动了航运、贸易、金融的紧密互动。它们的成功经验，都为我们提供了有益借鉴。

青岛以港而立、因港而兴。1891年，青岛建置，1892年，青岛就开始兴建港口，航运、贸易也随之逐渐繁荣起来。此后百年，特别是新中国成立后，青岛一直是我国重要的开放口岸，青岛港一直是沿黄流域最大的出海口。发展到今天，青岛港已经成为全球第六大港，国际集装箱航线总数稳居中国北方港口之首。青岛不只拥有世界一流的海洋港口，在空港方面也有优势，新建的4F级胶东国际机场，规划建设的两条3600米的远距跑道，可起降空客380、波音787等世界最大机型，满足年旅客吞吐量3500万人次的保障需求；到2045年，将再建设两条跑道，满足年旅客吞吐量6000万人次的保障需求，真正成为面向世界的东北亚国际枢纽机场。

单纯从港口的航运功能来看，青岛没有与世界知名的航运中心城市拉开多大距离。但在港口贸易、航运服务和金融服务上，我们的确还存在明显的差距。青岛港现在还只是一个运输港，很多货物的交易贸易都不在青岛，我们只能挣点车马费。青岛的现代航运服务业也还只是附加值较低的货运代理、船舶代理，像航运保险、航运金融这样的高端航运服务业，我们发展相对滞后，也缺少有较大影响力的全球、全国性贸易企业。

运输港只有成为贸易港，在更大市场空间内配置资源，港口的效应，港口对一个城市的价值，才可能最大程度地发挥。习近平总书记在不久前的二十国集团领导人峰会上提出“加快中日韩自由贸易协定谈判进程”，我们正在瞄准日本、韩国引进综合性贸易主体，推动与两国海港、空港的联动互通，争取越来越多的知名贸易大企业在青岛注册落户。我们与中远海运、马士基、地中海、达飞等著名的船公司开展战略合作，还分别与中谷海运、安通控股、上海泛亚等排名前三位的内贸集装箱航运企业签订了合作协议，世界前 20 大船公司都在青岛港持续增航线、扩舱容。前几天，全国政协副主席梁振英先生到青岛考察，对香港与青岛开展航运、贸易、金融领域合作，给予了很大关注，提出了具体合作路径。来自香港中华厂商联合会的一批企业家也来到青岛，我们作了深入沟通交流，建立了联系推进机制，香港将在国际航运、贸易、金融、海事，以及旅游、餐饮、时尚等服务业方面全面助力青岛。青岛还在对标世界知名港城，邀请专业团队，进行青岛港大港区域转型改造和临空经济示范区加快建设。我们探索的，就是海港、空港与城市相互融合、一体发展的港城建设路子，为相关产业集聚发展搭建平台。

金融是现代经济的血液。血脉通，发展才有活力。青岛是一个具有深厚金融基因的城市，一百年前，依托发达的铁路与口岸，现代工商业就在这里聚集，金融业开始兴起并活跃，20 世纪 30 年代，青岛中山路一代银行林立，青岛成为那时山东乃至华北的金融中心。一百年后，青岛金融业的大树更是枝繁叶茂、硕果累累。特别是 2014 年 2 月青岛市财富管理金融综合改革试验区的获批，为青岛金融业发展注入了新的强大动力。2016 年 4 月，青岛首次被纳入全球金融中心指数（GFCI）排名，居第 79 位，到今年 3 月已跃居全球第 29 位。2018 年，青岛金融业实现增加值 800.4 亿元，占 GDP 比重 6.7%，金融业已成为全市的重要支柱产业。

金融机构是金融业的主体。目前，我市金融机构数量达到了265家，全国首家外商独资财富管理公司、银行业首批资产托管中心、全国首家由产业发起设立的消费金融公司、全国第三支人民币国际投贷基金、首家市级资产管理公司等具有示范意义的专业财富管理机构相继在青岛设立。他们为管理好千家万户的财富贡献自己的力量，而他们本身也是青岛的宝贵财富。

我们深知，与青岛优质的资源禀赋相比，我们的金融业发展还远远不够，还需要进一步聚合能量。我们正推进实施聚集金融资源的“金富”、服务实体经济的“金帆”、扩大金融对外开放的“金链”三大行动计划，出台在全国具有显著优势的金融业扶持政策，做好金融招商引资、招才引智工作，链接国际金融资源，更好地发挥金融作用，着力打造服务于航运贸易的金融中心、全球创投风投中心和面向国际的财富管理中心。

有专业人士分析，一个时期以来，受全球大局势的影响，创业风险投资在全球范围加速流动。我们用心地抓住这一机会，于今年5月9—10日，召开了2019全球（青岛）创投风投大会，出台“青岛创投风投十条”政策及配套实施细则，千余位创投专家、商业精英、创业先锋和企业家汇聚青岛，打造了一场全球创投风投领域的盛会。大家反映，“青岛创投风投十条”政策，是目前全国创投风投方面最具吸引力的政策。我们启用了创投风投大厦，面向世界，打造中国创投风投中心。两个月时间，来青岛对接洽谈创投风投合作的机构超过120家，其中已落地或计划年内落地基金机构85家，涉及基金规模上千亿元。

财富管理是金融的重要内容。它从本质上讲，是一种投资行为。从客户的角度来看，是为了实现财富的保值增值；从服务机构的角度来看，是通过最大限度合理配置财富，以财富创造财富，从而获取回报。能够在驾驭风险的同时创造价值，这必然是智慧者的事业。中国的财富管理一个重要的特点，就是我们更加突出面向广大人民群众的财富管理需求。从这个层面来讲，财富管理还是一个增加民众财产性收入的善行义举。

习近平总书记指出，“中国经济是一片大海”。财富如水，要想让一滴水避免蒸发的风险，最好的办法就是汇入大江大河；要想让一滴水也能有奔流到海的价值，最好的办法也是汇入大江大河。财富管理的大江大河在哪里？我想，这恰恰呼应了本次论坛的主题，“财富助力航运贸易金融创新”。航运、贸易、金融，关系着人流、物流、资金流、信息流、技术流等要素的流动，正是发展的大江大河。作为国内唯一以财富管理为主题的金融综合改革试验区，青岛将继续加强探索、先行先试，用平台思维做发展乘法，积极搭建各类平台，用开放的视野、在更大的空间整合资源，推动财富与产业、技术、人才等要素在青岛互动耦合，创造新的组合，实现价值倍增，使财富更好地规避风险、获得收益，以财富之水，助力国际航运贸易金融创新，为国家战略担当、为山东乃至中国北方发展赋能。

从一定意义上来说，推动航运、贸易、金融紧密互动发展，就是打造一个生态系统。我们用生态思维创造发展环境，像自然生态一样，营造适宜的阳光、空气、温度、湿度等环境条件，吸引有资源优势的合作方在青岛连在一起，推动各要素形成深度关联、跨界融合、开放协同、利他共生的生态圈系统，降低企业发展成本，促进企业价值的实现。我们认为，政府作为这个生态系统的组成部分，所能给予整个生态圈的最佳的“阳光”“雨露”，就是营造市场化、法治化的环境。

市场化改革，就是要政府更加认识市场规律，尊重市场规律，利用市场规律，推动市场在资源配置中起决定性作用。这次机构改革，青岛在 16 个经济管理部门都设置了市场配置促进处，这在全国可能都是一种探索，其目的就是要专门研究政府应如何在尊重市场的前提下发挥作用，把凡是市场能干的一律交给市场；市场机制还不完善的，政府就去培育市场，而不是替代市场；在市场失灵的领域，政府则要更好地补位，发挥好政府作用。我们在金融领域也积极发挥市场的力量，前面讲到的全球（青岛）创投风投大会，就走了市场化办会的路子，委托相关创投风投公司参与办会，整合全球创投风投优势资源，大会办得很成功，赢得各方面赞誉。财富论坛连续成功举办，也得益于与《财经》的良好合作。

法治化的重点是规范和约束公共权力。我到青岛工作后反复讲，政府作为行政法人，要敬重法律，“新官不理旧账”，是法盲的表现。前期，我们对全市由政府失信导致的纠纷进行摸底排查，依次分类做出处置。我们还由政府购买公共服务，聘请中介机构对涉及企业的相关政策进行研究梳理汇总，向企业提供咨询服务，企业想申请什么政策，不用跟政府部门见面，就找政府委托的中介机构，由中介机构依法依规帮企业申请政策兑现，并且约束政府兑现政策。如果无故不兑现，就要提起行政调解、行政诉讼。我们用法治化思维和手段打好防范化解重大金融风险攻坚战，针对财富管理跨行业、跨市场、跨国界优化配置资金的特点，强化风险意识，扎实做好前端评估、监测预警、风险隔离，加强薄弱环节监管制度建设，抓好重点领域风险防范和处置，严厉打击违法违规金融活动，维护地方金融稳定。

改革开放虽然40多年了，但让各级党政领导干部把市场化、法治化的意识渗透到血液中去，成为一种自觉和习惯，的确不是件容易的事。为进一步优化政务环境，加快高质量发展步伐，我们提出“学深圳、赶深圳”，首先从“学深圳人、赶深圳人”做起，持续地选派干部到深圳体悟实训，计划每年派3批，每批150人、体悟实训100天。首批150名干部已经到了深圳，全部安排到深圳的大型企业、投资机构和中介组织，让干部忘掉职务，成为职员，换位去体悟，身临其境去感受，既了解企业是如何运作的，也站在企业的角度体悟深圳什么样的政府服务才让企业家感到舒服，用企业的眼睛去看什么是干部的市场化、法治化、专业化、开放型的素质和能力。这样长期坚持下去，去过深圳的干部会越来越多，使具备市场化、法治化、专业化、开放型的素质和能力的干部成为主流，青岛市场化、法治化政务服务环境就会形成。

这次论坛高朋满座、精英荟萃，十分期待听到大家的真知灼见；十分期待得到大家对青岛国际航运贸易金融创新中心建设的具体指导；十分期待大家落户青岛，共创财富！

在青岛金融综合改革试验区的建设方面，有两个原则需要我们在工作中牢牢把握。一是综合改革试验区的建设要以促进实体经济的发展为目标和目的。二是综合改革试验区的建设要把抓好风险防控、优化金融关系摆在重要位置。首先，财富管理机构要健全风险管理和内部控制体系，培育有效的风险合规文化，特别是在金融产品的提供上，一定要简约透明，进行充分风险揭示。其次，金融监管部门要增强统一监管的协调性，特别是中央金融管理部门和地方的金融监管部门要形成监管的协同，避免监管盲区。

青岛财富管理综合改革试验区的重要建设原则

刘　强*

青岛财富管理综合改革试验区是 2014 年获得国家批准的。五年来，在国家金融管理部门的支持和指导下，试验区出台了一批具有示范效应的财富管理政策和制度，集聚了一批专业的财富管理机构，形成了财富管理基础研究和多层次的人才培养体系，提升了财富管理中心城市的综合服务功能，初步构建了财富管理对外开放的合作体系。

综合改革试验区建设取得的进展，有效促进了青岛金融业的健康发

---

* 刘强，时任山东省副省长。

展，青岛金融业的健康发展又进一步促进了青岛经济的高质量增长。五年来，全市金融业增加值占地区生产总值的比例提高 0.8 个百分点，金融业全口径的税收增长 57%，主板上市和新三板挂牌企业达到 129 家。五年来，全市人均地区生产总值增加了 43%，财政收入增长了 39%，居民的人均可支配收入增长超过 20%，应该说综合改革试验区的建设取得了明显成效。我们认为，抓好青岛财富管理综合改革试验区，是金融供给侧结构性改革的一项重要内容。现在要做的工作很多，有些工作是要国家金融管理部门帮助我们来做，有些工作是要在国家金融管理部门的支持下，我们自己做。但是，不管怎么做，在下一步的综合试验区的建设方面，有两个原则需要我们在工作中牢牢把握。

第一个原则，综合改革试验区的建设要以促进实体经济的发展为目标和目的。从广义的角度来看，财富是储蓄积累的成果。企业部门、居民部门财富水平的高低，对资本的形成，对投资率的影响，对经济的长期增长，都具有强大的作用。要让企业部门、居民部门积累下的财富，通过金融市场和金融工具的转移，更好地实现对经济新动能增长聚集的促进作用。反过来，经济新动能的成长，聚集的成效，又进一步促进财富水平的增长，这是我们在下一步综合试验区建设中，需要牢牢把握的一个重要方面。包括刚才清宪同志讲的，如何让综合改革试验区的建设进一步促进青岛航运贸易事业的发展，这些都是我们在下一步综合试验区建设中需要努力实践的内容。这方面也需要得到在座的各位大家智慧的贡献。

第二个原则，综合改革试验区的建设，需要把抓好风险防控、优化金融关系摆在重要位置。通过金融产品、金融市场包括商品市场实现财富价值形态的转换和财富保值增值的这一过程中，不可避免会产生风险。财富管理实质上也是金融风险管理，这个方面，在试验区的建设上，首先，财富管理机构也就是金融机构要健全风险管理和内部控制体系，培育有效的风险合规文化，特别是在金融产品的提供上，一定要简约透明，进行充分风险揭示。要从向客户推销产品，向提升客户价值转变。150 多年前，美国货币监理署给当时从业人员的指导函里面有这样一句话，“要本着简单明了、正直合法的原则办理银行业务，遵守国家货币法案的规定，做正确的事，永远不要被可能的高额利润所诱惑”。我相信虽然 150 多年过去了，但是这句话对现在的金融产业仍然有强烈的借鉴和指导作用。

其次，金融监管部门要增强统一监管的协调性，特别是中央金融管理部门和地方的金融监管部门要形成监管的协同，避免监管的盲区。另外，按照中央的要求，进一步强化风险处置的属地责任，当前在抓好风险防控，优化金融生态环境的工作中，有一项重点工作，就是打击非法集资。非法集资基本都是打着财富管理的幌子，都是披着羊皮的狼，所以要把打击金融犯罪和社会稳定结合起来。金融监管部门和地方政府要共同做好投资者教育和消费者权益的保护。

青岛财富管理改革试验区的建设，离不开社会各界特别是在座大家的关心、支持、指导和帮助，我们衷心希望在综合改革试验区今后的建设中，继续得到大家一如既往的支持。

金融活，经济活；金融稳，经济稳。我们将充分发挥财富管理金融综合改革试验区优势，努力营造良好金融生态和一流营商环境，不断增强金融创新活力和综合服务能力，加快打造服务全球的财富管理高地。

增强金融创新活力　打造财富管理高地

孟凡利*

青岛于 2014 年 2 月由国家 11 个部委批复为以财富管理为主题的金融综合改革试验区。五年来，在国家各有关部委和省委、省政府的正确领导下，包括在座各位在内的广大金融界人士的大力支持下，全力推动金融改革创新，积极探索金融业特别是财富管理发展的新模式和新路径，在支持实体经济、有效防控风险、扩大对外开放、加快金融业发展等诸多方面都取得了丰硕成果。财富管理试验区批复之后即设立的“青岛·中国财富论坛”，已经连续举办了五届，影响越来越大，已经成为金融及财富管理界分享思想成果、深化交流合作的重要平台。当然，这要归功于各领导机关，归功于一直积极参与的各位领导、专家、学者，归功于《财经》的各位同志。本届论坛将围绕“财富助力航运贸易金融创新”这一主题展开研讨，相信嘉宾们的真知灼见，将为我们带来新的思想启迪，对我们推动金融改革创新发挥积极作用。

---

* 孟凡利，时任青岛市委副书记、市长。

当前，青岛正深入贯彻落实习近平总书记视察山东、视察青岛重要讲话、重要指示批示精神，致力于推动高质量发展，加快现代化经济体系建设。金融是现代经济的核心，实现上述目标，离不开金融业的繁荣发展。正如习近平总书记曾强调指出，经济是肌体，金融是血脉，两者共生共荣。金融活，经济活；金融稳，经济稳。我们将充分发挥财富管理金融综合改革试验区优势，努力营造良好金融生态和一流营商环境，不断增强金融创新活力和综合服务能力，加快打造服务全球的财富管理高地。海纳百川，有容乃大。我们真诚欢迎更多中外金融机构和人才来青岛发展，携手在这座美丽的滨海城市、开放热土，共享发展机遇，共创美好未来！

真正把财富管理的功能发挥到极致，使青岛市变成全国乃至世界的财富管理中心、参与到全球财富管理竞争的行列，青岛确实还有很长的路要走。

打造青岛的差异化竞争优势

王波明 *

今年已是中国财富论坛的第五年了，也是国务院 11 个部委批复设立青岛财富管理金融综合改革试验区的五周年。我们为什么要做财富论坛，财富论坛的意义到底在什么地方？

2014 年，时任山东省省长郭树清先生倡议将青岛打造为金融中心，当时我们就讨论过青岛的定位。大家都讲金融中心，不管是全国性的金融中心还是地方性的金融中心，那么作为青岛，如何进行差异化的竞争？在那个时候，中国个人储蓄在银行的存款超过 100 万亿，中国财富管理进入了一个新的时代。把青岛定位为全国的财富管理中心，这方面有非常强的竞争力。到了 2018 年，青岛金融业实现增加值 800.4 亿元，是试验区获批前的 1.7 倍；金融业增加值 GDP 比重由试验区获批前的 5.9% 提高至 6.7%，成为国民经济重要支柱产业。在今年发布的“全球

* 王波明，时任《财经》杂志总编辑。

金融中心指数”榜单中，青岛已跃居第 29 位，连续 6 次跻身全球前 50 名，“财富青岛”已成为崭新的城市名片。

但是，真正把财富管理的功能发挥到极致，使青岛市变成全国乃至世界的财富管理中心、参与到全球财富管理竞争的行列，距离这一天，青岛确实还有很长的路要走。

伴随青岛财富管理金融综合改革试验区建设的稳步推进，“中国财富论坛”已逐渐成长为中国财富管理行业发展的风向标，为中国财富管理建设提供了前瞻性、权威性的国际交流的平台，也见证了青岛财富管理新模式、新途径的成熟。

2019 年 2 月，青岛新任书记王清宪到任以来，青岛正着力打造长江以北地区国家纵深开放的新的重要战略支点。今年提出发起 15 个攻势，打造山东面向世界开放的桥头堡。其中之一即是以港口为依托、以贸易为核心、以金融为保障、以建设国际航运贸易金融创新中心为目标的攻势，这也是青岛打造对外开放新高地的一条新路径。

青岛以港兴市，是长江以北自然条件最优良的港口。从传统运输港到国际贸易港的跃升，将充分发挥港口和城市的经济效应，带来人流、物流、商流、资金流和信息流的汇集，衍生出多种现代服务产业，沉淀出现代贸易与金融有机结合的新型高端业态，实现产业资源集聚和整合的实际效应，进而构建国际航运中心的产业生态圈。

期待本次论坛立足青岛财富管理试验区的新攻势，对财富管理、航运贸易与金融创新等金融业改革和发展的热点问题展开深入交流，探讨如何将财富管理新思路与青岛当下的新定位有机结合，进行更大范围的配置与重组，助力青岛早日建设成为面向世界开放、整合全球资源要素的新高地。

引　论

第一点，以金融供给侧结构性改革为主线，推进财富管理市场改革发展。一是加快推进多层次金融市场体系建设；二是加快完善广覆盖、差异化的金融机构和产品体系；三是发挥金融科技在财富管理中的积极作用；四是始终坚持防控风险的底线。第二点，扩大金融业高水平对外开放，推动形成财富管理开放新格局。第三点，积极适应人口老龄化趋势，满足人民群众对养老等生活保障提出的财富管理要求。

深化金融供给侧结构性改革 推动财富管理高质量发展

陈雨露*

很高兴参加“2019 青岛 · 中国财富论坛”。首先，受易纲行长、郭树清书记的委托，我谨代表人民银行，向本次论坛的召开表示热烈祝贺！

2014 年，青岛市“财富管理金融综合改革试验区”正式获批。在山东省、银保监会、证监会等部门的大力支持下，青岛市政府认真履行建设主体职能，各金融机构、学术机构积极参与，立足区域特点和优势，积极创新体制机制，在财富管理机构引进、财富管理产品创新、财富管理市场开放、财富管理人才汇聚等方面取得显著进展，试验区的示

* 陈雨露，时任中国人民银行副行长。

范效应正在不断显现。

下面，就推动我国财富管理市场高质量发展，我想谈几点看法。请大家指正。

第一点，以金融供给侧结构性改革为主线，推进财富管理市场改革发展。

随着中国经济和居民可支配收入的快速增长以及全民财富管理意识的增强，传统的银行存款、房产等资产配置方式，已经不能满足人民群众日益增长的差异化、个性化的综合财富管理需求，需要通过金融深化，不断拓宽投资渠道、丰富投资品种。面对财富管理市场需求端的“慢变量”、小趋势和新变化，要求金融系统认真贯彻落实习近平总书记关于加快金融供给侧结构性改革的重要指示，着力推动财富管理服务结构和质量的转变。

一是加快推进多层次金融市场体系建设。成熟的财富管理市场，需要有全方位、多层次的金融市场体系作为支撑，能够涵盖银行信贷市场、债券市场、股权市场、风险投资等各金融子市场。现阶段特别是要不断地提高直接融资比重，支持鼓励企业年金和商业养老保险等财富管理业务发展，发挥好这些资金体量大、期限长的优势。同时，也要鼓励风险投资、私募股权等财富管理投资形式规范发展，更好地支持高新技术企业的发展，让投资者更充分地参与、分享企业各成长阶段的发展和收益。

二是加快完善广覆盖、差异化的金融机构和产品体系。支持商业银行规范发展理财产品，稳妥设立理财子公司，建立健全私人银行专营机构，不断提升财富管理专业化水平。鼓励金融机构设计、研发适合不同风险偏好投资者的金融产品，推动社会财富管理市场个性化、综合化发展。非银行类金融机构要注重在资产管理业务的差异化和特色化方面下功夫，加快向现代资产管理业务转型步伐。

三是发挥金融科技在财富管理中的积极作用。在保障金融消费者权益和有效管控风险的前提下，推动金融与科技深度融合，研究探索人工智能等新兴技术手段在财富管理领域的应用，守正创新财富管理服务内容、服务模式，提升服务效率和客户体验。

四是始终坚持防控风险的底线。一方面，金融管理部门要加强财富管理领域的风险监测，建成覆盖包括财富管理在内的所有金融机构、金融基础设施和金融活动的金融业综合统计体系，为研判财富管理发展态势、结构特征和风险状况提供强有力的信息支撑。要严格落实金融业持牌经营原则，持续完善政策法规，丰富和发展与财富管理新业态相适应的监管工具箱，确保对各类财富管理业务的监管全覆盖，平衡好金融创新与风险防控动态平衡关系，推动财富管理可持续发展。对于财富管理市场出现的非法集资、金融欺诈等违法违规行为，要坚决依法予以打击和惩处，维护良好的金融秩序。另一方面，财富管理从业机构要树立“负责任金融”的理念，严格信息披露，不得夸大收益、虚假销售，坚持投资者适当性原则，向各类投资者提供适当的金融产品和金融服务。投资者要树立理性成熟的长期投资理念，买者自负、风险自担，不能抱有一夜暴富等不切实际的想法，不断增强自身的金融素养。

第二点，扩大金融业高水平对外开放，推动形成财富管理开放新格局。

经过 40 多年的改革开放，我国经济金融已经深度融入全球产业分工和价值链体系，大量企业通过“走出去”实现了全球化布局和经营，居民的海外旅游、教育和投资需求不断增长，客观上要求加快金融业对外开放，形成全球化的资产配置格局，在全球范围内有效分散风险、实现合理回报。

经过长期的理论研究和政策实践，我们对金融业行业属性的认识也在不断深化。一方面，金融业是经营货币和信用的特殊行业。设立金融机构、从事金融业务，必须严格遵守金融机构、金融业务和高管人员资质准入管理，纳入全方位监管。另一方面，金融业本质上是竞争性服务业。通过市场化机制和充分竞争，金融机构自主决策、自主创新，为经济主体提供多元化、多样化的金融服务，帮助经济主体提高资源配置效率并有效管理风险。

2018 年以来，人民银行认真贯彻落实习近平总书记在 2018 年博鳌亚洲论坛上的重要讲话精神，牵头制定了扩大金融开放的 11 条具体措施。目前，绝大部分措施已经落地，在持股比例、新机构设立、业务范围拓展、金融市场开放、银行卡清算、非银行支付、信用评级等领域取得了丰硕成果，获得了国内外金融界的积极评价。

今年 6 月 28 日，习近平总书记在 G20 大阪领导人峰会上对我国加快形成对外开放新局面、进一步扩大服务业等领域开放、全面实施平等待遇等作出了庄严承诺。7 月 2 日，李克强总理在十三届夏季达沃斯论坛上宣布，中国将深化金融等现代服务业开放举措，将原来规定的 2021 年取消证券、期货、寿险外资股比限制提前至 2020 年。下一步，人民银行将按照中央统一部署，与其他金融管理部门一道，确保已对外宣布的开放措施尽快落地。推动实行准入前国民待遇加负面清单管理模式，制定统一的准入和监管标准，确保中外资机构皆可依法平等进入负面清单之外的领域和业务，不断扩大金融市场双向开放，满足国内投资者在全球范围内配置资产以及国际投资者配置国内金融资产的需求。在扩大对外开放的同时，我们也将不断完善金融监管，使监管能力与开放程度相匹配，牢牢守住不发生系统性金融风险的底线。我们欢迎外资金融机构和境外投资者积极参与中国金融业的对外开放进程，扩大我国财富管理领域的产品和服务供给，实现互利共赢、共同发展。

第三点，积极适应人口老龄化趋势，满足人民群众对养老等生活保障提出的财富管理要求。

人口结构的变化既可以通过劳动供给、资本积累、全要素生产率等渠道影响生产供给，又可以通过改变消费、投资储蓄等行为影响社会需求。

发达国家的经验已经显示，从长期来看，人口老龄化将对金融市场结构、金融产品结构和资产价格走势等产生重大影响。比如，随着人口老龄化程度的加深，养老体系三大支柱中的基本养老保障和雇主养老金计划明显不足，以个人商业养老保险为主的第三支柱重要性越发凸显，这将为资本市场带来长期稳定的资金来源，有利于促进多层次资本市场健康发展。再比如，老龄人口的风险意识相对保守、风险承受能力下降，对能够带来长期稳定现金流、风险适中的金融产品的需求增加，这样也会对金融产品的供给格局产生影响。

我国自20世纪末开始老龄化进程以来，老年人口数量快速增加。根据世界银行的测算，65岁及其以上人口占比从7%上升到14%所需要的时间，法国用了115年，瑞典是85年，美国是66年，英国是45年，而我国预计只用25年左右，大大快于世界其他主要经济体的同期水平。原本是“慢变量”的人口因素，在我国却越来越体现出“快变量”的特征。

积极应对人口老龄化问题是贯彻以人民为中心的发展思想的内在要求，也是实现经济高质量发展、维护社会和谐稳定的必要保障。在这方面，财富管理行业责无旁贷、大有可为。要积极适应人口老龄化趋势，满足人民群众对养老等生活保障提出的财富管理要求，探索开展应对人口老龄化趋势的财富管理业务，创新适合投资的养老保障类金融产品，夯实应对人口老龄化的社会财富储备。在依法合规、风险可控的前提下，加快发展商业性养老保险以及养老信托和其他资产管理产品等老龄适应性金融产品和服务，为老年人提供更多金融资产保值增值渠道。进一步加强针对老年人群体的金融知识宣传教育，强化老年人金融安全意识，加大金融消费权益保护力度。

青岛·中国财富论坛已经连续成功举办5届，在国内外金融及财富管理界产生了积极反响，已逐步发展成为中国财富管理行业发展的重要风向标。青岛市是我国重要的沿海开放城市和区域经济中心城市，经济基础较好，经济活跃度和开放度较高，有条件在金融供给侧改革方面加大先行先试，当好财富管理改革的试验田。人民银行将继续支持青岛市开展财富管理改革、探索和创新，会同有关部门把青岛财富管理金融综合改革引向深入，也希望青岛能够探索形成更多可复制、可推广的经验。

资管业务已成为金融业的重要组成部分。回顾过去，我国资管行业经历了持续探索发展；立足当前，我国资管行业进入了健康发展的新时期；放眼未来，我国资管行业发展仍具有广阔空间。银行业保险业发展资管业务具有自身的特点和优势。一是银行业保险业资管业务是行业内的重要力量；二是银行业保险业资管业务具有自身的特点和优势；三是银行业保险业资管业务发展具有坚实的制度保障。加强对银行理财子公司的监管。一是坚持严格监管；二是坚持维护公平竞争；三是坚持保护投资者合法权益。

促进银行业保险业资管业务健康发展

曹　宇*

很高兴参加“2019 青岛 · 中国财富论坛”。首先，我谨代表中国银保监会对本次论坛的成功举行表示热烈祝贺！

自创立以来，中国财富论坛已发展成为具有国际影响力的财富管理交流平台，在聚集专业智慧、推动中国财富管理行业探索前进方面发挥了重要作用。银保监会将一如既往地支持青岛财富管理试验区建设，鼓励银行保险机构推进财富管理业务创新，丰富金融产品，助力经济实现

---

* 曹宇，时任中国银行保险监督管理委员会副主席。

高质量发展。借此机会，我与大家交流三点意见。

一、资管业务已成为金融业的重要组成部分

回顾过去，我国资管行业经历了持续探索发展。从1998年首批公募证券投资基金的正式发行，到2002年商业银行开始推出理财产品，再到2003年保险资产管理公司相继成立，经过二十多年的发展，我国金融机构资管业务从无到有，从单一走向多元，从小众高端走进寻常百姓家。截至2019年一季度末，我国金融机构资管产品余额近80万亿元，规模超过金融机构总资产的四分之一。资管业务已经发展成为我国金融业的重要组成部分。

立足当前，我国资管行业进入了健康发展的新时期。2018年发布实施的资管新规及配套细则为统一规范资管业务、促进全行业健康发展奠定了制度基础。资管行业已初步形成银行、保险、信托、证券、基金等多种资管业务分工协作、优势互补和良性竞争的市场格局。同时，我国的经济稳定增长和居民财富积累，也为资管行业创新发展提供了战略机遇。到2018年底，我国国内生产总值已达90万亿元，全国城镇居民人均可支配收入达4万元。据市场预测，2021年中国个人可投资资产规模将达到200多万亿元。这迫切要求资管行业进一步适应实体经济和金融市场变化，深化改革，主动作为，丰富供给，发展壮大，满足日益多样化、差异化的投融资需求。

放眼未来，我国资管行业发展仍具有广阔空间。一些金融市场发展较为成熟、资管服务相对活跃的国家，在居民家庭的金融资产中，现金和储蓄的比例已下降到13%左右，资管产品的占比将近四分之一。而据不完全统计，当前我国居民家庭的金融资产构成中，现金和储蓄占比仍超过一半。借鉴国际经验，随着经济的不断提质升级，资管行业在我国仍有很大市场潜力。

总之，我国资管行业经过不懈探索，已经成为金融业的重要组成部分，未来还具有很大的上升空间。作为监管部门，我们需要进一步提高对资管业务的重视程度，把资管行业的发展与监管问题放在更加重要的位置。

二、银行业保险业发展资管业务具有自身的特点和优势

一是银行业保险业资管业务是行业内的重要力量。经过十多年的探索实践，我国银行业保险业资管业务已逐步形成了具有自身特色的发展理念、市场定位、功能优势和专业积累。截至 2019 年一季度末，银行业保险业资管产品余额合计近 44 万亿元，占资管市场总规模的 55%。具体来看，银行理财产品余额 22 万亿元、保险资管产品余额 2.6 万亿元、信托公司资金信托余额约 19 万亿元。相关业务正按照监管要求主动优化投资结构，呈现出更稳健和可持续的发展态势。

二是银行业保险业资管业务具有自身的特点和优势。首先是长期稳健经营形成的产品信誉优势。从过往实践来看，银行理财和保险资管等起步于面向储蓄客户和保险客户的增值服务需求，定位于风险偏好适中或相对保守、不谋求超额回报的大众投资者。因此，其资管产品总体上保持较为稳健谨慎的投资策略，更加注重受托资产的安全性和收益的可持续性。经过长期发展，银行理财和保险资管等为客户提供了相对稳定的产品收益，也积累了宝贵的市场声誉和投资者信任。其次是紧密贴近客户形成的网络渠道优势。银行业保险业机构普遍具有覆盖广泛、延伸下沉的物理网点和电子渠道，这是更好触达客户、了解客户、服务客户的天然优势，为密切客户联系，准确把握需求，增强服务针对性提供了基础保障。最后是严格审慎监管形成的合规管理优势。银行业保险业事关广大人民群众的基本财产安全，无论是国际还是国内，均接受最为严

格审慎的监管。我们对其资管业务也实施了行为监管与机构审慎监管相结合的监管框架，始终强化内部控制和外部约束，严格防范短期利益和过度承担风险，更好地保障其安全稳健运行和可持续发展。

三是银行业保险业资管业务发展具有坚实的制度保障。银保监会一直注重完善优化监管规则，筑牢制度栅栏，明确传递监管政策导向，不断强化市场机构的合规意识和自觉实践。特别是在资管新规发布实施后，在银行理财方面，银保监会及时制定出台《商业银行理财业务监督管理办法》《商业银行理财子公司管理办法》等配套细则，明确落实资管新规要求，督促指导银行理财业务整改和转型，坚定推进银行理财子公司改革。在保险资管方面，抓紧制定《保险资产管理产品业务管理暂行办法》，并针对组合类资管产品、债权投资计划和股权投资计划分别制定了配套细则。目前，相关工作已基本完成，正在按立法程序抓紧推进。在信托业务方面，正在起草《信托公司资金信托管理办法》等制度规则，形成以监管部门为主体，行业协会自律功能、信托登记公司市场约束功能、信托业保障基金保障机制为补充的信托业风险防控体系。

三、加强对银行理财子公司的监管

当前，推动银行理财业务规范转型是我们的一项重要任务，其中理财子公司改革是关键着力点。在过去一年里，银保监会围绕资管新规的明确要求，督促银行业保险业资管业务规范转型，目前总体呈现出总量保持平稳、产品结构优化、理财子公司顺利组建的良好发展态势。按照“成熟一家、批准一家”的原则，有序批设理财子公司。截至目前，六家大型银行均已获批设立子公司，四家已开业；全国性股份制银行已全面展开相关工作，其中三家正在筹建，光大银行还计划将青岛市作为理财子公司注册地，以实际行动支持青岛财富管理试验区建设。与此同时，城市商业银行的理财子公司设立工作已开始起步；农村商业银行、外资银行等也在积极推进。

下一步，银保监会将在严守风险底线的前提下，突出监管重点，持续优化监管规则和监管方式，督促引导理财子公司起好步、亮好相、开好头，在支持资本市场建设、服务实体经济、助力居民财富增长等方面，发挥积极作用。

一是坚持严格监管。银保监会将持续督促理财子公司秉承商业银行的审慎稳健经营理念，在起步阶段就树立起合规意识和文化。在日常经营中，始终坚持依法依规展业、强化行为约束，健全风控体系、夯实内控基础，敬畏风险、敬畏规则，坚定走好健康可持续发展的道路。同时，理财子公司业务创新和产品创新，必须有利于支持实体经济、有利于防范金融风险、有利于保护投资者合法权益，更好地满足多样化金融需求。

二是坚持维护公平竞争。不同的资管机构在管理机制、经营理念、激励约束机制、投资运作和人才储备等方面各具优势和专长。银保监会将在资管新规统一规制的基础上，进一步加强与相关部门的协调配合，消除制度性洼地，维护公平竞争，支持理财子公司明确定位、错位竞争，走市场化、专业化发展道路，实现与各类资管机构优势互补和功能协同，共同创建良性竞争、有序协作的公平市场环境。

三是坚持保护投资者合法权益。银行理财业务担负着广大投资者的财产托付，承载着老百姓的信任。要准确评估把握投资者的风险偏好和实际承受能力，强化对销售行为和渠道的管控，确保投资者适当性管理落到实处。同时，要更加重视投资者教育，普及理财知识，培育风险意识，树立科学审慎的投资理念，切实保护投资者合法权益。

我国正处于经济转型升级和结构性改革的关键时期。“百舸争流，奋楫者先”，希望资管行业不忘初心、牢记使命，真正承担起受人之托、代客理财的专业责任，为人民群众做好财富管理，为实体经济做好支持服务，共同推动中国的财富管理迈上新台阶。也希望大家继续支持“中国财富论坛”这个平台，为中国资产管理行业改革和青岛财富管理试验区建设贡献智慧和力量！

相较海外成熟市场，国内管理期货市场还存在较为明显的不足：一是管理期货行业规模较小，二是投资者结构有待改善，三是近年来管理期货市场发展缓慢。发展我国管理期货市场，我们还需要重点做好以下几方面工作：第一，拓宽期货市场广度，为管理期货提供更丰富的对冲工具以及跨品种、跨工具交易策略。第二，拓展期货市场深度，为管理期货策略的实施提供更加坚实的基础。第三，提升期货市场运行质量，为管理期货提供更加高效的市场环境。第四，加大市场宣传，把期货市场的功能、作用讲清讲透。第五，加快形成期货市场全面开放新格局，将我国期货市场纳入全球化财富管理大格局。

发展管理期货市场　满足财富管理需求

方星海*

很高兴来到美丽的青岛参加第五届“中国财富论坛”。我从这个论坛的第一届开始就参加了，见证了它的成长和影响力的扩大。今天，我首先代表中国证监会对本届论坛的成功召开表示热烈的祝贺！同时也对青岛在发展财富管理行业上取得的显著成就表示祝贺！

当前正在进行“不忘初心、牢记使命”主题教育活动。让中国人民过上幸福的生活，是中国共产党的初心和使命。而让老百姓拥有更多的

* 方星海，时任中国证券监督管理委员会副主席。

财富，是过上幸福生活的重要保障。因此，不忘初心、牢记使命，就需要我们尊重和保护人民群众积累的财富，并鼓励社会创造和管理好财富。财富管理的领域很广，每个领域的策略也很多，我这里就专门讲讲管理期货在财富管理领域中的作用。

一、国际成熟市场管理期货的发展经验

在国际成熟市场，以商品交易顾问（Commodity Trading Advisor，CTA）为代表的管理期货（Managed Futures）已经发展了数十年，目前在国际金融市场的财富管理领域发挥着重要作用。在资产组合中，将一定比例的资金，开立专门的期货账户专注于投资期货市场，这部分就叫作管理期货。因此，管理期货往往是整个策略性对冲基金投资组合的重要组成部分。根据数据服务公司 Barclayhedge 的统计，全球管理期货规模从 1980 年末的 3.1 亿美元增加到 2018 年末的 3551 亿美元，是保险、养老资金的重要资产配置类别。传统意义上管理期货的投资对象仅限于商品期货，但随着近年来全球期货市场的发展和投资策略的不断丰富，其投资领域逐渐扩展到包括股指期货、债券期货、利率期货在内的几乎所有期货品种。经过长期的探索与发展，境外市场管理期货已经拥有了较强的资金实力、较深厚的专业能力、较完善的风险管理模型和风险控制经验等，并成为成熟资本市场重要的机构投资者。

从国际成熟市场数十年的发展经验来看，管理期货具有增加财富管理行业市场供给、提升资本市场机构投资者数量、稳定财富管理收益等作用。而上述作用的达成，与大宗商品与股票、债券等传统资产相关性较低的特点有关：在资产组合中加入管理期货，能有效降低资产组合的波动性，并提供了增强资产组合整体收益的机会。同时，管理期货在金融市场波动大的时期还具有获得超额收益的能力。

二、国内管理期货的发展现状

与境外成熟市场相比，我国管理期货的发展历史还相对较短。自2012年底第一支采用管理期货策略的基金诞生以来，随着私募市场阳光化、规范化，以及期货市场上市品种持续丰富、制度不断完善、功能有效发挥，管理期货业务不断发展。经期货市场监控中心统计，截至2018年底，在中国基金业协会备案且存续的管理期货产品投向期货市场的总权益约为540亿元人民币。

目前，我国管理期货市场的主要参与主体是私募基金管理人和期货公司。上海交通大学中国私募证券投资研究中心通过对比2015年至2018年期间的市场数据发现，采用管理期货各种策略的基金，其业绩均明显优于采用股票类策略、债券类策略的基金，且整体业绩均优于主要市场指数。其中，期货日内策略、期货套利策略基金的整体夏普比率高于2，体现出较高的风险调整后收益。除收益率外，采用管理期货各种策略的基金在管理市场波动和下行风险方面也表现出了明显的优势，波动率在10%左右，最大回撤①小于5%。特别是期货套利策略更为突出，其波动率仅为5%，最大回撤不足2%。

虽然国内管理期货展现出了较为优异的业绩和指标表现，但相较海外成熟市场，国内管理期货市场还存在较为明显的不足：一是管理期货行业规模较小。其在期货市场的总权益仅约为540亿元人民币，与同期全球管理期货3551亿美元的规模相比小得多，且在期货市场成交量和成交金额占比也较小，仅约为10%。二是投资者结构有待改善。国内管理期货的客户以个人投资者为主，占比约为60%，而海外管理期货的

---

① 回撤，是指产品收益的下降；最大回撤，是指在选定周期内任一历史时点往后推，产品净值下降到最低点时的收益率回撤幅度的最大值。

客户近60%为养老基金、慈善基金、保险基金等机构投资者。三是近年来管理期货市场发展缓慢。最近三年，管理期货在期货市场的总权益一直徘徊在五、六百亿元，并没有随良好的业绩表现而取得较大增长。这些不足既与社会部门及机构投资者对期货市场的认识不足相关，也与期货市场整体容量不足有着重要关系，需要我们花大力气推动解决。

三、发展我国管理期货市场，更好满足财富管理需求

我国是商品大国，且流动性充沛，老百姓财富管理需求强烈。大力发展我国管理期货市场，可以有效吸纳部分社会流动性，于国有利；可以有效降低资产组合波动性，提高资产收益率，满足老百姓财富管理需求，于民有利；可以促进长期资本形成，有助于打造有活力、有韧性的资本市场。然而，当前我国期货市场存在的整体容量不足、社会对期货市场认识不足等问题，制约了管理期货行业规模的扩大，不利于管理期货市场的持续健康发展。为此，发展我国管理期货市场，我们还需要重点做好以下几方面工作：

第一，拓宽期货市场广度，为管理期货提供更丰富的对冲工具以及跨品种、跨工具交易策略。前期，我们推出了原油期货及其他商品期货、商品期权新品种，在为市场引入增量资金的同时，进一步丰富了市场的工具和策略体系，取得了良好的效果。下一步，我们要继续加快期货市场品种和工具供给，做好天然气等战略性资源品种和商品指数期货等新品种、新工具的研发上市工作，加快扩大商品期权品种体系。

第二，拓展期货市场深度，为管理期货策略的实施提供更加坚实的基础。我们要加强市场培育，积极引导、促进产业企业运用期货价格开展基差点价交易，形成以期货市场价格体系为核心的现货定价模式，提升产业企业的参与度；积极引导商品指数基金等指数化产品入市，丰富市场的投资者类型，提高期货市场持仓规模，进一步提升市场容量。

第三，提升期货市场运行质量，为管理期货提供更加高效的市场环境。为了让管理期货更高效的投资期货市场，我们要进一步完善期货市场交易、交割、结算等各项制度，通过有效监管和交易机制创新，加强市场监控的有效性，提高期货市场效率，提高期货价格的权威性和市场影响力。

第四，加大市场宣传，把期货市场的功能、作用讲清讲透。目前，仍有个别部门和机构投资者对期货市场不熟悉、不了解。期货市场管理部门、期货交易所、期货公司，以及采取管理期货策略的市场机构，都有责任加强市场宣传，把期货市场的功能、作用向社会讲清、讲透，让社会主体对期货市场增进了解，加深理解。

第五，加快形成期货市场全面开放新格局，将我国期货市场纳入全球化财富管理大格局。支持境内期货交易所在境外设立交割仓库和办事处。加快商品期货对外开放，鼓励全球财富管理机构将我国期货市场纳入配置范围，让国内期货市场成为全球财富管理的重要组成部分。

此外，期货公司作为重要的管理期货提供商，要聚焦主业，提高专业能力，为市场提供更多更优质的管理期货产品，管理好人民的财富。同时，期货公司作为期货市场中介机构，要为其他管理期货产品做好风险控制服务，为我国财富管理行业作出应有的贡献。

金融科技作为由科技驱动的金融创新，在提升金融服务质量、发展普惠金融、促进经济数字化转型等方面扮演着日益重要的角色。具体到财富管理领域，一是有助于推进财富管理行业稳健转型；二是有助于提升财富管理市场供给能力；三是有助于增强财富管理体系普惠水平。财富管理行业应紧紧抓住新时代新形势下金融科技带来的新机遇，科学高效地设计出既符合监管要求，又满足人民财富管理需要的产品，推动财富管理行业实现高质量发展。一是坚持服务实体经济和人民生活的初心使命；二是积极稳妥推进财富管理领域金融科技应用；三是依托监管科技手段有效提升风险防控能力；四是切实做好金融消费者保护和风险教育工作。

财富管理行业高质量发展应注重发挥金融科技作用

李东荣*

今年是青岛经国家批准设立财富管理金融综合改革试验区 5 周年，我很荣幸在这个时刻被邀请出席“2019 青岛·中国财富论坛”。在昨天的开幕式上，国家金融监管部门的负责同志就健康发展财富管理行业作了重要讲话，阐述了一系列重要主张，对我们启发很大。根据这次论坛

* 李东荣，时任中国互联网金融协会会长，中国人民银行原副行长。

的主题，我今天想结合当前全球新一轮科技革命和产业变革方兴未艾的新形势，就促进中国财富管理行业高质量发展中发挥金融科技作用这一话题谈几点认识，供大家参考。

当今世界，金融科技作为由科技驱动的金融创新，在提升金融服务质量、发展普惠金融、促进经济数字化转型等方面扮演着日益重要的角色。具体到财富管理领域，我认为，金融科技具有以下几个方面的积极作用。

一是有助于推进财富管理行业稳健转型。自2018年国家金融监管部门有关资管新规、银行理财新规等政策文件陆续发布实施以来，我国理财产品多层嵌套、刚性兑付等行为持续减少，资金体系内循环和脱实向虚现象得到遏制，监管套利、影子银行等风险逐步缓释，行业正朝着“回归本源、统一规制、防控风险”的既定政策方向转型。同时，也暴露出如何科学高效处置存量资产、开拓出新的符合资管新规的产品业务等一系列问题。因此，在这个过程中，如能正确地运用各类金融科技手段，聚焦在存量资产处置、增量业务培育、服务流程优化等重点领域发力，是可以持续提升财富管理的科技含量和创新水平，有助于为行业改革转型提供新的动能和新的可能。

二是有助于提升财富管理市场供给能力。随着经济发展、人民生活水平提高和技术进步，我国社会财富管理需求正发生一系列深刻变化，需求主体从高净值客户扩大到广大中等收入群体乃至长尾客户，需求类型从单一的储蓄存款转变为多层次、多领域、综合化的财富管理需求，需求范围从主要面向国内理财市场扩展到全球化资产配置，需求期限从短期理财偏好转向侧重家庭财富的中长期筹划和代际传承，反映出强烈的需求驱动。但同时我们应看到，当前我国财富管理行业总体仍处于初级阶段，从业机构能力良莠不齐，财富管理专业人才储备不足，产品服务同质化现象较为普遍。在这种情况下，应重视发挥金融科技创新优势，以市场需求为导向，积极开发差异化、定制化、精准化的理财产品，逐步消除当前财富管理市场供给缺口和供需不匹配等问题。

三是有助于增强财富管理体系普惠水平。从发展普惠金融的角度看，一个良性运转、功能齐全的财富管理体系应该使不同收入阶层都能够从多层次金融市场中受益。过去，我国金融体系更多地强调通过银行中介动员社会资源，为经济建设提供低成本资金，长期以来对于居民财富管理重视不够，特别是对于农民、中低收入者逐渐增长的财富管理需求缺乏足够回应。近年来，随着我国城乡居民收入总量持续增长，收入结构不断优化，大众理财市场的容量和潜力持续拓展。积极应用金融科技有助于扩大理财服务的触达范围，合理降低服务门槛和成本，使得传统意义上以小众、高成本、主要面向高净值客户为特点的财富管理服务，在今天能够依托科技手段实现规模化、低成本，从而“飞入寻常百姓家”。

综合来看，现代金融科技的快速发展为我国财富管理行业提供了新的发展机遇和市场空间。但我们同时也要客观地认识到，当前财富管理行业运用金融科技的能力仍有待提升，特别是在经营发展理念上一些财富管理机构亟待培育数字化转型思维，以适应数字化时代客户理财产品服务需求。我从第 43 次《中国互联网络发展状况统计报告》查阅的数据显示，截至 2018 年底，我国购买互联网理财产品的网民规模为 1.51 亿，网民使用率为 18.3%，而同期网络支付和手机网络支付使用率已分别达到 72.5%和 71.4%。我认为，从市场供给侧的角度来理解，缺口就是方向，差距就是空间。财富管理行业应紧紧抓住新时代新形势下金融科技带来的新机遇，科学高效地设计出既符合监管要求，又满足人民财富管理需要的产品，推动财富管理行业实现高质量发展。这里，有几点建议。

一是坚持服务实体经济和人民生活的初心使命。习近平总书记在 2019 年 2 月中央政治局第十三次集体学习时强调，深化金融供给侧结构性改革必须贯彻落实新发展理念，强化金融服务功能，找准金融服务重点，以服务实体经济、服务人民生活为本。财富管理行业一端连接着人民日益增长的财富管理需求，另一端连接着实体经济的多元化投融资需求，具有很强的资金撬动效应和资源配置作用。因此，我们应该充分运用现代先进数字技术，科学合理把握资产配置和资金投向，为建设现代化经济的产业体系、市场体系、区域发展体系、绿色发展体系提供精准的金融支持，在推动实体经济高质量发展过程中努力配置财富资源，在谋求财富保值增值的同时促进行业稳健发展。

二是积极稳妥推进财富管理领域金融科技应用。应鼓励支持银行、证券、保险、基金、信托、资产管理等财富管理机构加快自身数字化转型，形成分层有序、品种齐全、数字化程度高的产品服务体系。应支持财富管理机构、金融科技企业在依法合规和风险可控前提下开展深入合作，不断丰富财富管理生态圈和产业链。应充分利用互联网特别是移动互联网的技术、渠道和平台，打造线上自助化、标准化，线下专业化、个性化，线上线下良性互动的财富管理服务模式。应探索利用大数据、人工智能等在精准营销、投资决策、风险定价、客户服务等方面的技术优势，根据不同的财产规模、风险偏好和配置要求，为客户提供覆盖全生命周期的差异化、精细化理财服务。

三是依托监管科技手段有效提升风险防控能力。防范化解金融风险特别是防止发生系统性金融风险，始终是金融工作的根本性任务。财富管理产品往往具有跨行业、跨市场、跨区域特点，风险关联性、传染性和外溢性较强，金融科技的深度应用还可能带来业务、技术、网络、数据的多重风险叠加效应，使财富管理领域风险结构更加复杂多变。因此，应与时俱进地发展监管科技，夯实数据综合统计和风险监测基础设施，着力提升宏观审慎监管和微观行为监管的科技应用水平，对财富管理产品的发行销售、投资、兑付等运作管理各环节进行全面动态监管，特别是向上识别产品的最终投资者，向下识别产品的底层资产，真正实现财富管理业务的穿透式监管。

四是切实做好金融消费者保护和风险教育工作。金融科技有助于将更多社会群体纳入财富管理市场，提升财富管理体系普惠水平。但同时也要看到，很多长尾客户金融知识欠缺、风险意识不足、风险承受能力薄弱，需要切实加强消费者保护和风险教育工作。因此，应通过统一规范的信息披露、理财登记、风险提示等手段，增强财富管理机构和理财服务全流程的透明度，同时充分运用大数据、人工智能等数字技术，优化理财产品风险评级和投资者风险承受能力评估体系，有效落实投资者适当性要求，强调“卖者有责”。应针对高净值客户、长尾客户等不同客群，分类开展金融知识普及和理财教育，引导金融消费者树立“收益自享、风险自担”的正确理念，打破刚性兑付的不合理预期。同时，持续严厉打击以互联网理财、互联网金融为名，实施非法集资、违规营销、商业欺诈等侵犯金融消费者合法权益的违法违规行为，营造更加诚信健康的财富管理市场环境。

财富管理是与社会财富、个人家庭财富打交道的行业，既是关系国家经济金融发展的大事，也是关系人民群众获得感和幸福感的实事。如何把财富管理这件事办实办好，需要政府、市场、社会共同的智慧和努力。我相信，在符合客观规律的正确政策指导下，通过积极运用发挥金融科技作用，我国财富管理行业的潜力将进一步得到挖掘，金融市场服务的供给也会越来越丰富。最后祝青岛财富管理金融综合改革不断取得新的成就，为全国作出有益示范。

针对今天社会保障资金五万亿规模的财富，提几条政策建议。一是费改税，二是从国有资产中划拨资金直接给社会保障账户。从宏观角度来看，满足了减税降费；从微观角度来看，使企业既可以轻装上阵，又可以在生产过程中进行变革；从资本角度看来看，资本市场真正的长久期资本多了以后，机构、机构投资者和资本拥有人，相互之间会形成中国投资市场中新的生态体系，最关键的还是解决了几大宏观目标：一是现在需要养老的人得到了有效资产支持，解除了其后顾之忧；二是让现在的五万亿在日益枯竭的情况下，改变了衰减式的投资管理模式；三是变革了国有资产在过去单一股东、单一运营管理人的管理模式。

管理五万亿社保资金的新思路

王忠民*

这个题目跟郭树清主席有关，他担任山东省省长时在青岛设立了财富管理试验区，同时把一千亿山东的社会保障基金委托给我当时所任职的全国社保基金理事会来投资运营。另外留下的一部分，在山东省成立了类似全国平台的社会保障基金理事会，以打造财富管理的省级机构和平台——这是我今天这个题目的破题。我的讲话聚焦于今天五万亿规模的社会保障资金是怎么管理的；而如果提出一种新的思路、新的逻辑、

* 王忠民，全国社会保障基金理事会原副理事长。

新的管理方式，会产生什么样的社会效应。

我们先看一组数据。今天我们城镇职工缴纳的社会保障资金，是用一种社会统筹账户和个人账户“统账结合”的方式，包括工资20%的社会统筹账户和8%的个人账户，两者加起来，用于发放目前退休人员的费用。据有关机构测算，存留结余五万亿。之所以有结余，是因为初期交的人多，用的人少。但是，随着人口老龄化的来临，交的人数和用的人数已经在2014年达到平衡了，而且2014年以后是交的人少，用的人多，这样结余数额、增长幅度就会减少。所以五万亿规模的增长速度在大幅度减慢。

这五万亿财富，用了20多年时间存留的这些钱，年回报率是多少？通过什么投资办法去管理它？如果回报率是10%的话，用几年时间会翻一番；如果回报率是1.8%，不到2%的话，它的增长幅度甚至战胜不了通货膨胀，战胜不了投资的机会成本。如果战胜不了通货膨胀，从最终养老消费的角度来看，这个资产的数量实际是在减少的，因为可购买的社会养老服务是减少的，这才是根本所在。更重要的是，根据相关机构测算，这五万亿大概2025年就会基本用完，时间已经不远了，怎么办？

从企业角度来看，企业光养老金交了28%，如果加上其他的社会保障支出，大约40%，企业在支出的工资总额当中，社会保障交费占了较大比重，导致企业产品成本、企业更新改造的发展动力缺乏有效的资金支持和来源。如果我们的GDP从十点几的增速降到了6%—7%，怎么样才能让中小企业焕发出蓬勃向上的力量，去轻装上阵谋求发展？我们做了多年努力，来减税降费减轻企业负担，主要降费的空间就在这里。如果不能减轻企业这方面的负担，我们的企业就会被税费挡住了前行的步伐。

问题还在于，每一年要支付退休人员费用的比例还在提高，过去曾经以每年提高10%的速度增长，近几年以每年提高5%的速度在增长，因为抚养比和养老金替代率并不高，只有足够的提升，才可以满足现在退休养老的财务支持力度，以至于这种大幅提升在持续了十五年时间后，还需要进一步提升的时候，支付就遇到了很大的困难。

这五万亿如何管，才能做得更好？我提几条政策建议。

（一）费改税

第一，费改税。从缴费的角度来说，把个人账户的8%切出来，不再按缴费的形式，而是以税收的形式放在个人所得的范畴当中，而不是缴在社会保障的当中。我们过去把这部分叫个人账户，但是管的时候，把它视同为与社会统筹账户一体，个人并没有支配权力和管理权力，而是放在统账结合的角度拿去管理，既没有征求个人意见，也不说明年化收益率水平多少、利息水平多少。过去是把它混同为社会统筹去管理，现在要回归个人账户的本能，第一个环节就是从8%的个人账户当中减出，设置在税收的个人现金收入当中。这样既降低了企业缴费的水平，还使中央政府至少有8%的减费空间，去回应宏观经济的压力和要求。

作为收入，个人账户可以做两个税收设计。一是免除8%的所得税，但是免除所得税之后，这部分的钱不能拿去作为可支配收入，而只能放在一个账户里面，这个账户就称之为“个人养老账户”。企业并没有因此增加税收，职工表面工资并没有增加，但实际增加了8%的所得收入。而宏观上政府可以再宣布免除8%的个人所得税，作为又一次政策的承诺。

我们再从个人账户投资的角度来看。最近五年来，包括保险机构，再到全场景的金融机构，就职工的可支配收入给出投资延税政策的时候，竟然没有多少人去用这个投资政策。因为有的可以免税，有的延税的投资工具未必是回报率最高的。而我们刚才说的给个人账户免税之后，任何金融产品都可以对它开户，比如银行、证券、基金、房地产，都可以用这个账户来投资，但对这个账户投资回报采用延税制度，在投资期不收，而是等退休以后收一个平均年化回报率。延税的逻辑不仅让投资固定在一个账户，而且每一年的复利收益都滚存在里面。微观主体没有增加任何费用，还提高了财富所得的效应；宏观主体可以减费又减税。而最大的利益流动开始发生了，今天中国经济缺资本特别是长期资本，这一笔几十年的长期资本，可以在个人手里进行投资支配，不仅减除了当期的个人所得，还把每一年的投资所得延税了，就会积极努力寻求投资回报，如果自己有能力就自己投，如果没有能力就会选择好的投资机构。

账户里面用于现期发放的部分，一定要存留账户当中确保支付。从投资管理的角度来看，今天市场中有很好的 T+1 的货币市场管理机构，能保证一天之后的支付，还可以给出很好的利润回报，这比原来把五万亿放在账户中结余管理的回报率要高出一倍，还是充分流动性下的情况。如果放在长久期投资中，比如委托社保基金，或者有成熟盈利模式的基金去管理，可能回报率达到年化百分之十几。如果有这样的选择，就会增加客户投资管理的选择，作为投资机构就应该尽职尽责，把委托人养命的钱就当自己养命的钱一样来管好。这个事情如果做好，中国资本市场就有五万亿的资金洪流注入，中国股票市场当中缺长期资本金的问题就会得以缓解。

（二）国有资产划拨

我们不应该用养老金个人账户的钱去做事情，因为这干扰了个人账户的投资决策，妨碍了它的权利和义务，应该用另一块资产去解决养老问题，那就是庞大的国有资产积累。可以从国有资产中划出来十万亿甚至二十万亿，直接给社会保障账户，用于解决现在的账户空洞的问题，而个人账户全部用实账的模式去管理。

现在国有资产在改变管理模式，从过去的直接经营、直接管理的管理人模式，正在改成资本运营公司，目标是让国有资本收益率更高、流动性更强、资产配置更有效，而国有公司本身不一定做具体的经营和管理。现在的国有资产积累，比如 1/3 划出去以后，其他的国有资产就成了相对控股方；如果把 51%划归社保账户，其他国有控股就成了相对控股方。我们设想，至少把 1/3 的资产全部改成国有资本运营公司，比如社保基金。社保基金过去做了这样的模型和实践，证明是成功的。我们一家不行，再成立两家、三家，或者五家、十家的国有资本运营公司，用每一年的收益填补到这五万亿的窟窿当中，既解决了当前国有资产管理运营的问题，同时改变了过去把个人账户拿来混用的模式。这样，国有资产的管理体制和社会保障，同时进行了改革。

这步完成以后，既可以让现在的五万亿彻底归到个人账户，又可以让现在每一年流量的个人账户回归实账运行，而再也不是空账运行，还可以解决国有资产有效运营。而国有资产在有效运营当中，重收益率回报，恰好弥补了当期养老金的收益补充。而具体的资产配置和管理权利，乃至于走向并购市场，才可以把国有资产通过动态的有效管理，保证高回报率，真正形成中国最有价值的国有资产改革方向，那就是从管资产、管运营的管理人制度，改变到管资本回报、管资本有效未来成长的有效受托人管理制度。

（三）政策效果展望

我们回顾一下，刚才说的做法解决了多少问题：回到个人账户以后，解决了费的降低；回到税的角度，完成了减税的社会承诺；同时，经济下滑到百分之六点几的时候，可以通过给企业减除了费和税，以刺激微观主体的活力；还用延税的形式，把这些全部滚成复利的个人账户积累，使资本注重生命周期的投资而不是短期炒作。

从宏观角度来看，满足了减税降费，减除企业微观负担；从微观角度来看，减除负担落到实处，使企业既可以轻装上阵，又可以在生产过程中进行变革；从资本角度来看，这五万亿再加上每一年流量的将近一万亿，资本市场真正的长久期资本多了以后，机构、机构投资者和资本拥有人，相互之间会形成中国投资市场中新的生态体系，从而发展正确的投资模式，形成资本市场中和谐发展的商业逻辑。

最关键的还是解决了几大宏观目标：一是现在需要养老的人得到了有效资产支持，解除了其后顾之忧；二是让现在的五万亿在日益枯竭的情况下，改变了衰减式的投资管理模式；三是变革了国有资产在过去单一股东、单一运营管理人的管理模式，全社会都在追求如何把自己的管理人做成实际控制人，利用它谋利，站在资本运营受托人的角度，为了长期回报去投资管理，恰好让社会保障体系中真正的资产基础得到了有效构建。人口老龄化每年增长需要的养老金给付，也会随着这部分资金的有效管理得以满足，如果过去提高 6%不够，还可以提高到 7%、8%。如果要真正按照社会所需要的替代率和抚养率，去给付人们的养老金，我们还可以解决这部分的大幅度成长，因为它的基础已经坚实了，未来不是消失的虚拟资产。

从更长期来看，个人账户的积累，在你的生命周期当中没有用完，还可以让它继承。如果这个财产可以跨代继承的话，人们会更注重当期的积累。如果觉得 8%不足以解决问题，还可以把这个账户扩大到 10%、13%、15%，因为只有这个账户给了免税和延税逻辑，大家才愿意把自己其他可支配收入放到这个账户当中，获得长久期的未来投资和回报。这个政策一旦建立，我们发现解决的不仅是微观问题，不仅是宏观问题，不仅是资本市场的投资管理问题，而且是因此而产生跨代的长久期市场的历史效应。而我们所有做这些的时候，没有多花一分钱，没有社会成本，只是把原有个人账户回归基本概念、回归定义、回归投资管理。所以，这五万亿的财富用一个新逻辑、新方法来管理，肯定会带来不一样的结果。

对 话

张燕冬[*]：事实上忠民理事长提出的建议，如果说得少是一石三鸟，说得多是一石多鸟。但我想问的是，为什么这么好的方案中国至今没有落实和执行？

王忠民：是因为我是首次提出，别人还不知道？还是因为别人早有跟我同样的想法，但没有形成社会共识？如果真正要回答这个问题，任何一个原有的运行系统和逻辑，形成既定的社会路径依赖以后，新事物要打破，一定会对旧事物的权利、责任、义务形成冲击，那一定是影响新事物的最大障碍。

张燕冬：事实上国有资产的划拨到社保，这是 20 世纪 80 年代郭树清就提出来的，他当时提的是“一石三鸟”。三年前，陈清泰又多次提出，国有资产应该从管资产、管运营到管资本，所以这个问题已经提出来很多年了，但没有执行。是因为思想者太超前，还是政策滞后，还是共识没有形成？

王忠民：吴敬琏老师也曾提出来过，当然，树清主席是提得最多的，他在山东还具体做了样板。在这之前还有很多人提过，比如原来社保基金的高西庆。他们在原来的具体岗位的时候，实际是划拨国有资产小组的成员。后来他们在人大、政协的角色当中也都提出，但是当时集中在如何把国有资产那部分存量，“一石三鸟”地划拨到社保基金。而我现在说的是划拨到社保基金，主要是把个人账户填补起来，而不是填补社会统筹账户，更不是填补一个定义不清楚的账户。因为原来把个人账户拿去，是不符合个人账户的根本定义，现在需要把它拿回来，但是有个五万亿的窟窿，必须做到现金流有当年支出回报的部分国有资产划

---

* 张燕冬，时任《财经》杂志执行主编、《财经智库》总裁。

到这儿。而国有资产从管资产到管运营到管资本，是十九大之后提出的，改革国有资产运营体系，原来是建议方案，现在是操作的政策框架已经形成，必须往这一步走。国有资产划拨后，至少有十万亿到二十万亿，这个年化收益率正好满足了这部分运营，无非是把账户体系更细致对接了一下。

张燕冬：非常感谢王忠民理事长，这个话题跟每个人密切相关。昨天跟朱云来聊天时，他还说其实现在每年要花掉的社保养老是四万亿，我们现在一共才五万亿，大家想想有多么严峻，与老百姓密切相关。

王忠民：我要问在座的各位，你知道你个人账户里面积累了多少？你知道积累的数额年化回报率多少？我估计在座 80%的人回答不出来，是因为过去个人账户被拿到统账混合用了以后，感觉跟你的利益没有直接关系，就忽视了。如果个人账户被填充起来，你每一天都会关注它的回报率，因为关系到你现在和未来的利益。

财富管理这个话题每年都在谈，但实践要有过程。我认为现在有些方面还是割裂的，没有从系统的角度来看问题，比如监管者和被监管者，二者职能不同，但是目标其实是一致的，要以市场健全和机构发展为目标，来解决这些问题。我们现在处在一个新的历史条件下，结构调整和增长方式转变是要有过程的，也是要付出一定代价的。

推进财富管理的思考

蔡锷生 *

财富管理这个话题每年都在谈，但实践要有过程。这在当下的中国具有普遍性：并不是所有方案都可以很快落地，如何具备条件是要分析的。十八届三中全会通过的改革方案，当时是很振奋人心的，在一项项落实的过程中，我们也看到了其中的复杂性和艰巨性。

从文字上来看，财富管理的概念包括个人财富和社会财富；但是从金融行业和机构的角度来讲，财富管理到底是什么？是指信托的概念，还是理财子公司的概念？怎么看金融提供的服务？ 2018 年“资管新规”出台后，市场上发生了很大变化。“资管新规”是对资产管理业务的规范，但更主要的，是要在防范化解金融风险三年攻坚战中提出的“三去一降一补”大前提下，处理银行表内表外的问题。银行为何发生了如此

---

* 蔡锷生，时任南南合作金融中心主席，原银监会副主席。

多表外业务，表外业务是如何在几年间发展出来的？这些要从根本上思考，从体制机制的角度来思考。

在原来中国的信贷体制下，就是以存定贷，或者存贷比管理，没有资本的概念。中国加入 WTO 和施行巴塞尔协定以后，以资本充足率来进行管理，银行能够贷出的额度，与其资产质量和规模挂钩，虽然钱还在银行，但是资本不足了，信贷扩张能力就受到限制。但是表外的发展不完全是银行的问题，还有社会发展、经济发展的规模化问题，这促使银行的资产负债表和资产结构发生了极其重大的变化。此外随着经济体量的不断增加，保险、私募也在蓬勃发展，给银行带来了新的竞争。

目前金融系统是怎样的状态？习近平总书记提出了“金融回归本源”的要求，其中包括宏观审慎、理财要降杠杆等，两年多过去了，金融体系的市场服务水平到底有多大改善？现在听到的好像问题比较多，当前形势也比较复杂。特别是对于中美之间的冲突，很多人抱着极其关注的急切心情在等待，希望能够有一个好的结果，以为这个结果出来后一切就迎刃而解，但真是这样吗？现在中国很多事情，包括一些改革的进程，受到形势变化的影响，处于一种等待的状态——“等这个事情过去再说”“等今年这个事儿完了再说”。在这种形势和情绪之下，金融行业的服务效率和水平现在到底怎么样？这是需要思考的。

前一阶段市场发生的变化和问题，不仅仅是市场本身造成的，这不符合逻辑，问题的产生也要有土壤和条件。一个人身体有病，通常由两个因素造成，一是自身确实存在问题，那么就需要解决其自身问题；二是大环境的变化导致其免疫力下降，因此病倒，这就需要给它一个好的环境，比如提高医疗条件，提供预防药品。这些东西的提供就需要公共服务。

我认为现在有些方面还是有割裂，没有从系统的角度来看问题。对于监管者和被监管者，二者职能不同，但是目标是一致的，都要以市场健全和机构发展为目标，来解决存在的问题。而不能说我是监管者，你是被监管者，你就得听我的，那是一个简单的对立。

回到财富管理，还是应该在具体领域来解决问题，回到机构的问题上、金融服务问题上，搞清楚理财产品、信贷、资产管理等概念到底怎么理解。比如我们总是提打破刚兑，刚兑其实是一个资产负债的概念，但资产管理特别是保险和很多财产管理实际是赔付概念。如果只盯着“付”的概念，它的管理责任可能就降低了，认为最后有央行兜底，尽职尽责的程度就相应下降。如果是赔的概念，那就不一样了，从一开始就清楚是对客户的财产进行管理。

另外，我还想再提一个问题：我们从业者到底如何更好地在提供金融服务、进行资产管理过程当中，针对不平衡不充分的问题，来提供更广泛的服务？2016年中国财富论坛的时候，郭树清主席还是山东省省长，他就曾经提到过，财富管理也要有普惠的理念。现在我们一说财富管理，就是超高净值，高净值，那其他投资者怎么办？金融服务就是为了超高净值服务吗？在中国现有市场环境下，这些理念是不是要有所调整？我们的理念有没有跟上时代发展的步伐在变化，还是仍在以传统的观念看问题。这些都是值得思考的。

总之，我们现在处在一个新的历史条件下，结构调整和增长方式转变是要有过程的，也是要付出一定代价的，不可能不付出任何代价就取得成果。

这是美国历史上最漫长的经济复苏时期。更值得思考的是，美国何时会出现经济萧条。随着 2020 年的到来，萧条的阴云是存在的。不让贸易战加剧符合中美两国的共同利益，我想我们一定能够找到一些方式，也许在最后一分钟会达成共识，阻止贸易战继续升级。从短期来看，这种冲突可能是历史上前所未有的。从长期来看，今天的各种冲突未来会慢慢化解，中美之间也不会由于贸易出口的问题导致全面对抗。中美两国经济自然发展的轨迹，一定会在未来使我们今天所面临的冲突显得微不足道。

中美关系短期遭挫或长期将向好

Austan Goolsbee *

今天与大家谈谈对美国经济以及世界经济政策的展望，然后再看一看中美之间的长期关系。

首先跟大家分享一个我童年时代的故事。当中国代表团去美国开展中美战略性经济对话的时候，我也讲了这个故事，当时中美两国经济关系也正处于某种程度的紧张之中。

我十岁的时候，和父亲以及堂兄去了洛杉矶的环球影城。环球影城新开了一个德古拉吸血鬼主题的过山车，排队大约需要一个半小时。排

* Austan Goolsbee，美国白宫经济顾问委员会前主席。

队的时候，我开始吓我的堂兄说，之前进去的三个客人再也没出来了。我堂兄开始害怕了，我说我并不害怕，因为德古拉只会喝最年轻的人的血。堂兄变得越来越害怕，等终于轮到我们了，堂兄打起了退堂鼓。我赶紧承认说我其实是开玩笑的，但堂兄还是坚持说他并不想去坐过山车。我父亲不能单独留下堂兄，所以我们都没有坐成这趟过山车。

这个故事的寓意是，如果你完全无心出发并最终到达目的地，行程就永远不会成行。中美关系，尤其是一些经济领域关系也类似。我担心我们会忘记这个童年故事的启示，如果我们不齐心，寻找共识的进程也不会开始。

如果大家看看美国经济展望，再想想中国以及其他发达经济体的经济展望，无论是国际货币基金组织还是独立预测机构发布的重要预测，对于下一年增长的预测都是有点高估的。9 年以来，36 个季度，美联储每次都过于乐观地预测了美国经济增长的状况。为什么它们多次错误预估了美国经济状况，为什么要加息？我觉得是由于这一预测机制当中有这样一种假设，即要回归均值，假设经济状况会恢复过去的状况。它们所犯的错误是，上一次美国单一家庭住房价格在一年当中上涨了 8.5%，大约是在 2006 年的时候。预测机器就说上一次住房价格大幅度上升，有很多消费者住房的投资，消费者支出也快速上升。因此，这个预测机制就等着美国住房投资的大幅增长，预测消费者支出会上升，但实际并没有出现这样的状况。当时特朗普总统通过了减税计划，企业投资预测会上升，但其实没有发生。美联储、国际货币基金组织，还有很多私人预测机构所使用的预测模型觉得经济状况会回归常态，而它们界定的常态是在大萧条之前的状态，即 2006 年之前的状况。

2006 年的情况在美国历史中并不是一个常态。如果假设经济会回归这样一个不是常态的状态，这样的预测永远都会是错误的。我觉得这对美国来说，意味着 2019 年和 2020 年的增长率应该与过去八到九年的增长率差不多，也就是有适度增长。确实，情况有所改进，两到三年前的状况是要比现在糟糕的。但是，这种增长的速度不会特别快，不会出现九十年代末，以及 1984 年的经济大繁荣状况。特朗普总统试图表明现在的美国经济是美国历史上最棒的、最伟大的，但不幸的是，尽管现在 GDP 增长率仍然超过零，但在放缓。目前的暂时复苏主要是过去减税带来的为期一年的经济刺激，这种刺激并没有造成商业投资大幅度的上升。

说到 V 型经济复苏，急剧下滑会带来急剧上升。如果出现泡沫破裂或者金融危机，是不会出现 V 型反转的。这也是为什么现在经济工作的重点已经转移，经济复苏应该是比较长期的、缓慢的，不会出现快速复苏。美国现在正在经历历史上时间最长的经济复苏，因此增长率峰值也不是特别高。我认为原因是目前经济工作的重点在转换，不可能出现像过去由住宅房地产投资所驱动的大幅度的经济繁荣，不可能回到 2006 年的状况。如果你觉得美国的常态是 2006 年之前的状态，那就大错特错了。我认为从中国经济增长放缓中也能发现一些启示，如果你说经济工作的重点会转变，首先中国是从出口导向型和资本投资导向型的经济转型，如果要从这一模式转换至内需驱动型的经济增长模式，这将会是一个长期的过程，就像美国经历过的一样。最终结果会让我们不太满意，我们会看到增长，但增速不会快。

就美国的情况来说，美国今年的经济增长可能在 2.5%的范围内。2.5%的增长率对美国来说还不错，而且这是美国历史上最漫长的经济复苏时期。更值得思考的是，美国何时会出现经济萧条。美国经济萧条对美国以及世界各地的经济增长都会产生负面影响。要强调的是，美国有 14 次经济萧条都是在二战之后出现的，这些经济萧条有三个共同原因。最常见的原因是美联储加息，至少 2/3 的美国经济萧条是由于美联储加息造成的。第二个原因，也是上两次的大萧条的原因，即大型资产泡沫破灭，可能是股票资产破灭或者在消费者方面债务泡沫破灭，上两次美国的萧条就是互联网泡沫和房地产泡沫破裂，一个是导致了商业投资骤减，另外一个是导致了消费者支出的骤减。就资产危机泡沫来说，美国可以说已经出现了黄灯预警。确实美联储长期以来都过于乐观了，这会造成它们加息的速度超过了经济能够承受的速度。收益率曲线的预警程度也已达到了历史高值，美联储陷入了这样的不利情形，如上所述，已出现黄灯警告。我们永远无法得知自己是否在泡沫中，但是至少目前很多美国的资产是在泡沫中的。大萧条的第三个原因就是商品价格的激增，现在这并不是特别大的威胁。

还有第四类造成萧条的原因，这个原因没有造成美国以前的萧条，但造成了美国之外地区的萧条，即一些重大的政策失误。一些国家政府所采取的政策出现重大失误，造成了它们的经济陷入萧条，如果世界上最大的经济体之间日益加剧的贸易战，这可能会造成经济体出现萧条，如果我们不解决这样的贸易冲突，最后会对中美两国都带来不利的负面影响。

造成萧条的四大原因中，至少有三个已经亮起了黄牌。我认为美国的天气预报不会是晴天了，而是多云的，随着 2020 年的到来，萧条的阴云是存在的。

接下来看看美国方面的政策的展望。美国在政策方面应该不会有太多变化，从现在一直到大选，立法层面不会有什么举措。美国政体的设计即如此，总统在四年或者八年任期中，有一两年根本无法有作为，在其他时间，美国人不断举手说“不行不行，两党根本无法合作，我们应该怎么办?”《华尔街日报》的民意调查指出，大部分美国人相信华盛顿的失能，以及两党不和，造成了美国经济增长放缓。我并不同意这一点，正如我前面所谈到的，美国经济放缓是一种常态。美国进入大选的时候，两党都会针对 2020 年胜选后设定自己的议程。不论你是否支持民主党，特朗普总统重大的政策的成功，就是进行了减税。但也有美国记者问，特朗普总统会采取一些妥协措施。我觉得这种可能性是零。而记者说，如果说民主党获胜的话，这种可行性是否会改变？我说是的，这种可能性会有，因为不能再低于零这样的可能性。两党目前做的就是不能达成妥协，它们找到一些夹心的问题。我觉得不会出现基建法案或者移民的改革，也不会进行减税，这些都不会达成协议。

和前面的每届总统一样，特朗普总统也要找到一些不需要通过国会立法，能够自己做的事情。这让我感到比较担心，因为他可能会继续就恐怖主义和贸易来做文章。特朗普似乎就是要向人们展示出这种冲突和对峙的风格。他威胁加拿大、墨西哥、欧洲、日本、韩国，以及中国要开打贸易战。这些谈判方面临的议题还会被加到别的国家身上，比如欧洲同意要达成削减关税的协议；然后特朗普又威胁加拿大和墨西哥，它们又重新谈判了北美自由贸易协定，拿了跨太平洋协议中的一些条款，放在北美自由贸易协定当中，赋予它们新的名字，然后说就不再考虑关税了；在日本和韩国的情形也类似；我觉得中国也可能出现类似的情况。不让贸易战加剧符合中美两国的共同利益，我想我们一定能够找到一些方式，也许在最后一分钟会达成共识，阻止贸易战继续升级，对双方造成不可挽回的伤害。这样的解决方法会导致对 WTO 的攻击。所有被美国政府威胁过的国家都有求生本能，最后都会通过妥协达成协议。特朗普政府就会开始攻击 WTO，说 WTO 对美国不公平，因此需要一个特别协定。WTO 不可能同意任何“特别协定”，因为这样会影响全球贸易。但我认为，如果特朗普连任，第二任期可能会攻击 WTO。

这是我对美国政策反应的评判，我听到了各种各样的争议，但都没有实质性的立场。我觉得美国两党对赢得大选之后的政策重点都说得非常清楚。民主党表示会延续奥巴马的医保制度，而且会废除特朗普的减税政策。特朗普表示，如果共和党上台，会继续推进贸易谈判，还可能继续减税。所以大家都在等最后选举的结果。

第三点，我希望大家考虑一下中美之间的长期关系。从短期来看，这种冲突可能是历史上前所未有的。但是从长期来看，我认为中美两国是全球最重要的双边关系，在未来，中美两国的冲突可能会有效化解。为什么有这样的看法呢？大家考虑一下现在我们冲突的核心：贸易。美国觉得中国在未来应该更多关注内需，不要过多出口。也就是说，中国目前过度向美出口，导致美国在贸易方面吃亏。全球最富裕的一些国家的经济是服务业主导，诸如金融、教育、健康医疗、娱乐、休闲这样的行业。中国和世界多数富有的国家一样，城市化水平已经相当高了。但是，这些核心服务行业，并不占据中国经济结构中的主要位置。所以，我们要问，未来中国如何走向内需驱动？这个场景很容易预测，再过二十年，未来中国跟今天相比会更加富裕，而且城镇化水平会更高；健康医疗、金融服务、教育和娱乐休闲，占据经济的份额会更高。这些毫无疑问，本来就是内需驱动的，富裕国家都是这样的模式。有一些行业很明显就是内需驱动的行业。从长期来看，今天的各种冲突未来会慢慢化解，中美之间也不会由于贸易出口的问题导致全面对抗。我认为今天所有经济体面临的问题未来在两国仍然会存在。首先，贫富差距在不断扩大，今后二十年中，这个趋势很难逆转。其次，技术的不断突破会导致很多人失业，他们如果技能不够的话，就找不到工作，这个趋势也很难逆转。

但我坚信，中美两国经济自然发展的轨迹，一定会在未来使我们今天所面临的冲突显得微不足道。对中美两国来说，在今后一年到一年半的时间中会有一些冲突，或许并不如预测的乐观。美国的政策部门目前只专注于响应美国总统自己说了算的领域，下一届总统竞选之前，美国两党还会有各种各样的内外纷争。我认为可能要到 2021 年，新的总统选出来之后，一些重要的走向才会变得明晰。我也希望未来局势会变得更好一些。

我还是回到我的堂兄的故事，他长大之后，我们关系变得特别好。我们小时候的这次冲突被证明是很微不足道的事情。芝加哥大学的诺贝尔经济学奖获得者乔治·斯蒂格勒说他每天早上起床都在镜子里看看自己，给自己打个 D（编注：一种评级方式，由 A 至 F 等级递减）。他是抑郁吗？不，他其实每天早晨起来都给其他所有人打一个更低的 F 等级，所以心情会很好。其实就美国和中国关系来说，可能分数也不及格。但是和其他国家比，比上不足比下有余，中美如果不及格，那其他国家的关系可能不知道低到哪儿去了。

对 话

王波明*：您提到了很多有趣的问题，讲到了中美之间的关系。第一个问题，我们想了解的是美国经济本身的问题。半年之前的情绪是什么？当时我与美联储主席耶伦女士进行了交流，她说在2019年可能会有四到五次的加息。但是现在发生了非常快的变化，又说可能会降息。

Austan Goolsbee：六个月之前，他们对未来的预测过度乐观，他们说在2019年可能会加息4次甚至加息6次。但是后来我们看到了GDP增长的数据，可以说是不高不低，而且中美之间贸易战不断升级，美国市场反应非常消极，而且现在对后两个季度的GDP增长预测差不多刚到2%，甚至还不到2%。所有这些因素结合起来，我觉得美联储可能是一种恐惧的模式，现在正在考虑要降息。我个人觉得，美联储觉得自己很有势力，但可能他们对增长方面的控制力没那么强，大萧条的时候，美联储多次降息，但其实对当时美国经济摆脱大萧条，没有什么助力，所以它的影响力没有自己想象的那么大。

王波明：2020年会发生什么呢？您刚才说，美国GDP是2%，2020年也差不多。

Austan Goolsbee：刚才的预测是关于2019年，至于2020年，其实已经出现了不少衰退信号。2001年的衰退是从4月开始有迹象的，到6月的时候实际已经进入衰退过程中了，但当时只有6%的经济学家相信衰退会出现。

王波明：2020年会出现衰退，还是2021年出现衰退？

Austan Goolsbee：我个人感觉，如果有衰退的话，可能是2020年。

王波明：未来美联储会继续降息吗？降到一个适度稳健增长的区间。

---

* 王波明，时任《财经》杂志总编辑。

Austan Goolsbee：我觉得美联储现在比较难办。通常来说，如果美国经济进入衰退，会把利息降 4—5 个百分点，但因为现在再降就变成负利率区间了，所以降息工具的影响力跟平常相比会更低。

王波明：下面我们可以讲一下中美之间关系的话题。我知道，您是奥巴马内阁的白宫经济顾问委员会前主席。我听说您主持了中美之间的经济对话，当时有王岐山，还有所有的中国领导人参与了。

Austan Goolsbee：是的，我不是主持，我只是旁听，我当时没有那么重要。

王波明：能不能跟我们分享一下中美经济战略对话的内幕呢？愿意跟我们分享一下当时有趣的故事吗？

Austan Goolsbee：那个时候，中美关注的经济核心还是货币汇率问题。美国当时抱怨中国故意贬值人民币、操纵人民币汇率，所以就考虑怎么解决这个问题。周小川行长跟我们谈判。美国国务院找到我，说给我一个绝密的简报，无论你怎么谈，这都是个非常敏感的谈判，不要谈汇率问题。我说知道了。他们又说，这个真的很重要！我保证说，我绝不会谈这个话题的。后来周小川行长来了，我说非常高兴见到他，我问他觉得现在中国和美国经济走向怎样呢？周小川行长说，我们的汇率可能降得太低。我问，你是故意引诱我说话吗？我说我不能说汇率的问题，不然国务院要找我麻烦的。所以这是个非常有趣的故事。

其实很多谈判并不是公开谈的。我们交流了关于汇率的问题，表达了我们的关切，我们觉得这不公平，如果你们继续这么做，我们就会有相应的对策。最后我们达成了某种程度的协议，汇率贬值的问题就不再是核心了，因为本来不存在过度贬值的问题。我今天也可以公开发表我的意见，这也不是泄密，我觉得公开羞辱对手是于事无补的。不可能说特朗普总统要习主席干什么事情，习主席就去做了，习主席要捍卫中国人民的利益。贸易战如果再升级，对中美两国没有任何好处。因为在供应链上，中美两国早就融到一起、无法割裂了。

我觉得，特朗普总统有很多商业方面的选民和支持者，他们都知道，如果未来冲突再升级，他们自己企业的经营都会遭受影响，所以他们也在敦促特朗普总统采取其他模式。

王波明：短期来看，中美之间的贸易谈判，恐怕谈不出什么结果，但是双方还会达成某种协议。

Austan Goolsbee：我也希望。我觉得现在是火中取栗，如果现在美国再做点什么或者说点什么，中国开始愤怒，进而反击，冲突螺旋式上升，消费者信心直线下降，最后会导致两国经济下滑。

王波明：展望未来，您觉得中美之间还有其他的问题吗？您是比较悲观吗？

Austan Goolsbee：不是，我觉得从长期来看，中美之间的关系应该融洽起来。中国未来会更加富裕，中国未来更多是内需促进，金融、教育、健康医疗、娱乐休闲会占据 GDP 更大的份额，这些都是靠国内内需来驱动。所以从长期来看，今天所看到的中美之间很多冲突，未来会不断化解。从短期来看，这些冲突仍然会存在，因为中国现在毕竟是出口导向型的经济，美国和中国还是有很多正面冲突，按美国总统的话，如果不跟加拿大、墨西哥、欧洲、日本打贸易战，肯定要跟中国打贸易战。特朗普总统说，跟中国打不出一个结果，那就跟其他国家打贸易战。

王波明：好的，我想您主要关注贸易问题。《纽约时报》《华尔街日报》又讲了这一斗争形式蔓延到其他领域，比如军事领域，对这些您有什么看法？

Austan Goolsbee：实际上确实不仅仅是经济领域涉及贸易，还涉及知识产权的问题。对于美国来说，错误是非常严重的。如果说中美要进行冷战，这将是美国犯的最严重的错误。目前这种纷争涉及经济领域，确实也有社会领域和军队领域的对抗。但是，如果开启冷战，没有人是赢家，我觉得冷战应该不会发生。但是，也不可能把这种可能性百分之百排除在外。在美国，还有在中国，确实有一些派系的人更喜欢对抗，可能会导致两国进行负面的对抗。这让我们觉得比较恐惧担心。从地缘政治来说，和伊朗、朝鲜的对抗，要大大高于中美两国之间的对抗。

王波明：最后一个问题，如果说让您猜测一下民主党和共和党它们赢得2020年大选的可能性，您是怎么看呢？

Austan Goolsbee：你知道，我是民主党，我觉得这种当选概率是势均力敌的，民主党或许更加强一点。尽管2018年、2019年经济比较好，但是在2016年特朗普是险胜的。2020年和2016年相比，如果他的受欢迎程度有下降，也不会获胜，我想民主党有2/3获胜可能，共和党1/3。

王波明：接下来看看在座观众有没有什么问题？好，这位先生在摩根士丹利工作，他有一个问题。

提问：我现在不在摩根士丹利工作了。我能问您一个问题吗？在过去，中美关系出现问题的时候，美国企业界通常会站起来支持两国之间关系好转，但是这次好像没有出现这样的状况，没有看到非常强大的美国商业界来帮助中美两国贸易冲突放缓，什么时候美国的商界、企业界会站起来推动建立更好的两国贸易关系呢？

Austan Goolsbee：非常好的问题。美国的商界仍然是支持贸易的。美国商业部明确表态希望停止贸易战。对于跨国公司来说，特朗普的减税力度太大了。当然，这些公司非常感谢特朗普，这也使得跨国公司并不想公开批判特朗普，至少不会在公开场合反对特朗普，但我想在私下里他们应该进行了游说，反对中美贸易战升级。不仅仅是中美之间有贸易战，我们首先差点和欧洲打贸易战了，后来又跟加拿大发生了贸易冲突，每次都是企业界从幕后找到白宫说“你不能这样做，这样会死掉的”。我想他们没有公开去反对，但私下里有游说。

王波明：好，这里有位先生是央行工作的，他还有一个问题。

提问：我过去在央行工作。我有三个简短的问题。首先您是否觉得美联储会降息？第二，世界上最大的经济体和世界上第二大的经济体，看起来正在开展这场不幸的贸易战，美国经济是有韧性的，但是增长在放缓，而中国的经济也是有韧性的，增长性相对更强，这样一种情境您怎么看？再看看欧盟、日本，它们进入了负利率时代，这种负利率可能会持续很长时间，怎样面对这种后果呢？最后一个问题，我认同您的看法，中国经济的增长是无法阻止的。中国人民的收入在增长，十年或者二十年之后中国就会成为中等收入国家，美国需要多长时间才能认识到这样一种事实？

Austan Goolsbee：非常感谢您的问题。我想对于每一个问题都可以写一篇论文了，我一一回答。

首先我觉得美联储一直有点滞后，我这个比喻可能不太好，九年来美联储确实都是过于乐观了。现在美联储或许发现了应该调整一下预测，我想不久的将来它也会降息，因为增长率确实太低了。

第二个问题我浓缩一下。确实有一些为美联储工作的经济学家会研究中美两国的统计数据：贸易在美国经济中已经不占很大比例了，中国也不是美国贸易占比很大的国家，即使中美两国贸易下降 25%，或者 15%，也不会有严重后果。对中国也可以做类似分析，在中国经济目前的体量下，中美贸易的下降也不会带来太多影响。当然，消费者还有企业界会受到影响，企业界人士会说我们不会投资了，除非现在情况明朗。美国的消费者也说，我现在暂时不买房不买车了，因为现在情况不明朗。尽管中美两国贸易下滑看起来对两国影响不大，但也会导致两国进入衰退。2001 年美国出现互联网泡沫的时候，大家都觉得这一泡沫不会造成经济衰退，毕竟互联网经济只占美国经济额的 1%—2%。但最终还是出现了衰退。

第三个问题，中国变得越来越富有，二十年之后可能比美国更加富有。但这些论断并没有实质意义。欧洲在二战中受到重创，后来恢复了经济增长，并保持到现在，但这也没有影响到美国。而且欧洲的复苏和崛起，对于美国来说是好事，对中国来说也是如此，我希望我们也能很好地应对中国的崛起，应对中美之间新的情况。

提问：您谈到有可能接下来会调利率。我对第二个问题是感兴趣的，2008 年出现的金融危机，由资产价格泡沫组成，尤其是住房价格泡沫。现在美国住房价格已经达到新的峰值，经济的基本面和 2008 年有哪些变化？比起 2008 年，美国是不是对目前的状况做好了准备？

Austan Goolsbee：这个问题非常重要。我确实觉得跟 2008 年相比美国做了更多准备。首先，政府有更多工具应对金融危机，金融机构的资金也比 2008 年更多。第二点，也是更加重要的一点，现在住房价格甚至比 2008 年更高，但这一领域的资产量也很大。在 2010 年和 2011 年的时候，人们说中国出现了房地产的泡沫。我们要看看中国的贷款乘数，15%不是问题。在危机的时候，贷款乘数是百分之百，是零首付，有时候还倒给你钱。而现在中国的贷款数并不是特别高。我并不是预测会出现 2008 年一样的衰退，那次衰退是美国一百年以来最严重的衰退，未来可能会出现比较普通的衰退，GDP 放缓、失业率上升、收入下降、情绪恐慌，但这并不一定意味着会出现金融危机。

王波明：好，最后一个问题。

提问：我会尽可能简短，您知道，美国总统在决定公共政策方面权力很大，如果希拉里在 2016 年获胜，您是否觉得贸易战也会发起？当然，就不要谈它的升级了。在 2020 年，如果有不同的总统执政，您觉得中美之间的贸易战是否会进一步持续或者恶化？

Austan Goolsbee：我觉得毫无疑问，有任何其他人当总统而不是特朗普，就不会出现这样的贸易战。但我不知道这是否意味着 TPP 被通过。之所以有这场贸易战就是因为特朗普的存在，因为他希望采取强硬的手段。民意调查显示，绝大多数人都赞成贸易而非贸易战，而且很多因素都推动着中美两国停止贸易战。美国的农业、制造业的出口业务都深受影响，我觉得没人会喜欢贸易战。

王波明：我想您应该当选才对，这样的话这些政策就会变得更加合理。非常感谢您。

Austan Goolsbee：我特别高兴再次见到您。

王波明：我会去芝加哥看您，与您共进晚餐。Austan Goolsbee 的发言很精彩，也回答了很多问题，非常感谢。

第一章

全球与中国经济：不确定性中的新引擎

2018年以来，全球宏观经济增速趋势性下降，增长效率持续低迷，传统增长引擎对经济的拉动作用减弱。国际贸易摩擦与地缘政治冲突的不断发生，更加加剧了发展的不确定性。在世界经济动能转换的大背景下，把握科技革命和产业变革机遇，以创新驱动加快产业转型升级，以新兴技术培育新的经济增长点，深化各国间对外开放和经济合作，促进多边合作共赢，将成为拉动全球与中国经济发展的新引擎，推动构建面向未来的经济发展新结构。

全球不确定性与中国应对

张燕生 [*]

我今天主要是讲全球的不确定性和中国的作用。G20 大阪领导人峰会刚刚结束，我们可以感觉到，出席这次峰会的领导人都有一种焦虑，他们焦虑世界究竟向何处去？在这次峰会上，习近平主席说：我们要避免因一时短视而犯历史性的错误。从这个角度来讲，当前世界确实走到了一个十字路口。我重点讲五个方面。

第一个焦虑，领导人的焦虑之一是缺少增长动力，当今世界处于新旧动能转换期，动力在哪儿？下一步的增长，是靠金融、房地产、军工和要素投入驱动增长，还是靠创新、科技进步、结构性改革驱动？面对这样的十字路口，使人焦虑和担心的是世界的技术保护主义在抬头。我们可以看到一些大国，把华为、中科曙光这些企业放入了实体清单，并且制定了 14 个行业的基础科技和新兴科技进行出口管制的改革法案。大家可以查一下，这 14 个出口管制的行业，基本上覆盖了全球所有科技创新的新兴领域，而且还出台了关于外商投资风险评估的法案等。这就不禁让人担心，会不会因为技术的封锁、科技的脱钩，而出现“一个世界、两个体系”的前景？如果发生这些，20 国集团领导人就会焦虑，未来的世界会太平吗？

第二个焦虑，是全球化现在遇到了曲折。我认为全球化是三个推动

---

* 张燕生，时任发改委学术委研究员、中国国际经济交流中心首席研究员。

力推动出来的，也就是开放驱动、创新驱动、市场化驱动，最后产生了一个相互依存的地球村。但是我们会问：什么样的规则、什么样的机构在治理这个地球村？当今世界全球化和全球治理改革遇到了阻力，在这种情况下就出现了区域化发展的态势，我们可以看到像美墨加协定、CPTPP（全面与进步跨太平洋伙伴关系协定）、RECP（区域全面经济伙伴关系）、日欧的 EPA（经济伙伴关系协定）和中日韩的 FTA（自由贸易协定）等，各种各样的区域化方案风起云涌。

但问题是：这是推动开放性的区域化还是排他性的区域化？是推动激进性的区域化路径，还是渐进性的区域化发展路径？是采取高标准还是采取适宜的标准？区域化发展中间存在很多矛盾、问题和冲突，有少数人尤其是一些极右分子，要颠覆既有规则的自由贸易秩序，要建立本国优先的零关税、零壁垒、零补贴的“自由贸易”和“公平贸易”。在这种情况下，人们就会产生一种焦虑：未来究竟是自由贸易还是保护贸易？是多边主义还是单边主义？国与国是合作的伙伴关系，还是以邻为壑的对手？

第三个焦虑，就是发展的鸿沟在扩大。被称为“发展回合”的“多哈回合”谈判陷入了困境。现在 WTO 改革，一种方案就是强制发展中国家、新兴经济体不再享受特殊和差异化的待遇，全球供应链、产业链、价值链很可能出现颠覆性的调整。也就是“三链”的基础——全球化、新科技革命和各国之间的开放合作伙伴关系正在发生变化，未来全球的供应链、产业链、价值链会不会出现本地化、区域化、碎片化的格局？在这种情况下，全球落实《2030 年可持续发展议程》任重而道远。

第四个焦虑，就是关于世界向何处去，国际社会存在着明显的利益差异和观点分歧。能不能做到和而不同、开放包容，对国际社会来讲也存在着不确定性。在这种情况下，无论是发达国家，还是发展中国家；无论是学术界，还是工商界；无论是不同的信仰，还是不同的社会制度，各国都面临着一个基本的使命：如何避免把世界推向冲突和对抗的陷阱。所以从这一点上世界也面临着巨大的不确定性。

中美贸易战是一个焦点。习近平总书记说过，合作是两国唯一正确的选择。中美两个大国如何从非理性对抗走向理性合作？对中国来讲，要保持平常心，就是我们要尊重常识、尊重规律、尊重逻辑，要保持历史的耐心、战略的定力、底线的思维。中美关系有可能过程比结果重要。对中国来讲，面对两个大国博弈，要做好自己的事情。

最后一点，我简单谈一下中国未来财富来源于哪里？来源于创新。我们可以看到，2018 年中国的研发强度是 2.18，中国东部沿海包括山东青岛，研发强度已经超过 OECD 国家平均水平 2.4。在这种情况下，中国的财富下一步是来自于高质量发展，现代化经济体系的建设和治理体系、治理能力的现代化。

要想创造未来的财富，有三件工作我们需要做好。

首先，我们需要一批一流的大学和人才，一流的创新链和科研院所，一流的现代金融体系——包括多层次资本市场和财富管理中心，一流的供应链、产业链、价值链，一流的创新驱动型的企业总部经济和功能性分支。下一步的中国会更加开放。

其次，要营造法治化、现代化、规范化的市场环境、营商环境、创新环境、投资环境和政策环境。

最后，要建立现代产业体系。也就是要建立实体经济为本，科技创新为第一动力，现代金融为重要的驱动力，人力资源为第一资源的协同发展的现代产业体系。

在全球不确定背景下，我们要做好“一带一路”，要做好进一步扩大国内市场的开放，要做好主动扩大进口，为世界带来动力，为中国带来财富，为人民带来未来。

经济长远潜力巨大　梳理发展需要耐心

朱云来*

燕生刚才讲了国际形势，听他谈到了各种焦虑，其实现在世界各国普遍都存在焦虑。这也很自然，因为经过相对长期的快速发展过程之后，世界经济出现了一些系统性问题。各国都以本身利益为第一出发点——这是各国政治的重要基础，而经历了相对快速又复杂的发展之后，伴随着出现了各国间摩擦等新问题，从而需要重新审视与谈判，其中也包括中美贸易战。这是一个自然的历史过程，需要一定的时间来协调解决。

自从 2008 年经济危机以后，世界各国一直采取系统性的信贷扩张。这种宽松的金融政策一开始的时候也许很管用，它刺激了投资，的确使经济得到一定程度上的增长。这种短时间内系统货币迅速增加，可能在至今为止的世界历史进程中第一次出现。过去我们觉得货币体系已经是一个很长期的机制了，但仔细想想，从 1913 年美联储建立从而有了系统性的现代金融政策，也不过是一百年出头，这放在历史长河中也不算很长。2008 年金融危机几乎是百年不遇的，但大家都安全渡过了。但世界各国都对发行货币产生了依赖性，带来的结果是，经济貌似没有持续性的大幅下跌，但是一直也没有得到系统性的恢复。经济危机已经过去十年了，也没谁敢说完全恢复了。从股票指数来看，现在表面超过了

* 朱云来，金融专业人士。

2008 年的水平，但是如果把通胀等因素考虑进去，还原成真实价格的话，可能离恢复到 2008 年之前还有一段路。

世界经济进入了新阶段，看上去普遍呈现低迷，找不到新的方向，但我们也不必过于焦虑，也是要在问题中不断系统审慎总结经验，做的才会更好。现在我们已经做了很多的事情，比方说改革开放、去杠杆、重视科技发展与创新等，我觉得这些东西都是对的，但是它们要起作用也不会那么快，要多一些耐心。新增加的资本投入对科研进步是有好处的，但是资本也不是越多越好，科研进步需要时间，更需要科学的思考。包括对科研体系系统设立和资本的管理，也是一个很科学的事情。设立什么样的项目，投什么样的项目，这些思考都需要建立在系统性的、科学审慎的科研投资体系基础之上，欲速则不达，甚至可能产生“劣币驱逐良币”的效应。

总之，改革措施起到效果是需要花时间的。既然世界经济发展没有那么快，也不太可能更快，就不必那么焦虑，多一些耐心去系统梳理一下过去我们收获的成效和遇到的问题。可以看看基础生活能力是不是足够，比如说够不够基本的生活保障？既然我们自己有足够的供应能力，在看不清楚长远发展前景时，投资也可以放慢点，现在够吃够用，就可以不必太焦虑，可以慢下脚步，系统梳理现在的经济状况。

另外，很多人焦虑的原因是养老，还有一些人现在的基本生活还存在问题。我们真正的生存需要和养老需要，在经济现状里的投资规模占比是很小的。据统计老百姓的收入在 30 万—40 万亿左右，而整个经济规模是 80 万亿元以上，也就是说经济收入中有一半来自老百姓的收入，而这个收入的三分之二被用于消费。

在养老层面，目前我们有 2 亿的退休人口，他们的平均生活成本是两万，也就是 4 万亿一年。我们一年的固定资产投资是 60 多万亿，按照现在的平均生活水平建立退休人口的养老保证基金的话，什么样的回报合理呢？ 4 万亿除以 8%是多少？ 50 万亿，也就是说 50 万亿就可以把退休人口的养老基金建立起来，而且只需要做一次，当然以后每年还有新增的退休人口。

在现在的经济状态下，系统地去考虑和梳理过去的状况，关注建立系统的社会保障体系、养老基金的建立，以及科学有效的科技创新，都是必要的。这些虽然都不是短时间能解决的或者说快速看到成效的，我们如何科学有效的系统性布局也是一个重要的下一程进一步发展的基础。

创新肯定是对的，但是创新的成功率是一定的，不是说百分之百都能成功。比如说科技，比如说 AI 自动驾驶，大家想象一下，如果我坐在车里，一切自动行驶，这很好。但是以我过去做科研的经历，这些不是一两年能做出来，因为要达到万无一失的标准，是很不容易的，可能一滩泥水溅上来，自动驾驶的一些甄别反应判断会有偏差，是要有耐心经过精准测算系统考量反复测试，最终出现一个优秀的成果。贷款也是同样，放出来了，最后是否能盈利或者收回成本也不是靠一天两天就有结论，在已经采取的措施和考量之外在市场试错的过程中不断反思总结经验系统性梳理方向，去找到更有效的投资，这些思考也适用于经济发展的考量，以及解脱忧虑。

刚才张燕生讲到了国家忧虑，那我们个人的忧虑就是个人生活费用是否足够，收入是否会提高，而到底是消费还是投资，就是个人财富管理的范畴了。有些快速增长的东西，本身就是焦虑的根源，不是快速增长，既然全世界经济进入了一个新的阶段，整体有些低迷，那么我们不要过于忧虑，心态就要从容一点，多一些思考和耐心。经济发展的目的最终是落到个人身上的，每个人的生活成本多少？吃饭、租房子花多少钱？价格水平是否在收入水平的合理范围内？养老需求是否有足够的钱去支撑，退休后的钱是否能维持生活？还是要放下一些焦虑，系统的总结梳理，找到科学有效的路径实现这些目的。

短期不确定性与长期确定性

王　庆*

刚才张燕生就世界经济不确定性的中国作用角度做了战略层面分析，我从资本市场的角度对这个话题做一个补充。我重点谈两个问题：第一，当前无论是全球经济还是中国经济，不确定性的确都在增加；第二，在中短期不确定性的背景下，从长期来看，我们判断市场的确定性在上升。

为什么这么说？从中短期来看，全球经济不确定性在增加。首先，经过 2016 年以来的周期性上行，现在种种迹象表明，全球经济又进入了一个短期的下行周期。比如说，反映资本市场参与者对中长期预期的中长期债券收益率指标最近有变化。饱受困扰的欧洲和日本经济，债券收益率再创新低，甚至到了负利率的水平。同时美国经济也出现新变化，就是美国债券十年期的收益率破 2%，这也是表明市场参与者对美国经济前景的担心。同时，在全球范围内看，很多国家的长期债券收益率都走低，甚至出现负利率的现象，尤其在过去两个月之内，长期债券收益率为负的国家数量大幅度上升。这就是资本市场反映全球经济不确定性增加的重要指标。

第二点就是刚才张燕生重点谈到的，美国在全球范围内发起的贸易战，给全球经济的发展带来了巨大的不确定性，尤其中国经济发展的不

* 王庆，时任上海重阳投资管理股份有限公司总裁。

确定增加。不仅体现在关税水平上升以及对贸易活动的影响——这点我们从最近的中国进出口数据已经明确看到了影响；更重要的是，中美之间的贸易争端，以及美国对世界其他国家发起的贸易战，对全球的产业链的潜在冲击的影响恐怕将更持久、更深刻。尽管在前不久结束的 G20 峰会上，中美双方恢复贸易谈判，最终可能有积极的结果。但很显然这样的情况跟我们最初的预期不一致，贸易争端持续的时间和解决需要的时间会更长，本身会带来不确定性。很多投资者会根据最终谈判结果来决定当下的投资行为。无论是全球还是中国的制造业投资，已经出现了放缓的迹象。贸易战对全球供应链带来了不确定性。

第三点是国内的政策环境。我们在缓增长、调结构、降杠杆的情况下，宏观政策在稳步推进。最近加强了金融供给侧的改革。2017 年下半年以来，我们在防控金融风险、降杠杆方面取得了阶段性成果。而去年下半年以来，政策从去杠杆到稳杠杆，强调了结构性去杠杆，在货币政策方面也有所调整，利率水平出现了下行，也就是所谓的宽货币环境已经出现了，这是有利的方面。但是宽货币的环境能否有效地传导成对实体经济的支持，还有相当的不确定性。按照过往的经验，这样的政策调整，应该会在未来 6—12 个月起到效果，也就是说，在今年三四季度经济会出现提稳甚至反弹。不确定性在于，在加强金融监管，防范金融风险的大背景下，信用传导机制也许会发生变化，尤其在金融体系中起到重要作用的房地产市场发展尤为关键。因为中国经济的发展仍然依赖于信用的创造，而房地产市场是中国信用创造机制中的重要环节，房地产方面，总体的政策基调是“房住不炒”，同时实施一城一策，这样的平衡将最终决定中国金融体系发展的创造机制能否顺利运行，也决定了当前的宽货币环境能否传导为对实体经济实实在在的金融支持，这本身是产生了一定不确定性。积极的变化是产业政策正在迅速发力，无论减税降费还是资本性财政的支持，力度都比较强，这也许会成为从宽货币环境向信用支持传导的重要支撑，对房地产政策有一定补充，是一个积极的变化。

我们强调中短期的不确定性，要切忌把短期问题长期化。如果我们看得稍微长远一点，就会发现短期问题从长远来看并不是问题。从长期发展来讲，最重要的驱动力是三个：一是劳动力的供给，二是资本的积累，三是全要素生产力的提升。这个跟我们前面谈到的因素没有直接关系，它们是实实在在的驱动经济增长的长期动力。

一些确定性是非常明显的。第一，中国劳动力供给已经出现了明显的拐点，这跟人口结构的变化、人口老龄化加速是有关的。所以我们不能指望过去二三十年充裕的劳动力作为动力。第二，资本的驱动力也会放缓，储蓄率在进入缓慢下行的通道，资本积累的速度也会放缓。同时，考虑到中国短期面临的高负债去杠杆的问题，一定程度上影响了资本积累和对实体经济支持的效率。所以我们就要聚焦第三个方面，即全要素生产力的提升，最主要的是两方面的贡献，一是科技的进步，二是体制机制的创新。就像刚才张燕生讲到的，未来科技创新肯定会在我们政策中和经济生活中成为重要的主题，也会加大投入。但是我们必须尊重科技创新的规律，有些投入有结果，有些投入中短期不一定有结果，有些投入可能就是试错，永远没有结果。这是科技创新中必须面临的现实：我们要积极努力，同时必须尊重现实和客观规律。需要我们发挥主观能动性的，就是提升全要素生产力的另外一个重要因素——体制机制创新，这是我们能最大空间发挥主观能动性的。

从这个意义上讲，长期是没有不确定性的。这不是说我们有很多的选项，而是选项非常聚焦，就是提升全要素生产力。具体来讲，科技创新要更多发挥主观能动性，也就是把改革开放、体制机制改革提升到更高的高度。在当前的不确定性环境中，只有这一条才是最确定的。资本市场的参与者也要反复提醒自己，不要低估党和政府推动改革开放的信心和决心。这是当前各种不确定性中的最大的确定性。

最后，结合今天的主题，谈谈新环境下的财富管理。中国的财富积累已经到了相当的规模，这来源于过去中国经济的发展和财富的快速积累。前瞻性地看，在这样新的环境下，作为资本市场参与者，我们更应该有风险意识，如果说过去几年或者是过去十几年，中国财富的积累靠的是中国经济和资本市场的快速发展，那么未来在新的环境下，我们更需要强调的是防控风险，在收益和风险之间把握平衡，财富的保值和增值将会有新的内涵。我们作为从业者，要投入更大的精力，给市场提供从长期看能够有可观收益的理财产品，更重要的是在短期内控制好风险和理财产品的波动，这样才能让大家相对在不确定环境下安心投资，从而在长期投资中获取收益。希望这个观点能对大家有所帮助。

中美应想方设法达成真正合作

William Purpura*

中国与美国在谈判和对话中，双方都会就对方的立场进行相应描绘，但事实往往存在于两种描述之间。

以“一带一路”倡议为例，当中国在五年前提出这一倡议时，我没有觉得它可以取得现在这样的成功。但这一倡议是否与美国利益有冲突呢？具体到“一带一路”在非洲的存在，过去六个月，我多次前往非洲访问、考察，其中有大量时间在肯尼亚。我发现当地居民对中国承建的蒙巴萨－内罗毕标轨铁路（蒙内铁路）有诸多疑虑，一个主要疑虑是当地居民认为修建铁路是给中国人创造的工作机会，而不是当地人，因为很多中国劳动力到肯尼亚施工。中国在进入一个国家进行投资或建设时面临一个挑战是，首先应充分关切当地的疑虑。同时这也是美国人的观点，认为中国人没有给当地人创造工作机会，反而是在创造债务，美国副总统彭斯称“一带一路”是中国创造的债务陷阱。

美方关注的另一问题是中国的融资渠道。中国历来很欢迎来自世界银行的贷款，以此支持国内包括高铁在内的基础设施建设。作为世界银行和国际货币基金组织的主要资助者，美国的考量是，中国从这些机构拿到低息贷款，又转而贷款给其他国家，美国认为这是钻了漏洞。但我认为这只是一种谈判策略，以此在中美贸易谈判中增加筹码。

---

* William Purpura，时任纽约商品交易所理事会主席。

中美之间迟早还是会谈出一个结果。无论大家现在对全球化或者民族主义发表怎样的评论，依然只是一种形象建构。对于每个国家而言，优先关注本国利益是天经地义的，中国是这样，美国也是一样。但是大家都在一个沙盒里共事，仍然需要合作，更高水平的合作符合所有国家的利益。

我想到一个例子，以小见大，很有观察价值。我所在的纽约商品交易所是全球最大的黄金期货交易机构，上海黄金交易所是全球最大的黄金现货交易所，两家最近达成协议，上海黄金交易所将在美国上市。这个合作谈判进行多年，因为涉及很多细节，特别是知识产权保护的规定、成本的分摊、利润的分享等，但最后都谈妥了。这是意义重大的一步，中国交易所和美国交易所首次达成了里程碑式的合作。

当然，美国有自己的视角，也有政治方面的干预。与奥巴马当局、乔治·布什当局相比，现在的总统、白宫的政治生态发生了很大变化，整个中美互动过程的走向与过去迥然不同。但归根到底，中美还是要合作，必须要想方设法促成这种真正的合作。

国际合作推动产业创新与转型

竹田和史 (Kazushi Takeda) *

瑞穗银行是日本代表性银行之一，隶属于瑞穗金融集团。瑞穗作为一家在全球开展金融业务的金融集团，旗下拥有银行、证券、信托、资产管理等子公司。

放眼世界经济，中美贸易冲突、美国国内政治对立、英国脱欧问题、意大利债务问题、中东风险，等等，这些都增加了世界经济的不确定性。再看中国经济，受中美贸易冲突的影响，中美之间的进出口大幅减少，中国国内投资、消费意愿整体上进一步减弱，中国经济发展需要探索新的增长点。

对于产业的技术革新与转型升级，进行国际间合作是一个重要途径。我简单介绍一下，瑞穗银行在以下三个方面推进中日合作的情况。

第一，推动医疗、护理服务行业的合作，拉动相关行业的需求。据统计，中国 60 岁以上的人口数量已经达到 2.5 亿人，逐渐呈现老龄化社会的特点。比中国更早一步跨入老龄化社会的日本，在社会福祉制度、健康行业企业的技术和经验方面都具有一定优势，这些都可以引进中国并加以利用。

目前，我们在与清华大学老龄社会研究中心合作，就如何推进日本企业与中国的大学、研究院、企业开展合作进行探讨，实现双赢。

---

* 竹田和史（Kazushi Takeda），时任瑞穗银行（中国）行长。

第二，企业在第三方市场的合作。尽管受到贸易冲突影响，中资企业的对外投资意愿仍然非常旺盛。日本企业过去与中资企业在海外投资、海外业务合作上，已经取得了很多成果。我们认为，今后中日在第三方市场合作的可能性也在提高。

瑞穗作为一家日资银行，今后可以在业务发展、资金支持方面提供相关的服务。具体来讲，在2018年10月北京召开的"中日第三方市场合作论坛"上，瑞穗分别与中国石化、中信集团、中国出口信用保险公司等中资企业和金融机构签署了业务合作谅解备忘录（MOU），推动双方在第三方市场的合作。

第三，对中资创新企业的支持。瑞穗银行不仅支持中资创新企业与日资企业之间的合作与投资，也通过投资中国的创新类基金，给予资产方面的支持。

近期，瑞穗银行与北京中关村发展集团、深圳清华大学研究院签署业务合作谅解备忘录，推进对创新企业的支持。2019年，瑞穗（中国）在总行专门设置了支持创新企业业务的专业部门，从而推进和强化相关业务。

通过以上三个方面的推进，瑞穗希望为中国的经济发展贡献一份绵薄之力。在世界经济和中国经济的发展前景非常不确定的情况下，中国和日本两国之间的经济合作显得尤为重要，瑞穗希望能够发挥中日合作"引路人"的作用，继续作出应有的贡献。

对 话

张燕冬 [*]：Takeda 先生，您谈到中日之间进行医疗、护理方面的合作，推动了中国内需。你们很看重中国内需市场。

Kazushi Takeda：在医疗养老方面，日本很早对老龄化问题进行了很多研究，很多企业有养老方面的经验，想到中国来发展。

张燕冬：吸引日本企业来中国开展业务的原因是什么？

Kazushi Takeda：中国有 14 亿人口，经济发展非常快，而且我们相信，相对其他国家，中国经济发展空间更大，所以我们非常愿意在中国发展，为中国经济发展贡献力量，同时我们的资产管理业务也有可能取得发展。

张燕冬：王庆博士，刚才听您讲到确定性和不确定性，听起来都相对悲观。能不能具体解释一下？

王庆：确定性和不确定性其实是中性词，确定不一定是褒义的，不确定性不一定是贬义的。劳动力供给是确定性，但是是负面因素。我们可以做的事情就是全要素生产力的提升。刚才讲技术创新，张燕生和朱云来都提到要给予重视、加大投入，但这是有客观规律的。我们能发挥主观能动性的就是体制机制的提升，只要有意愿，确定性就会较高。

张燕冬：这么多年都在说体制创新，您觉得容易吗？

王庆：说容易也容易，说不容易也不容易。把过去 40 多年的成绩归功于改革开放，这是有非常强的群众和政策共识的。当然我们未来和过去四十年改革的侧重点是不同的。

我补充一下刚才朱总提到的，从改革方向、着力点上来讲，有不一样的地方。比如对民生的改善，解决普通老百姓焦虑的问题，朱总强调

---

* 张燕冬，时任《财经》杂志执行主编、《财经智库》总裁。

了收入、流量，把更多的资源用来提高人们收入，进而改善生活。我认为还可以在存量上多做文章，中国财富虽绝对量大，但分配量、结构是不平衡的。这包括两方面：基尼系数私人财富量的不平衡，其他国家也有这种情况；还有公共部门和私人部门之间的不平衡，这一点有改革空间，比如国有资产向社保基金划拨。朱总刚才计算了一下，如果以社保投资收益 8% 为准，需要 40 万亿资金。有两种办法，一种是在增量上积累未来资源，形成四五十万亿的资金；另外一种就是存量调整，如国有资产向社保基金的划拨。这方面山东省是走在前面的。

张燕冬：对，国有资产向社保基金划拨是郭树清主席在 20 世纪 80 年代提出来的，他在山东省任省长期间也做了尝试。燕生老师，G20 “习特会”之后，人们比较乐观地认为中美谈判将告一段落。对中美关系的长期性和短期性，您怎么看？

张燕生：上一次 G20 峰会是 2018 年 11 月，那次也开了“习特会”。中美经贸磋商已经持续了十一轮，到了 5 月第十轮的时候双方发生了巨大的分歧，美国对中国 2000 亿美元的输美产品加收 25% 的关税。美国有位前领导人说，出现这样的情况，就是中美贸易磋商的失败。但刘鹤副总理还是去美国进行了第十一轮的磋商。上次“习特会”后中美贸易改善持续了半年，这次如果也持续半年，就能到今年年底。从这个角度来讲，中美贸易谈判确实是长期的。

中国商务部新闻发言人讲，中方有一个重要的立场，就是加征的关税要回到贸易战前的原点，这个是很关键的分歧点。因为美国坚持对 500 亿美元中国高新技术产业加征 25% 关税。中美下一步贸易磋商结果会怎么样呢？我们希望最好能有一个阶段性结果，使中美关系在一个阶段暂时不分歧、不冲突。中美两个大国真正走向理性的合作，可能是长期的过程。

张燕冬：在达沃斯论坛上李克强总理也提到会加快开放，尤其是金融和服务业。从商务部和发改委传递出的信息也表明开放的步子会加快，您怎么看？

张燕生：中国开放的步伐确实在提速。无论是去年习近平主席在博鳌论坛宣布的四项开放举措，还是今年李克强总理在博鳌论坛提到今年年底要完成《外商投资法》和相关配套文件的出台，这都代表着中国的行动。6 月的最后一天，中国政府宣布了三个清单，一是外商投资负面清单，一是自由贸易试验区负面清单，还有外商投资产业指导目录。具体来看，外商投资负面清单已经减少到 40 项，自由贸易实验区负面清单已经减少到 37 项，这跟 2013 年上海自由贸易试验区的第一个 190 多项的负面清单相比，已是一大进步。

我个人认为市场经济是分层的——初级市场经济是农贸市场，中级市场经济是商品市场，中高端市场经济是要素市场，再往上是金融市场、衍生品市场。中国在金融、证券、保险、投资这些领域扩大开放，就意味着中国改革开放进入了高端市场。这个程度的市场化改革和创新，要考虑避免脱实向虚，避免产生系统性金融风险，提升金融监管的能力和水平。

过去 40 多年的改革开放，就制造业的所有制占比来看，民营企业占 61.2%，外商企业投资占 11%，民企加外企的比例超过中国制造业的七成，所以说市场是开放的，竞争是激烈的，市场配置资源的作用是决定性的。但金融业呢？民企加外企不到百分之十，这个市场确确实实不够开放，竞争不够激烈，市场配置资源的作用还不是决定性的。从这个角度看，金融市场必须要开放，但在开放的同时要建立起真正有效的金融监管和区域性金融风险防范体系，有效地避免脱实向虚的趋向。中国下一步开放的过程中，和安全应该是匹配的。

张燕冬：我们还有很长的路要走。我想问竹田和史先生，中国的对外开放对你们是否有直接影响？

Kazushi Takeda：刚才你们讲到最近李克强总理说的金融的开放，我们也非常期待。有一个例子，人民币国际化以来，很多海外投资者都希望投资中国的债券市场、股票市场。有海外证券业务、资产管理业务、金融集团的加入，中国资产管理应该越来越好。

张燕冬：作为希望参与中国证券市场的日本银行，您希望中国提供什么样的政策环境、营商环境？

Kazushi Takeda：目前证券方面的外资准入还没有批下来，我们希望中国政府能够在这方面进一步开放。

张燕冬：朱总，还是想谈一下您说的投资以及民生方面的问题。您上次说到了高铁投资与效益问题，怎么才能投一些有价值、有效率而且对民生有利的项目？

朱云来：其实发改委一直会做项目评估、项目规划等工作。只是说可能到了一定的经济发展阶段，大家都觉得可以多创造点货币，可以发展得更快一点，觉得可能看得已经很准确了，但是有时候要系统化的考虑问题，这不是一个、两个项目的问题。市场经济是一个相对需要系统性思考的问题，你投入一个新的项目，动辄一个项目上千亿，这个上千亿带来的经济效果怎么评估？包括很多上市公司在内，进行的都是一种市场评估，综合各种因素。现在我们从追求高速发展转向追求高质量发展，为什么不追求高速发展了呢？这个高速度如果说是能达到的同时能维持科学审慎的系统机制又有经济效益，那谁不想做呢？当经济发展到一定阶段，客观世界在改变，调整的依据是社会效益要最高、收益要最科学合理。

刚才有一个分析，现在中国跟 1978 年以前的计划经济相比，市场化经济有了长足发展，但是如果从另外一个评估进步的角度出发，进行更细致的分析就会发现：我们现在市场化程度到了多少？总体来讲，什么是市场化机制？如何通过客观的市场尝试试错的机制，能够找到一个相对正确的度和方向？哪些事有偏差，可以如何科学有效的进行调整？通过复杂性的市场方式，起到整个经济发展资源优化、投资优化的最好效应。否则的话，即使有大量投资，投资以后也可能会发现没有什么用，或者结果远不如预期，跟这个投资相比，将来的运营成本、投资收益以及最终的回报可能都不容易实现目标。

张燕冬：William，现在很多人议论，中美之间不仅是贸易矛盾，还涉及其他。也有人提出，美国是在跟中国部分脱钩，尤其在高科技领域，接下来可能波及金融领域，中国的企业到纳斯达克上市可能会越来越难。您怎么看？

William Purpura：这种情况若变成现实，可能还是基于短期情境。比如说，现在的总统是反常规的，他的做法我不是很赞同。他可能为了创造有利的谈判地位、表明姿态，采取了反传统的行动，很多时候也产生了一定的效果，比如惩罚性的、报复性的关税，以及对华为的措施。这都是他想给自己争取一些机会。这可能是我迄今经历过最独特、风险最高的一次贸易谈判。当你并没有在某个领域处于支配地位，而中国能够挑战你这样地位的时候，很多情况下确实会让人觉得不舒服，他们经常把这些问题看作是国家层面的问题。我觉得美国可以和世界上任何一个国家竞争。应该迎接这种挑战，让市场力量去决定未来走向，而不是施加政治压力。

张燕冬：谢谢。其实 William 先生对大宗商品非常熟悉。我想问另外一个问题，现在经济下行，很多人认为是买黄金的好时机，您怎么看黄金的作用？

William Purpura：我对黄金的看法和黄金在经济当中的作用是不一样的。我与一些来自纽约大都市保险公司的中国朋友在 6 月 18 日也探讨了这个话题，那时候我也谈到了对未来黄金的看法，我认为黄金应有更高的价格。我对于黄金持乐观态度，应该把黄金作为投资组合中的重要部分。在黄金市场上，有非常多的国家央行在购买黄金，它们比较担心货币的稳定性。唯一的问题是，历史上央行一直都不是特别擅长交易，我的职业生涯中看到最糟糕的交易就是 1998 年，英格兰把一半的黄金都卖了，一直到 1 盎司 250 美元，现在 1 盎司是 1400 美元。彼时以那么低的美元大规模卖出，是我见到的最糟糕的决策。华盛顿协议曾规定了黄金的交易限额，但现在中央银行又要把黄金买回去。我们应该记住，黄金的供应是不会消失的，改变的是其形态、形状，所有权。中国在黄金供求方面发挥着非常重要的作用，也是世界上最大的黄金生产及购买国。

张燕冬：想问问王庆博士，您怎么看这个问题？

王庆：您刚刚提的这个问题很有意思。实际前天黄金创历史新高，1400 美元 1 盎司，同时美股创新高，这是一个非常怪的现象。我们知道黄金是避险资产，而股票是风险比较高的资产。一方面避险资产创新高，另一方面高风险的股票资产也创新高，是非常少见的。这就提示我们，现在的确是充满不确定性。同时有些人认为有确定性机会，所以去买美国股票。这切合今天这个环节讨论的主题。可能背后的原因正如朱总讲的，危机之后，各国央行只是关注自身，大量的“放水”，从而造成资产上涨，以至于破坏了一些传统的资产配置模型的逻辑关系，造成了当前黄金和股票市场同时创新高的状态。

张燕冬：下面开放两个问题给听众，提问请尽量简短。

提问：我的问题非常简单，也是问 William Purpura 先生的，我们知道比特币是一种数字货币，您觉得比特币和黄金应该买哪个？

William Purpura：我没有任何比特币。比特币背后没有任何东西支撑，而黄金是实的，这是它们之间的差异性，这取决于你的信心。比特币也很重要，CME 在纽约商品交易所也有比特币的期货合约，但确实有很多争议。所以到底是要买比特币还是黄金呢？比特币跳过银行这样的交易场所，货币可以以更快的速度流动。对于区块链技术来说，有一些平台可以购买和出售黄金，黄金可以放在世界各地的保险柜中。但是比特币和其他虚拟货币不可能像黄金那样是实打实的交易。

提问：刚才王庆先生说，美国股市创了新高，是不是意味着聚集了很大风险？因为它已经高了九年或者超过九年了。前不久，联合国 2019 年世界投资大会提到，国际对外直接投资已经连续三年大幅度下降，这些会不会聚集足够的风险，比如再次引发金融危机？

王庆：这个问题非常大，我不一定回答得好。的确，美国纳斯达克股市又创新高，可能背后直接的原因是市场预期美联储短期内降息，这种降息更多是预判的保险性的降息，基本面没有恶化，但预期会恶化。

从这种情况看，一个不匹配就是股市创新高。但是后期市场普遍预期美国经济下行压力比较大，股市肯定是创了新高才会跌下去，从市场参与者的层面来看，市场后续是有下行压力的。但会不会出现 2008 年的情况呢？我个人判断是不会。因为美国基本面和金融市场比 2008 年稳定很多，即使股票市场有调整，对金融体系和全球经济的冲击力比 2008 年也要小很多，这是个人判断。

提问：我认为一个国家的创新力上限是文化力，基于一个民族所能承受的张力。创新力的上限取决于民族的凝聚力、文化力，或者说是一个民族所能承受的张力，请问一下各位，这个观点正不正确？

张燕冬：这个请朱总来回答一下。

朱云来：这个仁者见仁、智者见智。其实有一定的道理，我尽量去理解你的这个提问。一个民族的创新力，像我们这些从数理化工程、物理系统里走出来的人，是要讲知识基础系统严谨的。而从文化层面，你的想象力，你有什么样的思维经验、思维方式也很重要。从希腊时期到现代的西方政策，从康德等西方古典哲学家到我国的古代诸子哲学家等。

发明创新从某种意义上讲是没有限制的。人的进步，最大的限度就是自己的想象力。想象力本身能达到什么高度，你也许就能达到什么高度。 大家应该解放思想，应该及时、敢于想象，同时也要重视科学的系统论证，严谨的知识基础可以让进步更扎实有效。为什么说有些科研最后证明了“此路不通”，也就是前面讲过的，科研不是那么容易的事情，还是要有系统的方法。但是解放思想、敢于思考、科学审慎、系统论证，是很重要的。就像刚才讲的投资问题，投资项目的论证，我们有没有足够扎实的论证？有没有足够的系统证据、客观评估去审慎这个东西对不对？另外，可能你当时的判断会有误差，去年看觉得挺好的东西，到今年看可能没有那么好，那是不是要调整？或者有些过去看不清楚的，觉得没有什么希望的事情，到现在看又有了新的转机。这就是市场的活力和随时调整的作用，也是市场机制的道理。

提问：刚才我们提到了高铁投资时代。我国高铁已经在全球领先，在后高铁时代，我们怎么实现高铁技术的引领？要不要通过磁浮或者更高速的真空隧道的方式，去实现创新引领？

朱云来：刚才讲到高铁，实际高铁技术过去的标准速度是 250 公里 / 小时，2002 年时，上海磁悬浮的高铁已经达到每小时 400 公里，当时据说有一个议题关于新的高铁跟过去传统的铁路要兼容、接轨，所以还是轮轨式的。磁悬浮、无摩擦的技术本来非常先进，而且速度量级也差了一倍，从 250 可以升级到 500。但反对它的理由是太贵——3 亿一公里。但是 3 亿包括了上海试验线路和全部早期的试验费，其实真正的建筑成本大概就是 1 亿多，所以跟轮轨式的高铁没有什么区别。现在一转眼，十八年过去了，当时是轮轨式的高铁，但是现在新的东西又出来了，新的磁悬浮可以达到 600 公里 / 小时，超级管道甚至可以达到 1000 公里 / 小时。超级管道实际是真空技术，加上磁悬浮、无摩擦的悬浮，再加上超导，这个技术完全不可同日而语。

但为什么速度很重要呢？当年高铁其实是日本早期新干线的技术，德国、法国早期的实验能达到 200 多公里一小时，而日本实验室在六十年代初就达到了。因为日本的国土尺度比中国小，所以日本从北海道到东京，以 200 公里 / 小时的速度，三小时足以到达。为什么三小时的交通圈很重要呢？早上从北京出发坐高铁，如果我们坐磁悬浮的话，中午十二点在上海吃饭、约工作会议，下午回家，晚上在家吃饭，一天可以走一个来回，所以是三小时经济圈。以我们现在 250 公里 / 小时的速度，从北京到上海要五六个小时，完全变成了两天的概念，这是一个重要的差别。然而，200 多公里的技术在日本，就实现了中心城市之间三小时经济圈。如果要在中国实现全国三小时经济圈，300 公里 / 小时也做不到，北京到上海 1000 多公里，要 500 公里 / 小时的速度才够。

那么现在中国是要按照哪个制式去全面推广铁路呢？用 250 公里 / 小时的，在一些局部区域还是可以的，但是远距离显然不够，因为我国幅员辽阔，从北京到广州距离 2500 多公里。建设铁路要考虑尺度和密度的问题，在北京到上海这一块平原上，大概集中了中国八、九亿人口。所以交通的布局、使用，还是要跟实际情况相结合，还是要系统论证。

张燕冬：最后，请各位嘉宾用一句话进行总结。

张燕生：我最想表达的就是不确定性产生的全球焦虑、国家焦虑和每一个人的焦虑，值得重视。

王庆：其实我们做投资的都知道，最好的机会是在不确定环境下找到确定的机会，越是这样的环境，越孕育着好的投资机会，大家一起努力。

朱云来：我们正处于一个比较焦虑的时代，其实国家已经取得了很多建树，不需要那么焦虑。大多焦虑来源于对高速增长的追求，如果去掉这个，国民可以平和、平静很多。其实我们的经济长远潜力巨大，需要一点耐心和时间，希望大家能够淡定、气定神闲地进行系统调整，这样国家的未来会走得更好。

William Purpura：大家没有必要焦虑。现在这个时代的焦虑感是由于我们整天被各种各样的信息轰炸，让人感觉很糟糕。但其实并不糟糕，希望大家可以深呼吸，不要被各种信息干扰。

Kazushi Takeda：我也认为，虽然世界经济不确定性在增加，但是中国是世界第二大经济体，日本是第三大经济体，我认为中国经济的稳定对世界经济是非常重要的，希望中日两国关系越来越好，期待能够共同合作，共同发展。

第二章

开放与全球投资

随着我国金融业步入更高层次的市场准入和更深程度的对外开放阶段，以高水平开放带动改革全面深化，解决金融市场的结构性失衡问题，加快完善现代化的金融市场体系，成为金融与投资界面对的重大课题。下一步，深化人民币汇率形成机制改革，稳步推进人民币国际化，实现资本项目可兑换，加快同有关国家和地区资本市场的互联互通，同时，以“一带一路”建设为契机，推进人民币、金融机构等金融要素走出去，积极参与国际竞争，将是我国金融业国际化的必由之路。

外资进入中国市场已成“新常态”

钱于军 *

我在瑞银集团工作，过去几年一直代表集团参与管理瑞银证券。瑞银集团是全世界排名第一的财富管理机构，瑞银证券是第一家外资绝对控股的全牌照证券公司。很荣幸今天参加这个论坛。本节论坛的主题是“开放与全球投资”，我计划从国际资本进入国内资本市场的角度，分享一下开放与全球资本投资中国的情况。

中国资本市场从1990年上海证券交易所、1991年深圳证券交易所获批建立开始，就与市场的对外开放和引入外资密不可分了。1990年底A股（人民币普通股票）市场创立，1992年中国开始通过B股（人民币特种股票）引入外资。瑞银集团的投行部门瑞银华宝等外资都参与了B股国际配售。那时，上海证券交易所的B股是以美元为结算单位的，深圳则是以港币为结算单位。

这两年，资本市场改革的步伐大大加速。我和大家分享一组央行统计的数字。2019年一季度末，外资持有的A股总市值已经达1.68万亿元，这个比例，占今年一季度末A股总市值的3%左右。而如果我们只算自由流动的总市值，也就是除去国有控股企业或者家族控制企业的股权对应的市值部分——我们暂且不把其当作自由流通市值，外资占比已经高达7.4%。事实上，2015年，外资A股持股量只占总市值的0.8%。

---

* 钱于军，时任瑞银证券有限责任公司总经理、瑞银集团亚太执行委员会成员。

从 2015 年到 2019 年一季度，短短不到四年，外资 A 股持股量相当于 2015 年的 3.75 倍；占自由流通市值的比例，与 2015 年的 2.5% 相比也增加了两倍多。这是我们国家坚定不移地推动开放，尤其是过去两年 A 股市场对外开放带来的效果。

这两年大家都比较关心外资进入 A 股的量有多少。官方也有过统计，不过我想讲讲这个故事的起源，也就是 MSCI。

MSCI 即明晟公司，是摩根士丹利分出的独立股票指数服务企业。过去，明晟公司所做指数的中国企业成分股只包括在香港地区或美国上市的公司，不足以反映中国主流企业情况。在全球新兴市场指数里，没有 A 股是缺乏代表性的。经过几年的谈判，2018 年开始，A 股正式被纳入 MSCI 指数中。

从 2018 年底的 5% 左右，再到 3—4 次的扩容，预计 2019 年底纳入 A 股的因子会高达 20%。这意味着 A 股会有 700 亿美元的净流入资本。因为很多全球大的资产管理公司，必须跟着 MSCI 指数的构成来被动或者主动配置有关资产，700 亿美元是 MSCI 指数在今年提升 A 股 5% 到 20% 的净资本流入量。另外还有一个富时罗素基金，它影响的股票基金大概也会给 A 股带来 100 亿美元的净流。刚才我们看到，2019 年一季度，外资持有的 A 股总市值是 1.68 万亿元，那么，我们会有将近三分之一额外的外资在未来 12—18 个月内进入。

除了权益类外，债券也不能小看，它的量甚至更大。2019 年彭博巴克莱全球综合债券指数将国内债券尤其是银行间市场的债权纳入其中。瑞银预测，仅此一项，在未来 20 个月内，将有 1500 亿美元进入国内债券市场。这里面主要是银行间的债券市场，当然下一步也会有更多配置，如公司债等。

所以从权益和债券这两个资本市场构成的核心部分来看，未来若干年——几十年甚至更长时间内，外资进入中国应该是个“新常态”，而且也是必须的。很多国内领导和行业有识之士都提出，中国的 A 股市场有几个重要问题，其中一个是“散户市”。长期价值投资趋向的、规模大且实力强的机构群体不是没有，是比较弱，数量也比较少。在这个阶段怎么样加速推动A股市场的机构化呢？引入外资是比较合适的。因为中国有底气引入外资，而外资经过若干年的摸索，也逐步认可了中国市场。

瑞银也是最早的QFII（合格境外机构投资者），与海外投资人通过沪港通、深港通投资还不太一样，QFII制度是由2003年央行、证监会和外管局一起出台的，QFII可以用外汇购买人民币，再购买股票等。目前它的总额度已经翻了一番，到了3000亿美元，也就是将近2万亿人民币的规模（2019年9月16日，国家外汇管理局已宣布，经国务院批准，决定取消QFII/RQFII额度限制——编者注）。今天投A股的，除了QFII，还有RQFII（人民币合格境外机构投资者），它是指境外人民币利用QFII的方式投资。现在QFII和RQFII合并了，而且会大幅度放开外资参与A股，还可以做人民币对外币的对冲，都是为了扩大QFII和RQFII将来用尽用好3000亿美元的额度。当然我相信额度用得差不多的时候，国家还会继续增加额度或者取消额度限制。另外，通过刚才讲的沪港通和深港通，通过在香港交易所开户，直接买A股。

从二级市场来看，瑞银也很有幸是最早被赋予QFII额度的，在2003年10月进入A股市场做了第一笔交易。今天瑞银一家QFII额度就超过30亿美元。另外我们也是做北向的陆港通，拥有市场排名第一的市场份额。瑞银证券是证券行业对外开放先行先试的受益者，2005年谈判入股并重组北京证券，改名成为瑞银证券。

简要与大家分享我对一级市场的看法。大家都比较关心科创板。我认为，科创板的试点，有很大的历史意义和现实意义。

首先，科创板可以帮助科创类企业较快地用市场的方式进入A股市场，但其实更大的意义是试行了注册制，改变了中国监管部门通过审核批准IPO甚至人为设定IPO发行价格不超过23倍市盈率的做法，这些做法在海外看来不符合市场逻辑。当然，中国散户市场存在过度炒作的现象，还是需要监管当局指明方向，或者适度利用有形之手来监管，这个在过去都可以理解。

为了让明晟公司提高A股纳入因子，让海外投资人相信A股上市公司的整体质量在大幅度提升，A股的交易安排不会再像过去那样随意停牌几百天。大家知道，一旦停牌，所有投资人都会遭殃，因为没有流动性，没有市场价格。本来市场交易的股票，不管是什么价位，至少有一个清晰的判断，市场认为这个股票就值这个钱。负面消息出来了，就应该跌；正面消息到位了，理论上应该升，或是有上升的期望，等到正面消息正式公布后，反而持平或微跌。但这都是市场在发挥作用，不能人为地玩花样停牌。严格的监管，我们是双手赞成的，恶意的停牌应该大幅度减少甚至杜绝。包括ST康得新或其他股票，也不许停牌，该跌到多少就跌到多少。

还有一点很重要，我前不久接受媒体采访时也曾经谈到。一方面，第一批的科创板是科创企业，符合国家倡导脱虚入实、支持实体经济的需要。但另一方面，数量还是太少，未来科创板发展到几十家、几百家以后，前面十几家不一定具有特别高的代表性。从资产配置角度来看，高科技领域属于权益类资产配置里面风险较高的类别。与白马股不一样，高科技企业有的还在亏损，有些现金流还是负数，有些从营收看还在起步阶段，将来能不能成为独角兽，给前期和后来的投资人带来可观回报，还有待观察。可能一年不够，还需要两三年，因为整个市场周期就是这样。

最后，科创板作为起点，是意义非凡的，而且也体现了中国资本市场通过开放不断促进改革和发展的意愿。我们自己也管理着3.2万亿美元资产，对A股市场来说，我们是财富管理和资产管理的一个大的外国投资人。从分散风险的角度来看，我们期待科创板上了一定规模以后，有对应的ETF，下面有一揽子股票，相信外资和要求流动性比较高的大基金，会更方便参与。因为科创板设定50万元以下的散户不能参与，高净值的个人还是可以参与的。

从目前来看，气氛已经有些过热，相信监管当局也意识到了这一点。随着市场发展，会有更多的科创企业进入市场，也希望在座的机构和个人，一定要审慎入市，因为本身股市风险就比较高，科创板风险更高，高科技企业将来公司的存续能力和风险又要再高一级。科创板的发展前途光明，改革意义重大，但是这个阶段大家都要小心呵护它前期的健康发展，这样才能走得更远。路遥知马力，资本市场包括上市公司，包括瑞银在内的券商中介机构，都要讲究中长期可预测性或者稳定性发展，这样才有利于我们自身的发展，和标的公司的健康成长。

瑞银与青岛一点都不陌生。很多年前我们与财富论坛的战略伙伴青岛港集团有长期的战略合作，帮它登陆 H 股，后来完成 A 股的成功上市。另外，海尔也在瑞银投行的帮助下，成为第一家登陆法兰克福中欧交易所 D 股的优秀企业。青岛的财富管理试验区，和青岛各区在助推的试验区，我们也都高度关注。因为我们看好包括青岛在内的中国沿海地区。如果在政策上有先行先试，一定可以为青岛找出合适的发展路径。

青岛不一定要争资本市场中心，不一定要争全球金融中心的光鲜排名，但要实实在在做一些对金融和财富管理发展有益的事情。要实实在在发展航运、交通、基建和非常强的制造业，借助青岛地理位置的独特优势，争取在政策方面寻求突破，相信青岛作为专业性的财富管理中心或者金融中心，会有非常美好的未来。

海外投资趋于谨慎但整体稳步发展

赵　驹*

今天我想跟大家交流一下中国在境外的投资，以及中资金融机构在境外的发展。中国的海外投资，这两年有所回落。高峰点还是在2016年，当时大概一共2000多亿美金。但是现在即使是有所下降，依然在对外投资方面排在全球前列。

我们的境外投资主要是几个方面。第一类是基于市场、基于产品，这一类的境外并购有所下降，但还是维持在一定水平；第二类是基于技术的境外收购，这两年受到很大影响，成交金额有所下降；第三类是基于资源的中国企业的境外收购，依然保持着一定数量；还有是基于资本市场的，特别是2015年和2016年，境内资本市场和境外资本市场的估值还是有差异的，境内市值要高一些。当时看到一些国内很小的A股上市公司，结合一些金融资本一起去境外收购企业，然后装入国内上市公司。但是这种操作两年来越来越少，有些明星企业，像刚才说的康得新，也是以前比较活跃的公司，现在处于相对比较困难的状态。我们看康得新2018年的公司年报，都大笔计提，也是因为2015年、2016年境内外并购导致的商誉计提。另外还有文艺、文化方面的境外并购，现在基本上没有了。

从海外投资的角度来看，中资金融机构在境外的金融资产，这十

* 赵驹，时任招商银行总行首席投资官、招银国际金融有限公司CEO。

年来还是有稳步增长。到去年年底，我们经过数据统计，中资境外金融机构差不多有1500家，金融资产量大概1.8万亿美元，这个主要还是境内五大行在境外的分行、子行，它们的数量是最多的。像招商银行，目前境外有6个分行，1个子行——招商永隆，还有1个子公司——招银国际。

中资金融机构在香港发展也是非常快的，差不多有一万亿美元的金融资产，占香港金融资产的40%左右。1993年我们在建行想设分行，香港金管局还是比较怀疑，让我们收购香港的小银行，才10亿港币。但是现在整个建行在香港接近8000多亿港币。20多年的发展速度是非常快的。

中资证券公司在香港也有40多家。这两年在香港的债券、股票承销业务里，已经占了很大比重。我们这些中资的境外资产，很大程度可以支持中资在海外的并购业务和经营业务。如果十几亿、二十几亿美元的收购，中资机构自身就有力量组织融资安排。特别是这两年重点在做境外机构，通过境外机构在境外直接融资。因为这两年外汇管理体制也有些变化，所以很多情况下是在境外组织基金、银团支持中国企业的境外并购。像今年招商银行刚刚做完的，沙钢收购一个英国的数据公司，总的金额十几亿英镑，我们组织了5亿英镑，也是在境外做结构。这两年包括中资银行，也做一些境内企业境外收购，境外银行做过桥的融资安排，像山东威高收购的美国公司，中间有一块就是瑞银做的过桥贷款，把它再融资的安排给替代出来，中资的金融机构在境外非常活跃。过去几年山东的企业在境外并购，包括山东黄金、兖州煤矿的境外并购，中国银行、工商银行都在境外给了融资安排。

所以中资境外金融机构已经具备了单独支持中国企业并购经营的能力，也有很多时候是跟境外金融机构合起来，做银团支持中国企业在境外的并购以及全球化经营。我们看到很多中国公司在全球化布局经营，通过我们的全球网络，就是刚才说的1500家金融机构，也能够提供很多流动资金方面的安排和组织。这些年，伴随着中国企业在境外的经营和发展，中资的金融机构也有很大发展，并没有因为对外投资金额的下降导致境外整个规模受到很大影响，总的来说这些年还是有很好的增长。我们也希望有更多机会服务山东和青岛的企业。

与开放的中国共同成长

Rosario Strano*

多年来，中国不断开放市场经济，现已成长为世界上第二大经济体。中国正在深化监管改革，持续向外资开放市场，对金融机构的改革也在深入进行，外国投资者会在中国发现更多机会。

意大利联合圣保罗银行集团和中国结缘可以追溯到 1981 年，在北京开了第一个代表处，成为获得授权的第一家欧洲银行。今天，我们在国际金融港香港也有分支机构，我们上海分行开设于 1997 年，并于同一年成立了独资子公司，主要为在华的中小企业提供金融服务。

联合圣保罗银行历来关注中国经济增长，也做了大手笔的投资。2007 年开始，作为行业伙伴，我们成为青岛银行少数战略持股的股东。我们也非常关注在青岛银行的投资回报。我是项目管理团队的初始成员，2012 年开始，我成为董事会的董事，和集团其他高级经理人一起，深入了解了青岛和山东的市场，进一步看到了青岛银行高管通过不懈努力取得的卓越成就，提升了银行管理的水平。

自从持股青岛银行，银行总资产翻了七倍，截止到 2018 年，达到 3710 亿元，净利润达到之前的五倍。值得骄傲的是，2015 年青岛银行在香港获得 IPO，2018 年 1 月在深圳上市，这些都是非常成功的首次公开募股的案例。

---

* Rosario Strano，时任意大利联合圣保罗银行集团首席运营官。

我们在青岛银行的投资是基于战略合作伙伴关系，这使我们更好地体验了青岛市的投资环境，与青岛各利益攸关方进行了良性互动，同时培训了一大批未来管理业务的经理人，也使得我们深入理解并与当地监管机构和政府机构建立互信互助的关系。另外，我们与相关的机构进行了非常深入的合作，进一步为财富管理综合改革试验区的发展助力。我们与当地机构建立了非常深入的战略伙伴关系，2018 年 11 月，山东省省长龚正先生与我们的 CEO 卡罗梅赛纳尔先生在米兰签署了合作备忘录。在此基础上，2019 年 3 月，在习近平主席与意大利总理孔特的见证下，我们的 CEO 与刘副市长签署了新的协议，作为备忘录的进一步拓展。两份协议进一步重申，双方会进一步支持联合圣保罗银行在青岛的活动，进一步帮助青岛打造享誉全球的财富管理中心，尤其是支持新成立的意才财富公司的监管。意财财富管理公司总注册资本达到 3.7 亿人民币，员工数量不断增加。我们希望从香港、北京、上海吸引更多的财富管理的高级人员和人才来青岛。我们对未来更加充满信心，我们很快也会获得相关营业执照，拓展更多业务。

我们希望向中国和青岛提供我们在财富管理和银行方面的经验诀窍。大家都知道，意大利是米开朗基罗以及文艺复兴的祖国，实际上，意大利也有世界上最古老的银行，所以金融也是意大利文化和传统的一部分。在中国市场的投资，是推动联合圣保罗银行业务发展的最重要的动力之一。我们也制订了 2018—2021 年的业务拓展计划，整个集团对中国的未来充满信心，对青岛的未来也充满信心，希望能够尽可能、尽早地在试验区开展业务。在这样的改革试验区，国际和国内金融方面的实体能够充分合作，共同打造一个知名的全球金融中心，吸引更多国际竞争者到来，同时也提升青岛和山东地区在国际金融行业的吸引力和知名度，真正吸引大量的高素质人才。同时，也吸引更多高净值人士将财富管理需求落地青岛。我们集团希望能够为中国提供更多的积极贡献，实现可持续发展。上文所提到的增长的数据，已经为未来的发展奠定了良好的基础。

今天，我们保持谦逊态度，从青岛再出发。联合圣保罗银行希望在今后的几年进一步拓展在中国青岛地区的业务范围。当然，我们希望重点以意财财富管理有限公司为平台，在金融机构的坚实支持下，为客户提供投资顾问、金融规划和投资解决方案等一系列服务，并秉承最高水平的风险管控能力。从这个角度来看，我们希望在青岛成立由我们持股51%的证券公司，以当地企业为主要伙伴共同经营，在未来也考虑进一步投入更多金融资源，切实响应中国改革开放目标。实际上，我们希望在中国长期发展，我们会充分把握各种商业发展机会，我们也会继续保持谦恭的态度，不断学习，不断和中国的朋友共同成长。

金砖国家应加强合作

Atul Dalakoti *

中国一直推动金融行业不断开放。在改革开放早期，外国银行只能在经济特区建立，主要为三种外国投资的企业提供资金和服务。自从中国加入世贸组织，中国不断扩大金融行业开放，金融机构的建立也不断开放，业务范围和外国所有权不断放开，很多金融机构都在中国建立了机构，形成了金融服务网络，覆盖面不断扩展加深。2018 年起，金融行业进一步开放，中国央行宣布了若干项改革和开放的措施，在支付、清算、债券、信用评级方面不断进行放开。

同时，中国政府对深度融入国际金融系统，推动人民币成为关键国际货币有强大动力。中国是世界上最大的经济体之一，也是最大的出口国，中国政府在人民币国际化方面的举措有目共睹，中国正在充分利用作为世界第二大经济体的优势，不断扩大市场，同时也不断加强工作层面的安排。多年以来，国际贸易中一直鼓励使用人民币，人民币作为中国贸易结算货币的比例从 2010 年的 0，升至 2015 年的 25%，而且人民币已经超过欧元，成为全球贸易融资中第二大最广泛使用的货币。根据相关数据，在全球支付方面，2018 年 8 月人民币位列世界第五，占全球市场 2.12%，在 2018 年的第二季度，向国际货币基金组织报告的人民币外汇储备达到了 1900 多亿美元，有 60 多个银行和外国机构把人民

---

* Atul Dalakoti，时任印度工商会联合会中国会长。

币放在其外汇储备中。虽然只有全球的1.4%的投资组合和2%的全球贸易是基于人民币的，但人民币国际化趋势是非常明确的，金融行业开放的措施也使中国进一步推动了人民币国际化的发展。

当然，人民币要成为可信的国际货币，必须加入到银行间债券市场。中国的银行间债券市场也是对外国实体开放的，外资可以获得国内保险和基金投资公司51%的所有权，这一障碍甚至会在三年内完全消除。中国也在2017年5月建立了债券通的机制，不需要在中国开立债券账户，就可以通过债券通进行投资。

近期另一重要进展是，2017年6月有222只中国A股纳入MSCI，虽然一开始这一比例很低，但是随着中国资本市场不断放开，会有越来越多的中国A股纳入到MSCI当中。罗素指数亦会在新兴市场的指数中，纳入中国的A股。将中国股市和债券纳入这些指数中会自动将资本引入中国金融市场，因为很多主权基金和养老基金都会基于这样的指数来分配资金。预测指出，一开始会有800亿美元的资金流入到中国股票市场，中国债券的购买会达到2.5亿—3亿美元。但这些金融和资金流入到中国，也可能会造成如印度这样的国家的流出。

中国电子支付和移动支付的发展是非常迅速的，两种支付方式会为人民币国际化带来新的平台。中国银联已经成为世界上最大的银行卡集团，4100万用户和165个国家都接受中国银联信用卡，但只有0.5%的银联信用卡是国际客户所持有。阿里巴巴和腾讯的支付系统在国际上知名度越来越大，目前在印度的ATM当中占40%。

此外，在2015年10月，中国国际支付系统推出，就是为了推动以人民币结算的跨境交易，现在这个系统有31个直接国内外参与者，还有695个间接参与者，覆盖140多个国家。中国还建立了试点金融自贸区，自2013年在上海建立第一个以来，2015年又在天津、福建和广州建立。在这些自贸区中，入驻的实体可以全方位进行货币兑换和运营。2017年4月，自贸区数量新增7个，有5个在内陆省。这些金融自贸区都跟“一带一路”倡议连接在一起，内陆省会成为经济走廊，把周边中亚国家连接在一起。

另一个人民币国际化的重要通道，就是上海国际能源交易所的建立，该能源交易所已经成为以人民币结算的石油期货交易场所。中国是最大的石油进口国，上海的能源交易所可以像伦敦一样交易石油期货，而且可以在亚洲地区建立价格标杆。在短短一年中，上海能源交易所实现了现货交易市场份额的 6%，还有 15%的期货交易是外国实体所开展的。美国现在对伊朗石油出口实施制裁，但这里可以购买伊朗石油，用美元支付。作为避免伊朗石油进口制裁的手段，印度和俄罗斯对此都非常感兴趣。中国也鼓励人民币成为国际货币，通过推动在“一带一路”倡议下开展投资和金融合作，鼓励金融机构利用人民币开展海外基金业务。

中国已经成功使世界各地参与到“一带一路”倡议当中，一些曾经对“一带一路”持有保守态度的国家，比如日本、意大利，也开始积极参与。中国也愿意和多边机构进行合作，共同在第三方开展项目。中国也展示出很有意愿解决关于“一带一路”倡议中，人们在金融举措方面的担忧。通过“一带一路”倡议，中国已经建立了全方位的全球项目和网络，包括研究机构、卫生、医疗、水资源、能源系统、人工智能等各个行业。中国科学院已经分别在国内和国外建立了 5 个和 9 个研究机构，专门开展和“一带一路”相关的研究。中国科学院南海海洋研究所在斯里兰卡也设立了海洋和气候研究机构，专注印度洋的研究。在斯里兰卡，中国的研究院在本地草药的生产和制造方面发挥着至关重要的作用。

尽管印度出于自身考虑，没有参与到“一带一路”当中，但并不排除我们和中国共同开展互利项目。印度其实可以考虑参与高铁相关基础设施建设。比如，通过伊朗关口联通中亚的基建项目可以起到连接大部分欧亚交通走廊的桥梁作用，另外，印度、缅甸和泰国的三方高速公路项目也会纳入到南北交通走廊当中，最后通过与中国南部的连接，覆盖中国交通走廊。

中国和印度是非常重要的两大新兴经济体，中印两国在建立合作桥梁方面发挥着非常重要的作用。在金砖五国的平台上，两国就诸如金融等核心领域合作也进行了广泛探讨。包括可以让金砖国家利用本地货币，推动贸易。对于金砖国家来说，也会由此降低在以美元为主导的全球金融体系中的脆弱性。此外，利用金砖成员国中赤字国家的贸易顺差，可以拓展金砖国家内部的贸易渠道。金砖国家成员一直讨论评级机构，必须要考虑新兴国家和市场的现状。金砖国家在更广大的新兴市场中推动贸易，要考虑到发展中国家新兴经济体的独特国情，在国家之内进行资金的有效配置。这些评级机构必须按照市场的原则对国家进行评级，与此同时它们也要充分尊重国情，才能推动更多资金流入新兴市场，推动资本市场的集成和一体化。

金砖国家既有的支付体系是基于 VISA 和万事达卡提供服务的，因此这一体系并不完全符合金砖国家利益。建立由新兴经济体主导的支付体系，可以有效避免既有国际支付系统带来的政治风险，因此金砖国家正在考虑建立新的支付系统，推动移动支付的发展，推动贸易和旅游业发展。中国银联在国内银行卡和信用卡网络方面最先进，因此中国银联在推动金砖国家支付网络建设中应该发挥重要作用。

印度 MBCI 和中国银联已经签署支付收单协议。由于金砖国家背景多元，我认为金砖国家应该充分合作，利用合力提升经济的发展，特别是保险行业。金砖国家再保险池即是一个用来实现这一愿景的机制，通过聚集效应，妥善处理保险保障、保险定价问题的优势可以有效抵制全球金融危机的影响，也能进一步为发展中国家和金砖国家之间的贸易增长提供足够的保险保障。

我们现在步入了经济发展的新阶段，经济互联、技术突破，都使得我们的金融贸易可以以前所未有的速度进行，中印应该成为引领变革潮流的国家，毕竟我们加起来有二十五六亿的人口，我们合力可以使世界更加美好。我们期待跟中国密切合作，进一步加深经济、社会、文化领域的互联互通。

对 话

苏琦[*]：请问 Strano 先生，意大利对中国投资者的态度是怎样的？

Rosario Strano：中国在意大利的投资应当得到意大利人的赞赏，目前我看到的投资都是非常成功的。虽然意大利经济增速在放缓，但从工业历史上看，总体规模还是相当大的，我们毕竟是欧洲第二大制造业国家，也有很多享誉世界的品牌。现在，到意大利投资会非常便捷、时机也很成熟，意大利非常欢迎中国的投资。

苏琦：钱总作了一个特别好的演讲，方方面面都提到了。我有个问题，您讲了很多就是现在进来越来越方便，有各种“通”、QFII 等。问题是不光要进来，还得出去。出去越来越便利，进来动力才会越来越足。但是我们担心，一旦让你们出去方便了，还会不会跟我们共度时艰，您怎么帮我们化解这种担心？

钱于军：这个问题很好，外资谋求的理想状态就是来去自由，我们国家经过这么多年的摸索，尤其是 QFII、RQFII，只要合法合规，做好完税手续，就可以有序出境。实际所有外资在中国的投资，包括实体投资和金融投资，都有类似的经验。曾经有一段时间说，宏观审慎或者监管方面有些考虑，后来也澄清了，外资合规合法的赎回以后退出国内，这个环节也不会有任何障碍。

但是您讲的另外一个问题，我们国家对资本项的开放，主要是引入外资，比如“债券通”，就是单向的进入国内。瑞银也有突破，作为外资控制的证券公司，7 月 3 日在“债券通”两周年活动上，正式宣布我们也加入了报价单位，我们能做“债券通”的做市商。但是只是引进外资。什么时候有序让国内资本走出去做全球资产配置，其实对于瑞银和

---

* 苏琦，时任《财经》杂志副主编。

很多国外投资人来说，都期待这一天早日到来。相信国家汇率市场和资本市场稳定发展的情况下，这一天会很快到来。

苏琦：赵总，还希望您讲多一点，我多问两个问题。招行包括整个招商集团在国外的布局都是非常稳健的。但是前两年，民营机构走出去确实遇到一些问题，您看到底是因为短时期的杠杆太高了，还是因为收购的标的本身有问题？也有声音怀疑有一部分收购是为了转移资产，问题到底出在哪里？

赵驹：最大的问题还是对境内外资本的估计有问题。创业板企业境内上市之后，整个估值水平是比较高的，它们在全球找一些标的收购。2015 年、2016 年的时候，确实很多境外收购的标的，排在前一二三名的收购方，都是中资公司，价钱谈得比较高。几年后，境外收购标的多数没有达到当时所想象的程度。新会计制度实施以后，去年出现了大量的计提，影响很多境外并购行为。这影响是比较大的。

另外还有一个比较大的影响，我们收购的很多自然资源的公司，也没有达到像当年收购时预计的效果。比如石油，我们收的都是一百美元一桶的，现在才六七十美元一桶，这个差异也需要我们承担。

再举一个特别的例子，就是山东的兖州煤矿总能在低点完成收购。2009 年收购澳大利亚的菲尼克斯，就是在那个时候的价格低点去收购的。在 2017 年煤价低的时候，它又把力拓的澳大利亚的煤矿收购了。资源的收购总是有周期，周期要把握好。兖州煤矿的收购就非常成功，去年把澳洲资产在香港上市，整体看效果非常好。

苏琦：我们理解中央的意思是希望企业走出去的时候，也能更多脱虚向实。目前针对您刚才提到的自然资源的收购，包括对技术的收购，全球范围内的民族主义兴起，防范的心理特别盛。您有没有感觉到这种情况，我们怎么应对？

赵驹：这个情况肯定会有。包括现在中美关系的现状，欧洲一些地方民族主义也在兴起。国外突然发现这么多的中资公司来了，肯定有一定的回避心理。但是现在中国公司变得很平静了，也变得更现实了。我们在境外并购也跟了很多项目，很少看见一个项目有若干个中国公司去。大家都比较现实，也比较谨慎。受到外汇管理体制限制，现在很多在境外直接做融资安排，并不是靠境内资金出去并购。很多企业也会衡量它没有这么大的实力，在境外做这些安排。

苏琦：您刚才提到香港的作用很多，包括你们在里面发挥了很大的角色。您也知道，最近一段时间由于各种事情，大家对香港的资本市场和金融市场的作用有很多讨论，想听听您这方面的看法。

赵驹：香港资本市场也是中国资本市场的组成部分，市场作用还是相当大的。资本市场市值在 40 万亿港币左右，而香港 GDP 差不多两到三万亿港币。这么大一个市场，能够经营到目前这种情况，是非常不容易的。大部分国内债券融资是在香港市场。

香港的政治、生活还是分得比较开的，当然他们对政治上的一些不满意，并没有看到反映到市场上。像前几天的示威，我们看到股票市场本身波动并不大。而且我觉得他们也会意识到资本市场的重要性，也会呵护这个市场的发展。对全体香港人来说，金融市场、资本市场都是非常重要的。

苏琦：我们也要善用香港，善待香港。最后给您一个打广告时间，您刚才讲招行配合中资企业走出去做了很多工作。我们是财富管理论坛，那么居民如何进行全球资产管理呢？

赵驹：招商银行有最大的私人银行业务，目前在国内管理 7 万户高净值客户，也欢迎在座各位成为我们的客户。私人银行管理的资产规模差不多 2.2 万亿人民币，是股份银行中最大、最多的，也是做得最好的。包括我们的信用卡也是境内做得最好的。我想在座各位基本都用我们的信用卡，凡是没有的，我们今天有青岛分行的同事在这儿，你们可以现场办。

另外，这两年中国居民的资产也是在快速增长的。一个红筹股上市，就有很多投资人或者高管拥有了很多的境外财富，我们也给他们提供很多服务。如果大家愿意在香港开户，我们也是非常欢迎的。招商银行现在有两个APP，一个是手机银行，一个是“掌上生活”，这两个APP合起来的月度用户超过9000万人，也是全球银行用户最多的APP。特别是现在有一个“e龙环球”业务，可以远程见证并开户。因为在香港开户，之前是一定要来现场，现在也开放了，香港证监会、香港联交所都可以用人工智能技术嵌入，进行远程开户。

苏琦：Atul，您刚才提到面对一个美元主导的世界，中印应该加强团结。是不是应该联合推出类似Libra的货币？

Atul Dalakoti：我非常同意你的说法，中国和印度不仅仅是拥有26亿人口，整个世界的基础是在中国。未来的世界是5G的世界，数据的沟通会非常迅速。另外，这两个国家相对保守，所以投资方面也是很保守的，放在银行里的钱很多。如果我们能做成虚拟货币，肯定会很成功。在18世纪，中国和印度两个经济是整个世界经济的70%。未来虽然达不到70%的经济体量，但是我们还是要努力。作为两个大国，我们不要谈霸权主义，而是要有一个共同的发展目标。不管怎么说，印度6亿多人口的发展之路还很长，中国也有13亿人民希望有更好的经济发展，所以这个市场本身就存在，希望我们好好合作。

苏琦：谢谢。但是也有一种观点，认为中美贸易冲突会是一个新常态，对于中美冲突，最高兴的是印度。您怎么看？

Atul Dalakoti：今天我才明白“大部分说是朋友的人都是敌人”这个道理。你不能从一个敌人的角度看美国。我讲一个故事，我住在北京，十几年前花了很多钱装修自己的房子。我希望天气好的时候可以在外面的小空地喝茶，就种了一些花，旁边学校的学生把花摘了，于是我就做了一个栅栏。这就是一个“利”的问题，大家都是看“利”。中国经济体量虽然比别的国家大，但是要走的路很长。我们当然要看自己的“利”，我们的“利”是国际化，是跟别人一起合作，如果别人有不同的想法，我们要好好沟通，因为走国际化发展道路，也是美国发展成为如此大的经济体的基础。中国的“一带一路”倡议，也是希望与周边国家一起做到双赢的结果。

第三章
逆周期下的财富管理新格局

自经济形势步入换挡期以来，稳增长已成为我国经济政策的主基调。在逐渐加强逆周期调节，缓解短期经济增长压力，走向中长期高质量发展的关键阶段，财富管理亦面临调整和转型需求。保证资产长期、持续、稳定的增长，需要财富管理回归管理本位，探索逆周期下的优势方向，夯实资产配置核心能力，同时利用新技术优化管理模式，实现对需求的精准定位和广泛覆盖，力求保证收益的同时有效控制风险，形成有效对冲经济下行的财富管理新格局。

财富管理要抓住长期趋势

张旭阳 *

我以前在中国光大银行工作 19 年，后来在百度金融工作 3 年，基本都在跟财富管理和资产管理打交道。今天的话题“逆周期下的财富管理”，我理解的财富管理或者理财，第一是财富保护，第二是长期投资，第三是资产配置，第四是人生规划。需要从长期的视角来看理财管理。

在周期背后，要抓住一个长期的趋势，我们现在面临很多变化不是周期性的变化，包括之前提到的中美关系的变化，这都是结构性变化。结构性变化之后是一个长期的过程，不仅是社会结构、人口结构，现在最大的结构性变化就是技术进步。我们现在站在新的工业革命的起点，以前我们经历了农业革命、工业革命、蒸汽时代、电气时代、信息革命，从 2007 年以后，随着智能手机的发展，随着算法发展和数据积累，我们进入了智能性革命阶段。随着传感器、5G、人工智能的发展，这些技术已经推动我们从线上、从虚拟走到线下的物理世界，把线上线下打通了，我们面临着一个更广阔的空间，在这个空间下我们生产要素配置、生产组织方式、商业模式都发生了很大变化。在这个大趋势之下，我们财富管理和投资方向是一个长期的过程。

今天上午也听到陈雨露行长讲了几个概念：慢变量、小趋势、新变化。我们要在这些后面发现大趋势，抓住大趋势，做长远投资和资产配

---

* 张旭阳，时任度小满金融副总裁。

置。这是我们财富管理在新阶段的第一个任务。第二，如果谈到逆周期的话，我们要从资金端卖方向买方去转变，短线向长线转变，这是我们在逆周期做投资的一个必要条件，如果还保持短线思维，还强调短期盈利的话，就没法做到逆周期资产配置。第三，资产端需要从传统的资产配置，或短期的单一资产配置向全天候多样化资产配置转变，特别是强调对股权类或类股权类的配置，要抓住技术变革的趋势。最后我强调在新周期形势下，技术对财富管理的支持和支撑。不管是智能投研、智能投顾，还是大数据支持下的对资产配置的最优级，新技术都让我们有更好的配置能力。

一句话总结，就是要抓住大趋势，从资金端、资产端、技术端三方面帮助我们做好周期变动下财富管理。

高净值人群财富管理的三个关键词

唐　宁*

我理解财富管理有两个主战场，第一个主战场面向高净值、超高净值人群，有两百万人，代表着一百万亿的可投资资产；第二个主战场是面向中产大众富裕阶层，至少有两千万人，也代表着一百万亿的可投资资产，由于他们的可投资资产量有数量级的不同，所以对应产品服务解决方案也非常不同。这是两个有区别的主战场。我今天跟大家主要探讨分享的是面向高净值和超高净值的群体的财富管理。我讲三个关键词。

第一个关键词是资产配置。高净值、超高净值人群，主要是企业家、企业主，他们在改革开放四十多年取得了事业上的成功，创造了巨大的财富，有强烈的财富管理需求。服务于这个人群，关键是资产配置。当我们谈到投资，我们到底在说些什么？这个答案在中国和欧美是非常不一样的，在中国谈投资，通常投资者想到的是一个产品，或者是一个投资机会。但是当欧美谈到投资的时候，投资者首先想到的是资产组合，就是他一个亿或十个亿的可投资资产，到底怎么构建这个组合？其中有多少是短期流动性强的、现金管理类的、固收的？多少是中长期投资、一级市场、二级市场、对冲基金、房地产投资？多少是保障类的，万一有特殊情况的时候怎么提供保障？欧美理财者谈投资首先想的是组合，不是其中的任何一个资产类别，更不是其中某个单一的产品，

---

* 唐宁，时任宜信公司创始人、CEO，宜人贷董事会主席、CEO。

这是非常大的不同。如果中国财富管理发展得好，十年之后，当举办第十五届“中国财富论坛”的时候，我们谈投资，中国的理财者首先想要资产组合和配置，各大资产类别都占多少比例，什么样的相关性。

一年多以前，《财经》刊发了一篇非常重要的文章，题目是《以资产配置为核心的财富管理时代到来》，这对中国财富管理行业非常有价值。当我们谈财富管理的时候，要以理财者需求为核心，不是资管的逻辑，而是以理财者个人客户、家庭为中心的，以资产配置为核心的逻辑。

第二个关键词是母基金。谈到高净值、超高净值人士的财富管理，我们跟欧美有很大的不同，欧美已经服务到第五代、第六代、第七代了，他们对回报的需求不是那么重视了，他们不希望自己从事价值制造、创业、创新的场景。但是在中国，我们跟企业家、企业主交流的时候，宜信财富服务的这些人群是创一代，下一代是创二代，仍旧活跃在创新创业的最前沿，要投资新经济获得回报。

怎么投资新经济呢？投资单一企业、单一基金的风险太大了。我们有很多这样的教训，有些高净值、超高净值人士认为自己在某个行业做得不错，就投入到其他新兴领域，最终血本无归。因为新经济的投资领域，不再像传统金融，例如各种信托产品，资产都有足值的抵押担保。投资的新领域，只有老大、老二、老三才能出来，只有很少一部分基金占据了行业的主要价值创造。我们的理财者也会经历这样的二八效应、一九效应。如果他们投到单一基金、单一企业中，风险太高。

母基金会做什么？把几千万投入到几十亿母基金中，母基金再投新经济领域的头部基金之中，这些头部基金再去投新经济的领军企业，这样的逻辑可以让高净值人士风险分散地去做高风险投资，才能拥抱这个资产类别带来的高回报，同时可以很好地规避风险，远远好于单一基金、单一企业的投资。母基金的形式，一方面让传统经济成为赢家，改革开放四十多年创造的巨大财富可以有好的投资渠道；另一方面新经济嗷嗷待哺，需要长期的、耐心的资金支持他们的研发和创业，母基金就是其中的黏合剂，提供资金支持。

母基金的运营者也要做好投资者教育，明确告诉理财者要等上十年，不能够期待短期回报，因为十年磨一剑才能成就优秀母基金。中国钱多，但是长钱很少，十年以上的钱非常少，所以第二个财富管理的关键词是母基金。我们一直跟中国的高净值、超高净值人士讲，投资新经济、拥抱新经济的最好方式是通过母基金的方式。

第三个关键词是家族传承。家族传承问题对于我们的富一代、创一代来讲，它的重要性甚至大于财富保值增值问题。因为中国在未来十年，这一百万亿的资产都会传下去。那时一代已经到快 60 岁的年龄，二代也成长起来了，接班已经提到议事日程上——无论是传钱，传企，还是传价值观。而我们的富一代，对于如何做传承，他们的父母没有教给他们，因为他们的父母没有创造什么财富。老革命遇到新问题，如何能把一百万亿安安全全地、踏踏实实地传下去，既是商业问题，又是社会问题，如果中国的传承问题解决不好，将会带来资产价格的大规模异动。因为这么多钱不能很好做资产配置，不能很好做长期投资，会做什么呢？到房市炒房，到币市炒币，大量的钱会被浪费掉。

中国财富管理行业要解决的根本问题，对高净值、超高净值的群体来说，一个是投资问题，一个是传承问题。如何能够通过建立家族办公室，用家族信托的方式把传承解决好；通过现代企业治理制度，把家族企业的传承解决好；通过公益慈善方面的解决方案，两代人一起做好事，把价值观传下去，这些课题是摆在财富管理行业从业者、客户、监管者面前的非常实际的问题，因为它们都是进行时了。

选择财富管理人的几点标准

Martin Maurer *

我所谈的财富管理可能不是针对高净值人士，而主要针对有一定财富积累的人，他们需要财富管理经理帮助他们管理财富。我跟大家分享四点，一些经验或许适用，另一些可适当借鉴。

首先是人口结构。人的寿命越来越长，一些个人投资者也开始进行长期投资。现在 50 多岁的人，在十几岁的时候一定经历过经济大繁荣，我们曾经希望以更少的工作量，换来在资本市场上更多收益。2008 年出现了金融危机，包括我在内很多人遭受了损失，所以我这个年纪的人在投资方面会更加谨慎。但是，40 岁以下的人，大家一直在经历经济增长阶段，2008 年以来，负利率和零利率很低，股市变化非常快，需要投资者有很强的风险意识。这些 30—40 岁的投资者，是没有经验的。房地产行业在中国不太一样，比特币和普通投资也不一样。投资通常有损失有回报，这并不是财富管理。2008 年以来，客户对财富管理的需求出现了很多变化，人们越来越多地进行长期投资，市场波动越来越多。

第二点是技术。20 岁左右的人，不需要进行财富管理，一切都是互联网上的，都是平台上的。财富管理必须借助当代科技。人们不再需要自己选股，但需要选择合适的选股 APP。但过多的自动化也会带来

---

* Martin Maurer，时任瑞士外资银行协会首席执行官。

问题，现金技术特别擅长进行标准化操作、处理速度快、处理的数据量也非常大，但它们无法应对结构性调整变化。瑞士国家银行在危机后，设定了一个汇率波动下限，但后来又发现行不通，于是让其自由浮动。于是汇率迅速上升，从 1.2 变成 1，这样的利率波动是非常高的。相比起机器，财富管理经理会迅速对这样的变化做出反应并进行处理，这方面的技术还远未成熟。

另一点尚未涉及的就是电力。人们对电力的需求越来越高，以至于供不应求，未来甚至不能保证按照现在的价格来供应电力。但我们可以对电进行收税，我们必须思考如何能够创建更多税收的机制，这当然也会提高能源价格。这样一来技术比起人工就会在传统的财富管理领域丧失掉很多优势。另外一点就是网络的重要性。瑞士会从德国进口一些产品，德国也在进口，在这样一个网络当中，附加值特别惊人，这就是贸易网络。在印尼可能发生一些情况，最后会影响到瑞士的财富管理平台。这时就需要一个财富管理经理来修复问题，而不是“选股”。财富管理经理现在不仅是帮你选股票，他们必须在出现问题的时候跳出来解决问题，这是他们的角色。

另外是政治和监管。我们把财富交给一些机构，希望这些机构得到政府的监管，也希望自己的财富得到保护。20 年前，财富市场风险问题很大，现在与 20 年前完全不一样的网络风险、欺诈风险越来越多。监管机构必须对这些风险进行监管，我们必须要为这些监管纳税、付费。但我们希望通过现代化的机器来帮助我们降低付费成本。但是我们需要这些管理我们财富的人必须满足政府的要求、控制风险。

我们再看国际的财富管理。国际财富管理中，税收是一场噩梦，因为每个国家都有自己的不同税收机制，还有金融交易税，你可能同时需要面对 5 到 6 个不同的税收机制，必须有专业人士来解决如此复杂的税收问题，这是机器无法企及的能力。所以，现代的财富管理者也是风险管理者，他们要评估和管理风险。

第四点，是金融本身。金融行业的未来方向，是以更多的方式帮助大家做投资，并充分考虑可持续发展和治理需求。一个好的风险管理者，能够使资产得到更加妥善的配置。美国现在的基础设施很糟糕，为什么不能在美国投资一些基础设施的项目呢？意大利也是，归根到底还要做各种各样的风险管理的工作。把资产投向急需的行业中去。我们需要更多关注长期的、可持续的项目，能带来稳定的收益，并且不会暴露在风险当中。

房地产信托助力投资多元化

John Worth *

从长期投资的视角来看，研究表明，房地产市场是非常适合多元化投资的领域，因为房地产在经济中扮演非常重要的角色。总体来说，股权投资回报和房地产回报之间的相关性较低。为什么？因为房地产有非常独有的供应功能。在大多数经济领域，供给对需求的反应可以是很迅速的，但房地产的产品供应很耗时，地产和物业开发需要很长时间。从长期来看，我们会发现房地产和其他金融部门之间的相关性，随着时间推移会越来越低。在美国，个人资产的5%—20%最好投到地产领域。目前绝大多数的美国人都多多少少有在房地产的投资。美国人的养老金积蓄会有一部分通过资管公司投入房地产，并且逐年累计增长，最终达到15%的最优占比。他们使用的载体是房地产投资信托，40%的美国人通过养老系统有房地产投资信托，总市值是一万亿美元。这一投资带来的回报是，他们的投资组合实现了多元化。

从宏观经济的角度退一步看，哪些有效工具是我们能够用到的？我觉得有些工具对个人投资组合有好处，同时对经济宏观有好处。美国经历过金融危机和金融的衰退，出现过信贷危机，我们发现银行募集新资金比较困难，对某些资产类别顾虑较多，迄今金融危机的影响也仍然存

---

* John Worth，时任全美房地产投资信托协会（NAREIT）研究和投资推广事务执行副总裁，前美国国家信用社管理局首席经济学家。

在。但是，在这场经济危机中仅有的亮点之一，是房地产信托投资的能力：高度资产化、杠杆率在资产负债表中明显低于其他房地产持有形式，是商业地产领域重新扩张阶段的大量资金来源。这不仅使得个人投资者收益，更重要的是，大量资金涌入商业地产领域，促进了经济的增长。财富管理不仅是关于保护个人投资者，而且我们出台相应的政策应该使经济摆脱衰退，尽快进入扩张的阶段。我觉得这是房地产投资信托非常独特的效应。它独有的结构可以使之很快地从市场上募集大量资金。能够帮助个人投资者，也能够帮助经济获得增长。

对 话

王军 *：张旭阳总来自著名的金融科技公司，有几个技术方面问题向您请教。这几年人工智能、区块链、大数据等新技术发展非常快，并且和很多传统行业相结合，产生了非常奇妙的化学反应，比如说数字货币。这些新技术的发展、应用、融合如何赋能财富管理行业？财富管理行业未来如何更好地适应这样的新技术，如何利用新技术改善管理水平、风险控制水平，同时有效控制市场风险？

张旭阳：这是一个很大的话题。金融科技发展确实进入了新阶段。您刚才提到的人工智能、区块链、大数据，以及云技术等在底层架构上改变了金融服务的模式。金融的本质是不变的，但金融服务的模式常变常新。

技术可能在几个方面改变金融服务行业：

第一，改变我们跟 C 端、跟投资者的交互方式，包括用生物识别技术、智能投顾、AR 和 VR 等。以往我们的财富管理是人对人的服务，对于大众投资者而言，通过机器用一种模式服务更多的客户，这是技术可以做到的。

第二，在投研端，通过大数据可以更好地发现事物之间的关联，更好地判断一个事件发生后对资产端的影响和传递方式。

第三就是大数据风控，随着人越来越数字化，越来越线上化，每个人的信用可以用大数据来理解。现在个人贷款只需要下载一个 APP，会很快得到贷款。随着中小企业越来越线上，供应链越来越数字化存在，我相信可以通过数据判断一个企业的信用环境，使他们获得更好的金融服务，这也是资产投资端很好的出口。

---

* 王军，时任中原银行首席经济学家、中国国际经济交流中心学术委员会委员。

第四就是未来金融资产的交易。我们可以画一个三角形——三个边是物理世界、线上世界和未来。金融的本质是跨期的资产配置，通过金融工具包括债券、证券等把未来和现在联系起来。一个年轻人可能通过VC投资把自己的能力变现，或通过银行的住房按揭贷款，提前获得居住环境的改善，就是把未来的能力提前到现在。金融使得我们当下的物理世界和未来相关联。传感器、人工智能、物联网把线上线下世界打通了，通过传感器做实时的数据化，线下世界有一个数字积累，线上世界使我们更好地理解线下。什么把线上线下和未来打通？我个人认为可能是区块链技术，不是说数字货币，是利用一种新技术建立线上的信任。

我相信随着经济发展和技术进步，将会出现新的资产表现形式，财富管理会有很好的投资渠道和方向。无论是对个人的交互、新资产的形成，还是风险的理解，技术对我们帮助很大。但是金融的本质、金融的逻辑不会改变。

王军：谈到金融管理，离不开P2P。中央开始治理金融乱象，特别是金融供给侧改革的任务，大家对P2P的发展有很多不同看法。作为这个行业代表性的企业家，您怎么看待在这样的宏观背景下，P2P行业未来发展趋势？我们应该怎么全面、正确认识它？

唐宁：席卷全球的金融科技创新，有两个方面相对最为成熟，规模也非常大：一个是支付科技，一个是信贷科技，而网贷就是信贷科技的重要的形式。后续还有股权众筹、保险科技、财富管理科技等，都会作为金融科技的下一站和下下一站。网贷有两个部分，借款人和出借人。对于出借人端，这是一个理财机会，除了单一的出借理财，还有其他的财富管理需求，包括银行理财产品、保险保障类产品、权益类产品、中长期基金组合投资。对于大众富裕阶层和一部分高净值人士都是这样。这两个方面均是重要的金融发展前沿。

在欧洲、美国、中国，有非常优秀的网贷行业企业发展的范例。网贷发展的波折，不仅仅是过去一两年。宜人贷2015年上市时，我在香港、新加坡、纽约、旧金山、芝加哥等城市进行全球路演，跟全球投资人讲中国的金融科技，讲中国的网贷模式。那时候发生了一件事，应该说是非常重大的事件，就是易租宝的推出。分化在当时是很明显的。我最近看了一篇李迅雷的文章《分化》，文章提出任何一个行业都分化，都有头部机构，即为数不多的机构拥有行业最大的份额，最好的运营水平，最高的资产质量。不仅金融是这样。我在创立宜信之前做天使投资、风险投资，我所投的所有行业都经历了一哄而上，一哄而散的过程。这是中国特色，哪个行业都是这样的起起伏伏。

为什么是这样？是不是把很多事情想得太容易了，对匠人精神看得没有跑马圈地那么重要。中国机会非常多，为什么要花时间研究搞个电动车出来呢？过去十年、二十年有很多是这样低质量、低水平的增长，用低水平服务就能获利，这种现象在未来十年、二十年将不复存在。我们一定要发展前沿的、头部的技术，这些关键词适合任何领域。要推动科技创新、模式创新。面对中国金融供给侧结构性改革，有大量的未被满足的需求。

中国今天有海量的大数据，人工智能也全球领先，但另一个角度我们的征信体系没有充分建立起来、没有充分被使用起来，还是支离破碎地存在。我们的网贷、信贷科技未来可以做的事情有很多很多。

王军：不出意外的话，美联储 7 月将开启降息的进程，Martin Maurer 您怎么看？现在不仅是美国，包括很多经济体都在降息，全球再次面临货币大宽松的局面。货币的宽松，经济的低迷，对各个国家的财富管理行业意味着什么？会有哪些影响？

Martin Maurer：不会有太多的即时反应，因为并不是很多人认为百分之百会出现降息，白宫总是有降息压力。关于资本的流动，在财富管理方面，应该不会有太多影响。现在，政治局势的波动可能会影响美元汇率。从长期来讲，其实是关于低利率的情况是否会引发新危机的问题，上一次金融危机的爆发点就是利率过低导致的房地产膨胀。

John Worth：我们看到行业中存在些许泡沫化的、投机的活动，但并不普遍，而且它们潜在的风险和以前不太一样。我们不能总用上一次金融危机爆发的因素预测下一次金融危机。从目前状况来看，我们没有看到像上一次金融危机爆发前那样的状况。

王军：中国现在财富管理的规模非常大，其中一部分越来越多地配置在美国市场上，大家对美国的经济状况，包括美国的股市、房地产市场非常关心。您作为一个来自美国的投资专家，您有什么建议？这么大的财富管理需求如何在美国更好地规避风险，实现它的价值？

John Worth：我想关键就是要有长期投资的视角，不要只是说利用短期波动或者短期配置来获利。要覆盖各个不同的资产类别，做长期的承诺。我认为目前美国经济进入危机的可能性是很低的，但是经济放缓的可能性比较高，我们陷入了缓慢经济增长的时期。当然，世界各地利率都比较低，因为世界各地增长都非常缓慢。

Martin Maurer：很多价格都是按美元来定价的。在过去的十年中汇率的变化是一个波动因素，因为你无法预测这一波动。如果去找瑞士的财富管理经理寻求投资建议，他们会说你应该进行分散投资，不能只投到美国，或者不只是投到美元，以减少美元汇率波动的影响。

王军：今年财富管理领域重要变化就是市场迎来了新的力量，银行系的理财子公司已经开始注册运营了，包括五大行、股份制银行、城商行，纷纷在设立理财子公司参与财富管理的市场。我想问张总，过去市场中有很多财富管理机构，比如券商、保险、基金、信托等，理财子公司进入行业意味着什么？它相对于传统机构有什么样的优势，会如何影响财富管理行业的市场格局？会在将来的比赛中胜出吗？

张旭阳：据我理解，银行理财公司应该是有别于以往的银行理财业务，也有别于现在的资产管理和财富管理机构。

第一，银行理财公司在投资端通过多元化的产品创新，包括唐总提到的母基金模式，或者投资账户的方式，或者其他产品的组合创新，应该介入到企业的全生命周期当中去。作为一个财富管理机构，要为投资者创造价值，除了被动地接受二级市场波动以外，需要把产品的触角和金融产品服务跟实业更紧密结合，这样才能获得稳健而有价值的回报。

任何投资回报都来自实业，一个企业的成长包括各种时段。我在金融机构很多年，发现投资是很简单的。认知到位以后，可以选择一个股票、一个企业去投资，如果觉得企业不好选的话，可以选赛道，选某个经济增长的点。对企业而言，有很多种变量，一个企业的成功取决于战略、组织架构、执行能力、文化价值，中国中小企业平均生命周期是三年，获得贷款的平均周期是五年，这个错配怎么解决？一个企业的成长需要金融产品从创始、成长、成熟到未来的并购、重组全方位的支持，银行只满足了成熟周期的支持。前几个阶段虽然有 PE、VC，但却是不够的。银行理财公司通过产品组合设置、资产配置，使得一部分资金参与到企业的成长过程当中，一方面获得回报，一方面分担风险。

第二，银行理财子公司不仅是资产管理机构，也是财富管理机构，是资产管理加财富管理的概念。过去十几年财富管理行业的发展没有完全起到促进投资转换的作用，还是跟投资者和融资人之间的链条太长有关。财富管理行业需要从卖方向买方转化。比如公募基金，2018 年持有 A 股市值是 1.8 万亿元，2019 年还是 1.8 万亿元。在这个过程中，外资、保险或者企业资本持有的 A 股市值在增长，为什么呢？中国资本市场有自己的瑕疵，但是我们的一些销售机构，往往从卖方角度出发，使投资者买在高点，卖在低点，未来投资管理需要由卖方向买方转变，从销售向投资顾问、资产配置转变。由于银行理财子公司跟银行、跟投资者黏性很强，信任度也很高，通过金融科技能力的提升，以线上的服务方式，可以打通资管机构和投资者之间的最后一公里，从资产配置角度为投资者做长期投资规划，这就是财富管理的概念。

第三，银行理财公司有雄厚的资本实力，完全有能力去对科技、技术做长期投资，承担相应的成本，并且承担相应的投资失败的损失，这是其他机构不具备的资本实力。下一阶段，随着监管越来越严，新的金融科技的驱动力应该在持牌机构。以往金融科技更多影响标准化的产品，包括支付、信贷，现在向金融机构的最后一公里蔓延，比如财富管理、保险资产管理，越来越接近金融本质。我们现在更强调数据或者智能金融对金融机构的影响。数据需要有一个闭环，不仅有 X 值，还有 Y 值，理财子公司在数据有先发优势，加上资本优势，应该起到自己的作用。

我觉得银行理财公司应该“以终为始”。我们展望未来十年以后中国或全球财富管理行业的格局，来做现在的定位，在这个过程中承担起三个责任：第一，更加有效促进储蓄向投资转化，促进中国资本市场发展；第二，促进个人财富管理的保值增值；第三，成为金融科技的创新堡垒，担当创新发动机的角色。

王军：关于加密货币 Libra，它未来能否成为真正的货币，如何看待这种新兴的数字化资产，对我们行业会带来哪些影响？

唐宁：我们对底层技术非常关注，区块链技术是有其意义的。我们通过创新实验室、金融科技早期投资等方式去关注、学习、参与它。比特币，我理解好像只是一个游戏，游戏玩儿的人越来越多，它的价格也会越来越高，但不适合作为一种财富管理配置的主要资产类别，因为它的风险波动太高了。真正中国高净值、超高净值理财者的财富管理需求不是在这些炒作型的、高风险的、赌博式的资产类别上。

那么他们的财富管理需求在哪里呢？就是中国财富论坛的 LOGO——CWF。LOGO 中的第一个字母 C 中间是个地球，就是代表国际化，我们的高净值、超高净值客户需要持续提升国际化水平，他们的事业、家庭、资产组合应该更加地国际化。第二个字母 W 的右上角不断高增长。新经济才能够有高增长，如何使自己与新经济真正挂钩？我们的企业要进行数字化转型、数字化重塑，那就跟新经济相关，否则就仅仅是一个消费者。第三个 F，就是代表传承，家族信托、家族办公室解决的就是传承问题。所以国际化、新经济、传承问题，这些远比去投机一些不靠谱的资产类别要重要得多，这里我指的是比特币。

对 Libra 来讲，从技术上不是高难度的事，更多的问题是作为一种模式能不能与监管层达成很好的共识？作为潜在可能的“货币”，和法币管理体系如何相处？我觉得现在有很不清晰的地方，这也是为什么前段时间美国立法机构要求它停下来，要去汇报、讨论，形成共识，这些也是预料之中的。

王军：下面问一下 Martin Maurer，您也曾经参与国家政策监管的制定。对财富管理行业，瑞士是如何开展对于财富管理的监管，有什么好的经验，可以给中国参考？

Martin Maurer：不一定看做了什么，要看没做什么。瑞士比较复杂，一方面比较保守，另一方面也特别国际化，所以我认为货币要多元化。瑞士多年以来积累了大量的经验教训，平衡的国际化财富管理业务不仅要承担风险，也要进行相关对冲。比如瑞士银行如果将所有的货币、基金、债券、股票都投在瑞士境内，风险会过于集中，因此可以通过购买法国、德国的债券进行对冲，平衡风险，不至于被动。瑞士的财富管理领域有一种基金，与中国建设银行香港分行合作，投资了一些中国基建项目，比如“一带一路”相关项目，通过这种方式来参与国际活动，而不是直接投资于某个毫不了解的中国公司。中国市场不断开放，不仅投资企业产品，也可以和瑞士的银行合作投资，使财富管理组合多元化，并分享收益。瑞士和中国也签订了《自由贸易协定》，中国人民也应当有相应渠道将存款投入瑞士的银行，假设未来有这样的通路，一方面维持中国的基本监管要求，同时允许中国资产投入到欧洲，对双方都是有益的。

王军：我还是要问 Libra 的问题，您对其前景或发展怎么看？

John Worth：我和其他专家的意见是一致的。技术应用问题比较关键。作为一个投资产品，我觉得这个还是非常有风险的。即使在美国市场，也不清楚脸书的做法和方案，在美国的支付系统中其他产品早已完成了它想完成的使命，那么有了 Libra 后，使得支付体系更加有效吗？不好说。我觉得 Libra 不是革命性的东西，也不是填补了消费者需求当中的空缺，至少在资产管理角度来说。这是投机性的、高度风险的投资，它的最终目标是什么呢？加密货币最终的目标是什么？我觉得最终实现的价值非常有限。

Martin Maurer：和比特币相比，Libra 其实是对接着真实货币，所以和其他的加密货币相比，它的波动性应该是更加稳定的。我们也假定脸书不想投机性投资，是搞支付的系统。

John Worth：我只是想发表对加密货币的意见，对支付这块，我不觉得它填补了什么空缺。

王军：最后一个问题，青岛作为财富管理唯一的试验区，在财富管理领域做了大量的工作。从各自角度出发，各位对青岛未来的财富管理方面有什么建议？

张旭阳：青岛确实是一个美丽的城市。我觉得青岛首先是开放的青岛；第二是产业的青岛，不管是航运、金融还是新兴产业；第三，青岛也是创新的青岛，也是好客的青岛。对财富管理而言，还是非常需要一个生态圈。我建议围绕财富管理试验区，青岛财富管理的链条可以健全。不仅有管理者，也包括背后的托管人，咨询提供商，系统集成商，一个良好的财富管理生态对财富管理试验区的发展有很大的帮助。

唐宁：财富管理在中国做大做强有很大优势。中国的理财者，特别是高净值、超高净值理财人群在加速国际化，这跟青岛打造国际化是一脉相承的。通过拥抱新经济的方式获得高增长，就在几周前，青岛的全球创投风投大会开得非常棒。推动新经济发展，通过创投方式、母基金方式，加快新旧动能转换，这也是青岛在全国领先的方面。

宜信在青岛成立了中国第一批家族办公室，青岛在那个时候就有这样的前瞻性。中国财富管理行业的大发展即将到来，传承是重中之重，家族办公室的模式可以很好地去服务中国的财富传承。我对未来五年青岛发展财富管理非常有信心。

Martin Maurer：五年来，我其实是亲自目睹了青岛财富管理试验区的建设。首先这是要耗时的事情，还要按步骤来，有些步骤非常谨慎，不能急，不要草率。

John Worth：这是我第一次来青岛，这是非常美丽的城市。我建议要打造一个财富管理的基础设施和枢纽，你需要各种各样的资产类别，这样财富管理的组合才能尽可能多元化。我在美国做房地产信托管理，有很多的产品，财富管理需要有高度的流动性，任何金融行业离不开丰富的产品。

第四章

航运贸易与金融创新

围绕贸易、航运等领域的需求创新金融服务，构建面向全球的贸易、航运、物流、投融资等综合服务网络，形成全球贸易中心、航运中心与金融中心，是主要港口城市提高国际竞争力的有效途径。“以港兴市、以市促港”已成为港口城市发展的共同战略。作为航运的必要节点和重要支撑，港口正在向集物流、商流、信息流、资金流为一体的复合型服务平台进化。依托港口、坚持以港兴贸、充分利用现代科技和金融创新、打造海上繁荣经济带，成为当代拥港城市的发展期待。

把青岛打造成航运贸易金融中心

李奉利*

很荣幸在这么一个重要的场合，和大家一起分享航运贸易金融在“创新协同、共赢未来”中的认识。

我们经常说青岛因海而生，凭港而兴。这张黑白照片是1892年青岛开埠时的形象，青岛港口的元素为青岛注入了非常重要的基因，就是开放。所以青岛自古以来就是古代丝绸之路上的重要节点，也是中国近代非常重要的、最早开埠的通商口岸之一。青岛也是国家首批沿海开放城市。通过这个黑白照片可以看到这个城市的时尚基因，大概在120年之前，这里具有像泰坦尼克号一样的邮轮，和那个年代的商船，就在青岛港的码头上停泊。

在航运贸易金融方面，清宪书记提出要打造国际的航运贸易金融中心，用创新来统领，所以在一体化过程中，我们对标了很多航运城市，在国际上如伦敦、纽约这种老牌的航运中心；在亚洲如新加坡、香港、釜山等城市也值得我们学习，在国内有上海、深圳这样传统和新兴的港口，特别值得我们借鉴与学习。

在航运、贸易和金融三个中心的打造过程中，航运中心是实现了要素集聚，是一个实现金融中心的载体。而我们的贸易，由于生产的存在，大家有了贸易的需求，有了商品交换的需求，有了物流的需求，我

* 李奉利，时任青岛港集团董事长。

们的航运和港口的自然禀赋，就满足了贸易的需求，因为有重要的基础设施在这里，而金融的存在又是贸易重要的保障，我们通常说金融是经济的血液。所以青岛在打造航运贸易金融创新中心的路上，这三个要素互为依托，缺一不可。

（一）航运中心

去年全国人大会上，习近平总书记参加了山东团的讨论，提出了一个重要命题就是“经略海洋”，对山东的要求是建设世界一流的海洋港口，也指出海洋是高质量发展的战略要地。如果在山东、在中国北方建设世界一流港口，青岛港是首当其冲，要在山东省率先形成面向世界开放的窗口，一个桥头堡。所以青岛市提出 15 个攻势，非常重要的就是要以港口为依托，建设国际航运贸易金融创新中心。其中也有重要的引爆点、发力点，老港区、大港区是青岛港最早发端的地方。随着经济发展，货运部分会引到青岛西海岸，而在老区聚集更多的贸易、金融，并引入包括金融贸易在内的高端服务业。所以，航运中心是以港口来辐射带动，使城市进入新一轮发展。

如果以航运辐射来带动发展，青岛在区位上非常有优势。北京是京津冀经济圈，南边是长三角，东边是日韩、东北亚地区。青岛连接中国沿海、东南亚、欧洲以及美洲，都是中国重要的窗口。从物流业绩看，青岛港 2018 年吞吐量 5.4 亿吨，全球第六；集装箱吞吐量突破 1930 万标准箱，排在全球第八位。今年是中华人民共和国成立 70 周年，1949 年青岛港的吞吐量是 172 万吨，改革开放 1979 年的时候是 2000 万吨，通过这个数字就可以看到我们以什么样的速度赶上时代的潮流。所以，青岛港的定位，是国民经济发展重要的基础设施，同时也是非常重要的公共服务平台，有了这个港口的平台，才有条件聚集贸易和金融的要素。所以它是联通世界的窗口。

结合着财富助力航运贸易金融的主题，青岛作为一个港口，正在由一个运输港或者说门户港向枢纽港转变，我们的目标就是釜山、新加坡乃至香港这样的港口。同时我们由一个物流港向贸易港转型，把高端现代服务业的要素，包括贸易、金融、类金融、保险等，统统在这里聚集，可能有更加光明的未来。在传统装卸产业的基础上，又更多拓展了物流、邮轮、临港产业，包括在海外的布局。当然非常重要的是，我们有一个金控板块，可以给整个航运物流企业服务对象提供更好的用户体验。

我们165条航线中，136条是外贸航线，在北方城市当中位列第一。上午清宪书记讲话中也提到了，我们在海向是不断增航线，扩舱容；在陆向是集装箱的生成地，累计在31个城市开了46条班列，沿黄流域，联通山东、陕西、河南、山西直至甘肃、宁夏、内蒙古、新疆。去年海铁联运箱量增幅达到48.6%，达到了115.4万标准箱。在物畅其流方面起到了应有的作用。

在绿色港航领域，习近平总书记提出了绿色港口、智慧港口的要求。我们现在有个作业效率全球领先——亚洲首个自动化集装箱码头，作业效率全面超越人工码头，与全球港航业巨头深度融合，加入航运业首个区块链联盟——全球航运商业网络（GSBN），共同建立基于港航大数据的开放平台。我们正在由“青岛港的智慧化”向“智慧化的青岛港”转变，更好地发挥作用。

现在邮轮经济也在快速发展，不仅仅是运货，更多的是希望物流带来人流、资金流统统向这个城市集聚，才能带来贸易、金融协同发展。今年也有利好消息，比如有一些地区的外国游客可以144个小时免签等。希望把邮轮经济作大，另外也希望提高国际化水平，这几张图分别是我们联合了中远海运集团，投资了意大利瓦多港，在阿布扎比哈里发港已经启动了商业运营。我们越来越多地把国际化元素集聚在青岛港，同时把港口管理输出到世界。这是介绍了我们自己港口的辐射。

（二）贸易中心

第二个想说的是贸易中心。青岛是中国重要的外贸口岸，2018 年，青岛市外贸进出口总值 5316.1 亿元人民币，我们围绕着航运做贸易，搭建平台集聚贸易要素。比如矿石、原油，我们作出了一系列政策和承诺，立足全球的供应链体系，满足端到端的全球物流服务，真正把出海口搬到内陆一些省市企业的家门口。同时发展期货交割业务，目前是 8 种期货的交割体，物流和金融服务都有非常重要的集聚。一个多星期以前，期货现货交易在青岛港实现了，巴西石油的保税现货原油库，进入了直销模式，等于在青岛有了原油的超市，直接在这儿采购大大缩短了用油时间。在董家口，从巴西、澳大利亚的矿石，可以实现精配矿，然后再通过像伊藤忠这样的商社，去服务于日本这样大的钢厂。现在新的贸易通道已经打开，全国沿海港口竞争比较激烈的年代，我们另辟蹊径，这也是青岛港一直坚持的理念，叫作“各美其美，美美与共”。

同时要深挖临港产业的潜力，发展物流业、商流、贸易流包括临港服务业。比如粮油加工，粮食生产出来可以直接投入到大的粮油加工企业。我们的跨境电商，还有冷链物流，都是临港产业发展的重点，这些产业的集聚也可以使贸易和金融在创新理念的情况下，得到长足发展。

（三）金融中心

第三个是金融中心。金融非常重要的作用是服务能效升级。其实我们由一个传统的物流港，把贸易和金融因素引进来的时候，像手机从 2G、3G、4G 一直到 5G 的发展一样，不断上新台阶，有一个颠覆性的发展。

青岛是一个有金融基因的中国现代城市，青岛市有最早的银行。现在青岛的“全球金融中心指数”排到了全球29位，让人们更加从金融的角度重新认识青岛这座美丽的海滨城市。青岛也是我们国家批复设立的财富管理金融综合改革实验区，这也是一块国家的金字招牌。相信大家已经听到很多这方面的论述，像我们的风投大会，以及很多思想碰撞、头脑风暴。特别是近一段时期，这种能量连续集聚在青岛，给这座城市注入了非常多的创新理念和方法。

我们现在也有了自己的港口金融，主要服务于航运贸易经济体，比如我们有青岛港的金控公司、财务公司、融资租赁、小额贷款，以及商业保理、资产管理、基金管理、保险代理、保险经纪，现在又开发了越来越多的经济和金融产品。我们紧紧围绕着航运和贸易，专注于这个主业，服务实体经济的发展，这是非常重要的。金融服务体系不但给港口的上游群体提供专属的综合金融服务方案，也给下游的战略合作客户提供综合的金融改革方案。总体而言，我们应该用金融当一种润滑剂或者催化剂，给客户提供更好的用户体验。我们不仅给它进行运作，更多是应对这个过程中遇到的困难，特别是金融方面的困难，用我们的服务提供更好的保障。

同时，青岛港在金融方面也做一些产城融合、特色鲜明的港航金融服务，去当这个领域的供应商。比如我们做综合金融贸易服务平台，主要是创造“装卸 + 物流 + 贸易 + 金融”的一站式物流金融服务模式，有很多具体产品支撑。例如港航供应链金融服务平台，成为港航供应链金融的“万能插口”，大家知道青岛前湾集装箱码头的英文简写是QQCT，其中T就是“Terminal”，跟机场候机楼、计算机接口是一个词，一定要通过改善服务，把金融服务平台变成一个“万能的接口”，更好地服务于客户。再就是搭建综合航运保险服务平台、航运保险信息平台，构建完整的保险产业链，希望所有保险企业、保险经纪、保险代理都到这个平台上，营造更好的软环境。同时要做航运金融资源配置平台，带动全社会船舶运力、融资、租赁等金融要素向青岛聚集。因为青岛有港口这个天然的条件，是非常好的硬件，通过这个硬件可以吸引更多贸易、金融的元素到青岛来，把青岛打造成航运贸易金融中心。

我们打造这几个中心都是对开放、现代、活力的国际大都市作出贡献的过程。我们在打造几个中心的过程中，前面一定有个定语是“国际”，后面一个重要理念是“创新”，我们用创新的理念把航运贸易金融串在一起。相信今天这么多专家英才齐聚青岛，就是给我们解决这方面的问题。在青岛港未来的发展当中，也希望得到各位的支持。

港航协同创新枢纽经济发展模式

汪　鸣*

港口和航运协同发展枢纽经济是高质量发展背景下的创新发展和现代化产业体系建设问题。之所以把港口航运作为有机整体，并且希望在地理空间上实现要素的新集聚，发展港口航运枢纽经济，将是港航产业行业面临百年以来最大的变革。

"港口＋航运＋国际贸易"的模式，是自英国工业革命以来，尤其是近百年以来，影响世界经济格局和产业承接国家经济发展的非常重要的模式，这种模式延续了近二百年，足以证明其生命力。今天，它到了一个很重要的转折点，尤其是中国加入到港口航运和国际贸易大分工和国际产业大转移行列之后，经过改革开放40多年和近20年的快速发展，整个世界经济格局发生了重大变化。近四十年来，中国在港口规模的扩张、功能的提升、临港产业发展、航运发展，以及在国际贸易的参与度上，均达到了空前的程度。

随着世界贸易总容量增速的逐渐下降，以及中国在世界贸易中占有率的不断提升，近几年，我国及世界港口吞吐量、航运增速在不断下滑，将来的低速增长可能会维持比较长一段时期。研究未来中国经济的发展问题，必须解决这个发展的困惑。既然高速的扩张已经结束，低速的增长将成为常态，怎么样提高港口、航运发展的质量和水平，能够

＊　汪鸣，时任国家发改委综合运输研究所所长。

创造更多财富，既是传统发展模式下的悖论，又是我们必须要解决的问题。

"港航协同创新枢纽经济发展模式"既是需要探讨的问题又是港航未来发展方向的核心观点：港航协同，提升港航价值创造能力、财富创造能力，是转变经济发展模式、创造财富的新手段。一个城市尤其像青岛这种港航规模已经居于世界前列的港口城市，怎么在既实现港航协同发展，又完善港航支撑经济发展、产业布局的手段方面发挥更好作用，形成新的要素、财富聚集，创造新的财富，把青岛的城市经济发展提升到高质量水平，是青岛也是其他港口城市需要很好解决的问题。

围绕今天这个主题，我谈四个方面的观点，跟大家一起分享，也是跟大家一起讨论。

一是港口航运面临大转型的挑战。这个转型不是我们一般意义上说的搞点新服务、新设施就能解决的，而是需要实现大的产业发展生态和模式的转型。这个大转型的大背景，就是 2001 年中国加入 WTO 以后，港口、航运、临港产业高速增长的时代总体上结束了，将进入正常的增长速度下发展。在这种背景下，怎么能够克服在膨胀的增长过程当中形成的盈利习惯和盈利模式，这对我们来说的确是一个重大的挑战，这是其一。其二，港口和航运靠量的增长，形成了一套运行体系，我们怎么样过渡到新的体系当中，这也是面临的重大挑战，我们不能用休克疗法来解决行业的转型问题，而应该用渐进的发展方式。但具体怎么来做？是需要我们思考并解决的问题。第三，正是因为量的膨胀结束了，同时又面临模式的转轨，所以近几年中国的沿海港口，尤其是吞吐量过亿吨的大型港口竞争越来越激烈，表现在什么方面呢？一是港口在腹地寻求货源的力度和政策在发生改变；二是港口在发展航运和港口服务产业的过程中，面临雷同的竞争。第四，转型的突破办法我们依然没有找到，更多还是在用传统的提高吞吐量的办法来发展和竞争，这对各个港口而言都是一种严峻挑战。

所以，贸易量增速的下降，带来必须加快探索新发展模式、新盈利模式的压力。尤其是中国在参与国际贸易中是后来者，所以我们的出口更多采用是 FOB 条款。未来采用什么样的条款？尤其是电商、网购、跨境电商的发展带来新贸易方式的转变，用什么样的方式来发展港航业，这是我们需要很好思考的问题。

二是港航协同发展，会带来新的发展机遇，这里面主要有几个原因。一是港口物流的拓展，这几年发展物流服务成为许多港口亮丽的风景线，青岛港在物流功能、国际物流网络的建设方面下了很多功夫。青岛港作为国内重要的港口，国家在制定国家交通运输政策的时候，对这些重要港口的发展给予了足够的关注和政策倾斜，对推动港口物流功能拓展和服务的延伸，使港口产业链得到了有效延长，发挥了重要作用，这也成为港口转型的一个迹象，也是非常好的发展机遇。二是港航的紧密协同，港口依托航运进行拓展，航运依靠重点港口构建网络，这是近十多年来一个主要的趋势。在这种趋势的驱使下，我们欣喜地看到，港航的协同提升了竞争能力，所以亿吨大港参与竞争的能力普遍提高。三是港航的服务创新，尤其是网络化嵌入相应的港口物流服务和航运服务，使得港口的价值得到了提升，港航协同构建网络带来的机遇就是延伸港航及临港产业的产业链，提升供应链和创造价值链，这“三链”将成为未来发展的重要机遇，同时也是未来发展方向。这方面国家也有政策上的创新，去年发布了“国家物流枢纽布局建设规划”，青岛港也参与了其中的建设。实际从国家的角度，也是希望通过“三链”构建国家顶层的具备产业链延伸能力，具备供应链提升能力，具备价值链增值能力的国家物流网络，从国家政策层面，也开始推动物流向着网络化的方向发展。我们的港航在高质量发展、现代化这两个方面带来新的高质量服务需求下，将获得全新的发展机会。

三是打造港航枢纽，聚集新的要素，发展枢纽经济。延伸产业链、提升供应链和创造价值链，靠什么呢？就是靠大型的枢纽港已经形成的港口要素、航运要素、产业要素的聚集，利用现代互联网、移动互联、云计算、大数据、物联网和人工智能带来的生产方式、贸易方式、交易方式变革的机会，重塑港航经济模式。这个模式就是加快要素在特定空间点上的聚集，达到一定规模，向规模经济发展，就是发展枢纽型的流量经济尤其是物流、商流、信息流、资金流聚合经济，以这些“流”为特征，在特定的空间上进行聚集，反过来提升辐射范围、提高服务范围、提高附加值。所以我们要在顺应这些要素聚集新的辐射方式的情况下，在技术、业态、模式和产业四个方面，实现实质性创新，而不是小改小革。这种实质性的创新就是发展枢纽经济。各地在聚集流量经济发展方面，已经取得了很好的成效，所以国家推进构建物流枢纽网络，也是朝着发展物流枢纽经济的方向，把“港口 + 航运 + 贸易”的方式提升到现代交易、现代结算、现代物流的平台上，形成全新的业态和发展模式，这是发展枢纽经济的重要内容，从量的扩张向价值的提升、价值的扩张方向去转型，创造新财富。

四是实现精准的企业和政府两个层面的措施创新，或者是精准的政企双侧施策。对于企业而言，要按照“三链合一”来进行经营合作和分工能力的拓展。改变过去单个企业在市场孤立竞争，分散创造价值的模式，随着互联网技术、大数据、云计算的广泛应用，需要进行基于供应链、产业链、价值链的合作。需要加快建立新的分工和合作体系，就像现在的电商和快递之间的紧密合作是一样的。产业链、供应链和价值链的“三链合一”，是企业在未来合作分工中必须学会和完成的。对于政府而言，就是要按照新技术、新业态、新模式形成新产业，重新构建政策体系，形成顺应产业新生态发展的营商环境，改变过去主要靠政策洼地、税收优惠获取发展的模式，营造“三链合一”的企业分工合作发展的政策环境和营商环境，推动港航产业进入新时代。

创新引领港口未来发展

Ruediger Grube *

我曾是空客公司的首席代表，后来在戴姆勒工作了九年，也担任其管理委员会成员。从 2004—2009 年，我在北京住了五年，也曾跟北汽有合作。后来我到了德国铁路公司任首席执行官，现在又回到了港口行业，担任德国汉堡港物流公司董事长。

我想讲三个核心问题：一是德国汉堡港物流公司和汉堡港发展的现状，二是目前我们面临的挑战，三是为什么我们认为创新是支撑未来发展的根源。

先解读第一个问题。汉堡港物流公司（以下简称 HHLA）是欧洲领先的港口和物流企业，由汉堡市持股 68%，公众持股 32%，可以在市场自由交易。我们公司的营收额达到 14 亿欧元，息税前利润 2 亿欧元，雇员 6000 人。未来三年预计投资 10 亿欧元。我们也是智能数字解决方案以及物流和脱碳领域的市场领军企业。

HHLA 主要有三大业务板块：第一是集装箱业务，占总体营收的 60%，达 7.6 亿欧元，每年大约 800 万标准箱的吞吐量。第二是铁路，占 35% 营收，总价值 4.4 亿欧元，我们的铁路是多市联运模式。还有 5% 的收入来自物流的服务，特别是特殊商品的运转，包括汽车、水果等。

---

* Ruediger Grube，时任德国汉堡港口物流公司董事局主席。

汉堡港是德国最重要的贸易中心。2018 年海运货物总量达到 1.3 亿吨，每年有 1.8 万只船在汉堡港口货物吞吐，每周货运列车数量达到 2000 辆，而且我们创造了 16 万个就业岗位。当然，中国是我们最大的贸易合作伙伴，不仅是每年 260 万标准箱的集装箱转运，在海运转运方面，每年吞吐量达到 2401 万吨。

中德双边进出口方面的数字也很有趣。出口方面，40% 是汽车零件和汽车整车，25% 是机械，8.8% 是电子电气系统和光学软件，6.2% 是化学品。从中国进口的 40% 是计算机，14.4% 是电视机，9.5% 是衣服和鞋帽等，还有 3.5% 的机械设备，另外还有 3% 的玩具。德中的进出口总额达到了 2000 亿欧元。

事实上，我们与中国之间的贸易有非常悠久的历史和密切关系，有 116 个中国港口跟汉堡港有定期的航运班次。如前所述，每年我们从中国转运到汉堡港的货物量达到 270 万标准箱，承担着 80% 的来自或者前往中国的集装箱的转运量。

第二个，关于我们面临的挑战，这里讨论三个核心问题。

首先，我们希望在“一带一路”沿线国家开发额外的增长潜力，希望能够参与到“一带一路”倡议当中。

然后，我们在 2008 年经济危机时开始铁路货运业务，很多汽车 OEM 问我们，如何降低成本。因为现金最重要，要降低成本。从上海到汉堡船运需要 44 天时间，铁路时间减半，就意味着成本降低一半。

另一个是中美贸易问题。“一带一路”倡议是全球最大的基础设施项目，大约涉及 7300 亿欧元资金，有铁路走廊，还有海运航线。在铁路走廊方面，有北部和南部走廊。在海上航线上，在中国和北欧之间，集装箱增长量会达到 3%，由现在的 500 万标准箱，到 2020 年大约 1700 万标准箱。

具体看看中国到汉堡的铁路货运。汉堡港是欧洲最大的铁路港，有 47% 的集装箱通过铁路运输，42% 通过卡车，11% 是内陆船运。大陆铁路货物运输量达到 150 万标准箱。铁路运输速度是非常快的，从

2014 年开始，集装箱年负荷增长率是 140%，我们预测到 2027 年会达到 70 万标准箱。中国和汉堡之间的铁路运输的车次已超过 235 列，较 2017 年增长 25%，有 27 个中国的城市跟我们有贸易往来，尤其是沿海地带的经济中心，如青岛，我们感到特别骄傲。

最后，中美贸易问题是巨大的威胁。特朗普总统的保护主义是全球贸易面临的大风险。在我看来，特朗普正在破坏世界贸易的通货：信任、可靠性和责任。可持续性对于未来贸易来说非常重要。与此同时，我们可以看看中国信贷的配置从 2007 年经济危机以来的状况，看看 OECD 国家的经济发展：或多或少是平衡的，中国已经成为 OECD 国家增长的驱动因素。当中国经济增长的时候，OECD 国家经济增长也呈现相应趋势，OECD 国家的经济增长和中国经济增长基本是平行的，这就显示出中国对欧洲贸易、世界贸易的重要性。

接下来看一下关税的增加，这是各国所面临的最不利的形势。必须要进一步加强中德两国之间的合作，进一步开放市场，确保自由市场的运行不会受到限制。我们必须要解除对市场和贸易的管制，对注入“一带一路”倡议中的现代化基础设施进行投资，并且要推动创新。我们都需要为打造公平、自由、无歧视、透明的贸易环境而作出承诺、共同努力。

回到开头提出的第三个问题，为什么创新对于未来如此重要？因为创新可以帮助客户降低成本，提高灵活性，改善生产效率和生产力最大程度利用装卸货能力，加快港口交通和商品运输，而且降低噪音和污染排放。

创新会为海运物流带来新的业务领域，HHLA 经营着全球最先进的集装箱港，运营的主要环节都已经实现了自动化。我们有无人驾驶交通工具往返于岸壁和仓储之间运输集装箱，所有无人驾驶交通工具均由电力驱动，我们有无人驾驶卡车和无纸化通关。HHLA 正在提供岸基能源，汉堡港正在提供液化天然气电源，并将其作为主要能源。

为什么说创新如此重要呢？在利用创新和数字解决方案领域，

HHLA 和汉堡港发挥着领头羊作用。我们有汉堡港 4.0 的计划，为什么要建汉堡港 4.0？我们要把汉堡港建设成为智能港口，smartPORT 代表着将来港口更加智慧，我们会开发新的转向和领航系统，会提升生产力的智能解决方案。我们还会建立 HVCC 汉堡船只协会中心，集中化全面协调港口的活动，每天 24 小时运行。我们还有数据联网 SBV，我们有集装箱码头卡车车位预定流程，有数字专项流程，可以减少瓶颈和等待时间。我们目前也正在测试 5G 移动网络，可以改善与速度有关的所有流程，速度可以达到每秒 1 万兆字节。这一测试已进行了两年，非常可靠、安全。我们的区块链和集装箱解决方案，也已进入测试阶段。

HHLA 和汉堡港与青岛市建立了卓越的商业合作伙伴关系，我们有优越的地理位置，优良的腹地基础设施，高效的运输线路，智能数字物流解决方案。我们也正在利用低排放和零排放的能源，新的技术是实现客户满意度和可持续发展的有利保障。

展望未来，我们正在考虑利用风电驱动车辆，完全自动驾驶。我们还有高铁、货运的想法，250—350 公里的时速都是我们可以展望的未来，我们可以携起手来共同创造这样的未来。

空港经济打造财富增长极

Peter Davies *

19 世纪工业革命之前，农业贡献了英国 GDP 的 80%。大家看看英国或者欧洲的地图就会发现，村庄和城镇平均的距离大约 15 公里。因为对农民来说，早晨坐马车离开农场进入集市，晚上回到家里吃晚餐，这样的距离刚刚合适。村庄得到了财富积累的机会，国内外经济得到增长。随着工业化的发展，技术不断改进，现在我们有了基于简单模型的“增长极”概念。

让我们看看交通运输类型的演化。我曾在航空业工作。很遗憾航空业产生了全球 2%的二氧化碳排放，我们现在正在努力降低这一比例。20 世纪 60 年代，我在美国的市场营销巨头工作，当时谈到铁路系统的失败，是因为铁路公司觉得它们的业务就是经营火车，但实际是推动人与物的流动。而且他们忽视了 50 年代开始发展起来的航空业。产生新想法、发明新交通运输方式是很重要的，现在的年轻人甚至可以期待以更快的速度从一个地方到另一个地方。

我多年以来深耕航空领域，致力于推动货运和客运发展，与区域和国家政府一起致力于充满活力的基础设施建设，以推动贸易、工业和商业的发展。我觉得这是一种合作的伙伴关系。20 世纪 90 年代，我负责 DHL 欧洲区域的发展，我们在东欧建立了 50 个办事处——这是巨大的

---

* Peter Davies，时任航空管理集团 CEO，DHL Express 美国区前首席运营官。

高风险投资，因为我们的投资主要取决于运输速度、稳定性和市场活跃性，以及市场反应能力。后来发展速度非常快，物流方面的整合也很顺利，整个市场反馈很好。DHL 既有的国际客户对这样的发展反应很积极，小微型客户数量也随之爆发。我还记得当我感谢罗马尼亚总统向 DHL 颁发运营许可的时候，总统说他要感谢 DHL，让罗马尼亚有了在世界舞台上的长足发展。我们都是世界的一部分，重要的是，为人们创造财富提供机会，为发展和繁荣提供可能，这是经得起时间考验的商业信仰。

不管是什么方式的交通运输，都可以推动经济的发展、财富的创造，也可以说是这市场上的“捣乱者”。2001 年，低成本廉价航空瑞安航空在比利时南部成功运营机场和运输公司，比利时最大的机场大约在 80 公里以外。当时我是比利时国家航空公司的新任 CEO，管理层认为这样的航空市场竞争是不公平的。根据我在世界各地工作的经验，管理团队通常会抱怨说问题都是别人的，实际对于公司和组织来说，最大的竞争对手是自己。我认为，这并不是竞争的问题。经过调查，我们发现 2001 年的时候，76%的瑞安航空旅客之前没有坐过飞机。所以，在比利时偏远地区开通新的航线，会给这些居民的出行创造新的机会。现在这一市场旅客流量从 50 万增长到了 800 万，瑞安航空的班机数量从 2 架增长到了 29 架。从航空业的发展来看就会发现，这个行业促进了全球贸易的增长，全球货物运输量的 40%是通过空运。而且有了航空公司之后，便宜安全的长途旅行变得可行。当然，航空业所涉及的元素，燃油、人力、飞机本身还有机场等都很昂贵，但唯独机票不贵。

所谓空港还有空港经济，未来会成为物流增长的新动力源泉。有了这样的物流中心之后，空港经济像磁石一样吸引各种各样的投资和专业活动。机场作为连接旅客和货物的网络，还可实现点对点和枢纽化的运输。未来的模式还会进一步变化，精良的新技术和新引擎使得运营成本更低，可以实现更多直飞航线，减少经停等待时间。空客 A380 设计时是为了实现货物大规模点对点的长途运输，总体模式并不是特别成功，现在只有 300 多架次，航线也在逐渐减少。波音 787 单座的价格和 A380 单座的价格是非常类似的，但波音 787 有效载荷只是 A380 的一半。

在未来，枢纽机场日子会不会不好过呢？我觉得机场本身也要变革。未来的机会不会特别多，也不可能开发更多飞行的目的地。历史告诉我们，过去的做法在未来不一定行得通。现在我们面临的现实，这样的模式会产生更多直接或者间接的刺激性的活动，造福各种各样的行业，带来各种促进就业的投资，产生新的工业领域。枢纽机场的投资目前看来还是行得通的。以美国为例，1963 年，伯明翰的常住人口数量曾经远多于亚特兰大，但今天，亚特兰大已成为全球最大的机场，也因此成了美国最知名的城市之一。该机场去年吞吐量达到 1 亿人，飞机起降 100 万架次。早期的城市领导人将空港看作未来增长的引擎，因此产生的雪球效应造就了美国如今聚集了全球 1/3 的财富 500 强企业。

再来看看威尼斯机场。该机场正在打造意大利第三大洲际航线的机场，并重点关注远东以及北大西洋的航线。威尼斯机场希望为一个或多个航空联盟网络打造虚拟中心，同时也引入了大量东欧的航线。并且，该机场希望成为进入东欧和波罗的海地区的通道，连接起地中海地区的航空网络。虽然威尼斯机场不是枢纽机场，但他们仍然对航线引入和连接充满信心。因为大部分乘客无法通过直飞到达目的地，威尼斯机场形成了一套四点战略，更好地服务于乘客和贸易。

这些投资不管是怎么产生的，客观上来说这些投资的合理性在很大程度上都取决于责任人的业务，财务和社会驱动因素。这也同样适用于国家和政府、企业和个人。我之前负责特立尼达和多巴哥国家航空公司的经营，当地政府在 2005 年即发布了一个叫“20/20”的计划，着眼于到 2020 年的长期发展目标。这一计划的提出，要使国家航空公司扭亏为盈，帮助政府创建一个可以自给自足的航空网络，而不是依赖于国际航线。这让更多现金流流入航空公司，实现 GDP 增长，创造更多贸易机会。

很显然，一个团结一致的基础设施建设目标，是智慧的结晶。但我想要总结的是一个很容易被人忽视的重要观点。在任何地缘环境中，愿景和领导力是基础，随之衍生出的价值观、理想和信念会产生驱动力。这些软性管理元素很关键，但很多失败的商业尝试都选择了忽略。我曾经雇佣过很多航空业的佼佼者，他们聪明、踏实、理论过硬，但在关键的人才管理方面却缺乏手段。财富创造最根本源泉是保证 1+1 ＞ 2。大家总问我，作为一个 CEO 怎么管企业？答案非常简单，我认为我的工作就是创造一个能使别人成功的环境。如果我在负责过的 158 个国家的工作中有什么成功之处，那就是我建立了正确的团队。

目前的青岛雄心勃勃，令人期待，我也希望青岛未来能够实现自己的目标。青岛新机场马上要开张经营，我希望未来能开通从伦敦直飞青岛新机场的航班。未来，依靠航空航运业的大规模开放，青岛一定会创造出更多财富。

航运金融的机遇与挑战

Doug Barrow [*]

金融服务的重要性已是普世公认。虽然全球85%的货物吞吐量是通过海运完成的，但很多人并不理解海运在全球贸易当中的角色。下面讲一下海事服务融资和航运的新变化，包括环境和安全的保障，希望大家从中挖掘未来的商机。

我们知道海运是高风险行业，可能比金融风险度更高，包括船舶被扣押，还有物理或商业的影响、价格的波动、技术和监管的风险、环保要求、地缘政治、贸易战争，以及“一带一路”的新倡议。风险管理对我来说是航运的核心，但很难将其百分之百管理完善。

来看一下航运数量。全球货物总量年度增量差不多是18万亿美元。全球85%的货物吞吐量集中在海运，未来还会增长，至少在英国，海运贡献了470亿英镑的GDP。中国进出口总额是4200亿美元，绝大多数是通过海运来实现的，可见这也表明航运是非常重要的行业。各种各样的货物，包括矿物、谷物、铁矿石都可以通过集装箱实现进出口。地球上每个人每年预计有1.6吨货物是通过海运实现的，而且这些货物运输通畅与否会直接影响到全球经济。

事实是，行业面临转型，技术、监管、金融、商业、地缘政治、物理等因素都会带来挑战。其中，环境和安全的挑战非常大。从安全方面

---

* Doug Barrow，伦敦海事服务协会前CEO。

来说，确保新兴技术的有效性、可靠性、履约性、合法性，非常重要，简单说就是安全与标准。在网络安保、基于法治的教育，以及培训方面，英国拥有丰富经验可以与中国分享和借鉴。

航运融资也发生了变化。金融危机前，有1250亿美元新资本从银行、投资机构投入了航运行业，这一数字在2018年一下降到300亿美元。现在银行也把一些航运业的违约贷款卖给美国的贷款企业，航运业愈发不受待见，大笔资金撤出，航运业承受巨大压力。

环保及社会治理，也就是ESG的压力亦很大。贷款要满足很多ESG标准，如此一来小型企业很难融到资金，同时小微贷也不愿意投到这个行业，未来的经营环境会趋紧。伦敦要组织第三届全球绿色融资峰会，发言人来自领先的金融机构、银行、智库，但是没有航运业代表。绿色融资非常受关注，我们要在国际平台上更多与中国航运企业合作。因此，我们去年成立了中英绿色融资中心。2019年6月，英国和中国政府达成了“一带一路”下的绿色融资指南。

SNT银行一位负责人说过，航运给我们提供了最大的脱碳机会，我们必须履行巴黎协议的义务。大量关于减少燃料使用的研究已经展开，我们要抓住新的机会，实现经济转型。这些最核心的原则是必须履行的，必须认真透明地评估、执行、实施和问责。伦敦新成立的绿色金融研究院就是致力于与银行业、金融业和公共部门一道，为转型提供资金支持，推动国际航运脱碳。

6月中旬的一份报告提到，11家银行对航运的投资组合价值超过了1000亿欧元，作为推动航运业进行脱碳的主要推动力。报告继续指出，要在全球框架中减少航运在气候方面的影响，这意味着什么？这11家银行会根据航运的碳足迹，看看如何规划脱碳路径，最终公布减碳的结果。毫无疑问，这会驱动低碳航运的发展，也会获得资金的支持。对全球航运业来说意味着什么？这些原则使得全球航运业如果不减碳就无法获得银行的资金支持。倡议中明确指出，限制银行的融资来提供大型船运公司，除非确保其船只满足所有环保法规要求。2008年开始，航运业发展程度有所减缓，很多货物都是由小型船主开展运营。航运业并不容易获得银行的资金支持，一些小型的船运公司，他们没有减碳动力，所以无法获得银行的资金支持，也不会努力满足环保方面的法律法规要求。我们需要政府、金融机构和航运业共同合作，让这个行业有足够资金支持来满足环境保护方面的法律法规要求。

英国航运业和政府部门已在商讨合作。航运业需要资金的支持来满足节能减排方面的要求。通过担保贷款，环保项目可以获得资金支持，银行可以降低贷款利率，这会对船运业带来积极影响，同时推动环保效应的提升，为世界可持续发展贡献力量。

自 35 年前第一次到中国，我又陆续来过很多次，中国的发展、人们的热情和活力给我留下了深刻的印象。中国已经取得了很多成就，希望和其他国家合作创立双赢局面。希望航运金融方面的举措能抛砖引玉，帮助中国航运金融业的转型。

给青岛市和青岛港的四点建议

鱼在爀*

2005 年我第一次到中国，就访问了青岛，青岛给我留下了关于中国的第一印象。

韩国 CJ 第一家中国分公司即开在青岛，另一家物流企业，CJ 荣庆物流公司，也设在山东省。山东省给我们留下了非常多美好的记忆。

青岛是一个海港城市。尽管我多次访问青岛，但没有注意到青岛一直在转型，从一个传统的物流和港口城市，转向新的价值链。我曾在韩国政府部门从事海事工作。90 年代初期我刚开始工作的时候，釜山是世界第三、四大港口，在集装箱的容量方面现在已是第六位了。2004 年的核心话题就是如何推动韩国转型，从高增长的港务区走向合理增长的物流区。青岛港和青岛本身也面临着类似的挑战，基于我十年前的经验和经历，我想着重探讨一下四个领域。

一是青岛港和青岛市的转型需要重新对自身进行定位。我要强调的是，港口不仅仅只是一个港口或者物流区，青岛现在要跨入新阶段，首先需要考虑与船运相关活动，譬如船运融资。韩国在十多年前推动釜山港转型的时候，广泛调研了船运金融这个话题。缺少船只的港口是无法很好发展的，而船只也是推动港口城市增长的重要资产。要使船只在港口的可用性更大，就不仅仅只是简单的处理货运、集装箱。在金融服

---

* 鱼在爀，时任韩国 CJ 物流中国区总裁兼 CJ 荣庆物流共同总裁。

务、财富管理等方面需要青岛更多地去研究，思考如何推动城市的船只融资服务。

第二个是关于货物的话题。作为一个港口城市，青岛未来的增长仍然是依赖货物的。中国 GDP 增长已减速至 6%或者不到 6%，货物的增长和以前也完全不一样了。我们如何作出相应调整，是关键的挑战。青岛港可以看看货运物流行业的总体变化。最近有很多制造工厂将生产线从中国转移到了东南亚。这是一种自然的变化，因为这样可以降低成本。这样的一种变化慢慢也会影响到青岛，所以青岛需要关注其他行业的类似变化，及早预测对青岛港的货物流的影响。韩国的釜山港在发展规划中就参考了日本港口二十年前的状况。

第三个话题，为了推动青岛港未来的增长或者青岛市的发展，我建议发展更多与海事相关的物流，如此一来，更多的货流和人流会愿意来青岛，青岛会变得更加宜居，我想这对未来的发展来说至关重要。邮轮业、休闲业、文化产业都很重要，可以推动青岛港的发展。

最后，今天的话题更多的是船运、海事、金融、贸易和创新，我想有了技术的创新增长才可持续。海事方面可选的技术很多，我们应该更多地去看一下区块链和物联网。有人说现在关键的技术创新是 ABCD，5I，A 是 AI，B 是区块链，C 是云，D 是大数据，5 就是 5G，这些技术会产生巨大的影响。目前区块链发展的状态就像是电邮或者互联网发展的早期一样。大约是 1994 年、1995 年的时候我根本不知道电邮是什么，但现在没有电邮、没有互联网，我们根本无法工作。很可能区块链这样的技术十年之后也会成为生活和工作当中必不可少的东西，尤其是国际贸易和海事，可以通过区块链技术共享非常重要的信息，而又不需要担心这些信息的安全性和验证等。

随着信息技术的发展，物流公司进出口的信息都可以通过区块链分享，这对国内仓储和物流配送会产生巨大影响。所以在众多创新中，应更多关注区块链的发展，对将来国际物流和海事发展会产生巨大影响。

青岛港和青岛要重新定位，进入到下一个发展阶段，从我个人职业的角度来看，发展战略或许需要调整。可能以前大家会说港口的吞吐量决定港口优劣，这个非常合理；但未来，港口不只处理货物，也要考虑怎么把物流都整合起来，还有财务、金融，整个企业的使命要更多关注如何提供服务的附加值，如何产生更多环保效益，或者是提供更多金融方面的服务。这种价值的创造不仅仅是货物的，更多是看经济贡献量，同时还有面向未来的新的价值。青岛港的下一步要考虑这些变化。

希望青岛港持续努力，不断打造新的定位，通过海事服务能力、海洋运输、金融、贸易和创新技术能力的提升，真正迈入新的发展阶段，成为面向未来的物流和海运枢纽中心新典范。

第五章
资本市场制度创新与突破

作为现代金融的核心，资本市场推动着中国经济的持续快速增长，但种种问题亦为市场所诟病。近几年来，从健全上市公司监管制度，到“港股通”“债券通”等先后启动，以及 A 股被纳入 MSCI 指数，资本市场制度改革与对外开放正在呈加速之势。设立科创板并试点注册制，则将市场改革推向了新的高度。完善多层次资本市场体系，推进资本市场关键制度创新，有利于市场秩序规范透明、结构不断优化、活力更加强劲。一个健康发展的资本市场必将为实体经济高质量发展注入澎湃动力。

打破二级市场退出壁垒

竺　稼*

贝恩资本是1984年在美国设立的一家全球性另类资产管理公司，业务涉及私募基金、债务基金、上市公司二级市场股票基金等，目前管理的基金规模达到1000多亿美元。我主要负责亚洲区业务，借此机会集中介绍一下亚洲市场的情况。

过去10多年间，贝恩资本在中国、日本、印度、澳大利亚、韩国和新加坡一共投资了40多家公司，超过100亿美元的股权投资。在整个投资过程中，也参与到不同国家的资本市场的运作中，贝恩资本所投资的公司在日本、澳洲、印度、韩国都有上市。但是，在中国市场的投资中，贝恩资本所投资的企业没有一家在A股直接上市融资，只有在港股和美国资本市场上市的项目。

首先，资本市场和直接投资是什么关系呢？资本市场是二级市场，和一级市场有非常紧密的互动关系。二级市场的活跃度与市场制度的健全对一级市场投资有非常大的促进作用。很多情况下，一级市场投资需要在二级市场实现退出。二级市场的作用不仅仅为给企业提供新的资本来源，也是为资金提供退出机制。

其次，中国市场至今无法实现直接投资在二级市场上市退出，贝恩资本在中国操作过两个项目，退出时采取转让给A股上市公司的方式。

---

* 竺稼，时任贝恩投资私募股权（亚洲）有限责任公司董事总经理。

中国资本市场监管仍然是一个非常复杂的过程，而且在退出问题上比世界其他市场有更多限制和约束，随着中国资本市场进一步发展、机制进一步完善，突破现有壁垒和障碍，促进二级市场更好地活跃整个资本市场，提供更大助力。

最后，中国资本市场的退出、上市公司的管理存在一个很集中的问题——即监管者关心和担忧的问题。因为监管部门担心公司治理问题，所以对上市公司大股东提出很多限制和要求。两点之间最短距离是直线，监管者为了解决问题，设立了一个绕弯治理的办法。未来，这一切需要通过上市公司治理的制度化、完整化来改变，不能只管股东，而是要管理公司。

加快完善资本市场基础制度

安青松*

本次论坛的主题是“资本市场制度创新与突破”，我想结合从业体会就“加快完善资本市场基础制度，提高金融供给体系质量和效率”话题，谈几点看法，供大家参考。

一、促进资本形成是资本市场制度创设的原生动力

我国资本市场是改革开放的重要成果，是中国特色社会主义市场经济的重要组成部分。资本市场在中国特色社会主义市场经济中的作用，在党的十四大以来的中央文件中，最初的表述与长期的定位是“提高直接融资比重”，这是从完善现代金融体系的角度提出的。在经济实践中，20 世纪 80 年代的国有企业危机和国有企业改革，是直接催生资本市场的原生动力。当时中国经济微观主体在经历“拨改贷”制度改革后，形成负债率畸高不下，资本金增加机制缺失的困境，严重阻碍生产力的发展，经济体制中迫切需要建立新的资本金形成机制，资本市场就在这样的背景下应运而生、萌芽发展。1990 年沪深证券交易所开业有其必然

* 安青松，时任中国证券业协会执行副会长。

性也有偶然性。时任上海市委书记朱镕基表示，上交所开业“标志着我国将坚定不移地继续奉行改革开放的政策”。这有打破当时西方封锁制裁，打开改革开放局面需要的偶然性。在党的十四大确立建设社会主义市场经济之前，创立之初的资本市场面临“经济实践有需要，生存发展有禁区”的困境，是踩着姓“资”姓“社”的红线，踽踽独行。因此，第一代证券人把自己的使命定立为“拓荒、铺轨”（刘鸿儒）。直到在十六届三中全会明确股份制是公有制的主要实现形式，资本市场促进资本形成的功能才有明确的政治定位。2007 年完成上市公司股权分置改革，使“股份制改革真正完成”“股票市场特征真正形成”，资本市场促进资本形成的功能，在经济实践中才得以充分有效发挥。

29 年来我国资本市场走过千山万水，已是今非昔比，我国股票、债券和期货市场规模体量已位居世界前列。在提高直接融资比重方面有所改善，但成效并不显著。数据显示，全口径直接融资规模占社会融资总额的比重，在 2007 年股权分置改革完成后由 2002 年的 4.95%上升到 11.09%，最近 10 年基本保持 15%左右，而股权融资规模基本在 5%左右徘徊。而在社会主义市场经济体系中，资本市场成为促进资本形成的最重要的制度机制。截至 2018 年底 3458 家企业通过资本市场 IPO 及各种方式股权融资累计增加资本金 13.1969 万亿元；PE/VC 基金机构（包括早期投资）本外币募资总额累计 72162 亿元，累计投资 49292 亿元，形成创新创业资本；新三板 6280 家挂牌公司累计融资 4800 亿元；全国 34 家区域股权市场 26846 家企业股权和债券融资总额累计 9826 亿元，成为中小微企业补充资本金的重要渠道。

二、提高资源配置效率是资本市场制度创新的方向

党的十八大明确“发挥市场在资源配置中的决定性作用”；党的

十九大确立我国发展的战略目标是建设现代化经济体系。建设现代化经济体系，必须坚持质量第一、效益优先，以供给侧结构性改革为主线，加快形成实体经济、科技创新、现代金融、人力资源协同发展的产业体系，着力构建市场机制有效、微观主体有活力、宏观调控有度的经济体制。其中最关键环节有两个方面，一是构建与现代化经济体系相匹配的科技创新体系，不断增强我国经济创新力和竞争力，打造现代化经济体系的战略引擎；二是构建与高质量发展相适应的现代金融体系，推动经济发展质量变革、效率变革、动力变革，促进产业结构转型升级，形成高质量发展的重要支撑。这对提高金融供给体系质量和效率提出了更高的要求，以间接融资为主的金融体系结构难以适应发展更多依靠创新、创造、创意大趋势，深化金融供给侧结构性改革，需要更好发挥资本市场的枢纽功能。

金融供给侧结构性改革的目标是，为实体经济发展提供更高质量、更有效率的金融服务。国际经验表明，在现代化经济体系中，资本市场是提高资源配置质量最有效率的途径。2015 年全球 IP（知识产权）市场份额，美国、欧洲各占 40%，同期全球技术产品和高科技产品的销售市场份额，美国占 50%，欧洲占 10%。同样的 40%，美国与欧洲在高科技领域产品的市场份额的巨大差异，产生于美国与欧洲不同的金融体系，在促进科技产业化转化效率方面，美国发达的直接金融体系，比欧洲成熟的间接金融体系，具有明显的竞争优势。最近 10 多年，美国依托资本市场高能的资源配置效率，成功推动产业结构由制造业、金融业为主，向科技创新型产业的转变。美股市值排名前十的企业，已由 10 年前的金融、能源和制造业公司主导，转变为苹果、谷歌等互联网科技公司领衔。相应地，美国标准普尔 500 指数的所有成分股中，抗周期性较强的信息技术、消费服务、医疗健康等公司数量及市值，已分别占到 50.30%和 63.81%，使指数运行与经济走势更加吻合。相比之下，A 股上市公司产业结构偏重，金融、房地产、机械制造等传统周期性行业 A 股公司接近 2500 家，合计流通市值占全部 A 股的 70%以上，尚未全面反映我国产业结构转型升级的成效，影响了我国资本市场“晴雨表”功能的发挥。当前，我国资本市场深化改革和制度创新的方向，应以落实金融供给侧结构性改革为主线，围绕提高资源配置效率的核心使命，优化融资结构、机构结构、市场结构、产品结构，为现代化经济的产业体系、市场体系、区域发展体系、绿色发展体系等提供高质量、高效率的金融服务。

三、加快完善资本市场基础制度，促进提高金融供给体系质量和效率

落实金融供给侧结构性改革，关键是发挥好资本市场提高资源配置效率的枢纽作用，重点围绕提高金融供给体系的质量和效率，加快完善资本市场基础制度。着力从 4 个方面加强制度建设。

（一）提高市场效率。针对我国多层次资本市场发展不充分、不平衡问题，应当统筹平衡好 5 个方面的关系，即直接金融与间接金融的均衡发展关系、场内市场与场外市场的协同发展关系、投资功能与融资功能的协调发展关系、中介机构能力与责任的对等匹配关系、激励创新与防范风险的适度相容关系。在大力发展交易所公众化、标准化市场的同时，推动规范发展场外市场，补齐服务中小微先进制造、科技创新企业的“短板”，全面提升多层次资本市场服务实体经济的能力和效率。

（二）提高制度效率。金融制度是经济社会发展中重要的基础设施。资本市场的市场属性极强，规范要求极高，必须以规则为基础，减少行政干预、充分发挥市场在资源配置中的决定作用。提高资本市场制度效率，应当坚持好四项原则，一是坚持三公原则，必须一以贯之，始终作为资本市场制度创设与创新的基石；二是坚持市场化原则，把分散决策理念作为制度机制设计的基本遵循，减少行政管制与干预（股权分置改革是分散决策，没有行政审批）；三是坚持一贯性原则，稳定市场预期，

不能把应急措施制度化，例如把减持新规写入《证券法》；四是坚持制度供给的有效性，增加 IPO 标准的包容性、交易制度的流动性、再融资制度的便利性、股权激励制度的适当性、并购重组制度的灵活性等，提高资本市场制度供给体系质量和效率。

（三）提高创新效率。我国资本市场是靠创新取得在不到 30 年时间就跻身世界前列的成就。当前证券业创新能力不足，是形成直接融资“短板”的重要原因之一。两组数据说明问题：一是在我国金融体系中，证券业总资产、净利润占比仅为 2.04%和 5.14%，净资产收益率仅为 3.5%，远低于境内商业银行 13%和同期美国投行 11.7%的水平，杠杆倍数 3.3 倍，与同期美国投行 10 倍、日本投行 15 倍存在显著差异。二是在上市公司结构中，98 家金融业上市公司的市值、营业收入和净利润，分别在占总数的 27%、16.15%和 51.14%，其中银行业占金融业上市公司净利润的 86%。去年协会向行业征集高质量发展建议，收集到 70 条意见，初步梳理发现，20%是有现行法律障碍，30%正在改善放宽限制，50%是法无禁止却缺乏创新环境。打造一个规范、透明、开放、有活力、有韧性的资本市场，需要坚持守正创新，适应发展更多依靠创新、创造、创意的大趋势，推动行业发展与科技运用深度融合，着力解决大市场小行业、大场内小场外、大公募小私募、大金融小证券、大管制小自律等 5 个方面结构性问题，进一步研究释放行业创新活力，激发市场主体活力。

（四）提高监管效率。资本市场是一个内涵丰富、机理复杂的生态系统。行政监管效能高是我国资本市场的体制优势，但是行政监管的“刚性”，在一定程度影响市场活力和韧性的形成。从国际经验来看，监管部门要减少干预，做到管得少管得好，关键是要形成有效的市场约束机制。美国的 SEC 通常是充当最后“裁判人”角色，而交易所、FINRA、PCAOB 等自律组织负责一线监管，保荐人、会计师、律师被赋予“看门人”职责负责专业、合规把关，加上司法诉讼机制的有力震慑，形成既能保持市场活力，又能保护市场韧性的良好生态，是铸就美国资本市场具有全球竞争力的重要一环。因此，构建行政监管、自律规范、公司治理、中介监督、司法惩戒五位一体，各司其职，各负其责的综合监管体系，形成行政监管精准、中介把关有效、司法惩戒有力、企业文化健康的监管合力；充分发挥市场主体自我约束、自律规范、相互制约的作用，形成建设规范、透明、开放、有活力、有韧性资本市场的重要基础设施。

资本市场改革创新仅靠注册制不够

李迅雷 *

在资本市场改革的大背景下，科创板实行注册制，个人认为资本市场确实迎来新的发展机遇。当然，科创板马上迎来开盘，最先上市的25家公司举世瞩目，科创板的注册制对资本市场发展究竟产生多大影响呢?

对此，还需要理性、冷静的分析和思考。首先，科创板实行注册制是资本市场29年来的重大事件，实行注册制意味着资本市场进一步与国际接轨，进一步走向开放，修复和补充过去29年来资本市场存在的种种问题，它的意义非常重大。

资本市场直接融资比重，虽然，从总量来看非常可喜；但是，从结构来看，比重还是偏低，整体停留在15%左右，尤其是股权融资比重不够大。注册制的推进本质是希望股权融资比重能够进一步上升，这是改善整个融资体系非常重要的一个举措。但是，直接融资比重到底能否提高呢？这还需是打一个问号。

过去多年来，中国资本市场发展虽然处于全球领先水平，但是，从自身融资结构来看，仍旧以银行为主导的融资结构为主。所以，仅仅依靠注册制来提高直接融资比重有点力度不够，最终还是希望加大资本市场改革力度，进一步推进完善信息披露制度，严格上市公司退出制度，

* 李迅雷，时任中泰证券首席经济学家兼研究所所长。

让资本市场显现活力，做到优胜劣汰，否则，产生种种拖累，出现僵尸企业越来越多的不利现象。

因此，需要严格执行退出制度，提高公司治理水平，维护投资者权益，保护投资者利益。上述关键就在于能否执行好，必须严格执行。另外，回顾一下美国、欧盟、日本的投资银行，这些国家的资本市场都实行注册制，对应的投资银行规模也非常巨大，美国前五大投行在全球的影响力非常明显。反观我国投资银行规模还不够大，与我国目前经济发展体量并不太适应。

为什么我国投资银行规模不够大呢？它与间接融资主导的体系相关，还与政府信用背书的间接融资特征相关。面对这种情况，能不能给予投资银行更多权利呢？例如，投资银行客户保证金以前留存在券商手中，为防范资本市场风险，后来，将保证金交予银行保存，这就是所谓的第三方存管。在2005年之前起到有效防范风险的作用，但是，随着风险管控能力加大，现在是不是还需要第三方存管呢？能否全部留券商手中，以发展资本市场中介业务呢？因为，投资银行在资本市场中介业务创造的收入较大，加之间接融资业务的原因，这些都不利益于发展。

资本市场变革与创新的目标之一就是提高直接融资比重，与注册制不相适应的制度、产品，能否相应退出呢？例如融资融券，融券本身规模比较小，做空产品操作可否加大，如果成功，对防范风险、丰富市场金融产品、市场估值水平更加合理，都会有帮助。

所以，仅仅依靠注册制还不够，资本市场还需要研究国际投资银行的一些做法。现在，我国金融开放力度明显加大，更多外资机构进入，可以借鉴国外做法，只有各方面的游戏规则与国际接轨，资本市场还是能够做大做强。

财富管理的挑战与创新

Toshiyasu Iiyama（饭山俊康）*

1982 年，野村控股在北京开办了办事处，主要经营跨境业务。随着中国金融市场的改革开放，两年前我们觉得进入中国资本市场的时机到了，于是申请了经营执照，正在全速推进在北京开设 GB 的工作，我们可能会是第一个专注于财富管理业务的外资金融机构之一。我希望分享一些我们遇到的挑战、正在进行的创新，以及一些监管制度方面的突破。

零售投资正在从这种单一的产品提供变成全方位的服务，二十年前美国发生了这样的变化，现在正在全球出现，未来中国也会出现这种变化。

我有几个观点跟大家分享。第一，经济走入低增速区间，金融市场充满不确定性，全球经济更加难以预测，哪怕是专业金融人士也很难持续正确预测金融走势。第二，社会进入老龄化阶段，客户更加关心如何减少自己剩余寿命中财产的不确定性。未来中国也会面临严重的老龄化问题，客户可能不太愿意关注短期投资回报，更多关注长期。第三，监管方面的改变，金融产品未来销售走向一站式服务，券商也可以分销新产品，金融中介机构核心实力在于重视对零售投资人权益的保护，在于

---

* Toshiyasu Iiyama（饭山俊康），时任野村控股中国委员会主席、野村证券执行副社长。

向客户清晰解释和分析对某项产品的投资。未来基金产品种类会更多，所以在选择和推荐中要特别小心谨慎，要进行精准推荐，帮助客户妥善进行资本和资产分配。未来的费率结构也会发生变化，整个财富管理模式要通过新技术的应用来降低成本，而且对销售和营销也有更加严格的监管。

除此之外，基于费用的资产管理，也会成为重要的来源，这种来源会更加稳定。在中国，券商的利润率在不断下降，佣金的服务模式会变成赚取服务费的模式。在美国，财富管理基金中基于服务费的模式的比例在不断增加，在摩根士丹利占到了45%收入的来源。在日本，这种服务正处于早期，我们认为这是全球金融管理的未来方向。野村控股是日本账户管理的第一大供应商，总资产管理规模达到了市场30%的规模。

中国的跨境投资还处于早期阶段，未来可期，我们愿意充分挖掘资本市场的商机，支持证券业的发展，提供高品质的服务。

与中国金融界开展更多合作

Robert Barnes [*]

交易所在金融市场发挥很重要的作用，它把风险资本转化为运营资本。三百多年来，伦敦交易所遵循的规则就是要进行良好的管理，而且信守诺言，我们的这些原则包括创新、诚实、合作伙伴关系和卓越。我们言出必行，要成为国际合作伙伴的首选，我们所要做的就是通过提升透明度来鼓励更多企业在这里进行上市，我们和投资者、股票发行商共同追求创新。

我们处于繁荣发展的时代，中国的资本市场正在开放，全球的投资者在世界范围内的需求日益上升，这是非常好的时代。我们的经验是，这些金融市场连接在一起会出现繁荣的发展，必须要有正确的机制和体制来确保人们能够在一个成熟的监管框架之下广泛地利用各种金融工具。我们非常赞赏青岛所作的努力，青岛广泛吸引外国投资者加入到财富管理综合示范区过程中，我们也要努力支持中国成熟的金融界。中国的银行继续在伦敦发展，过去五年有五家中国银行也在伦敦建立了分行，包括中信银行、交通银行、建设银行等也推动了中国和伦敦跨境网络的发展。今年3月，“一带一路”倡议有限公司在伦敦上市，他们也收购了伦敦的教育和职教机构，来改善教育在“一带一路”国家中的运

---

* Robert Barnes，时任伦敦证券交易所集团一级市场环球总监、泛欧股票交易（绿宝石）平台首席执行官。

营。我们发现了越来越多“一带一路”成功实施的例证。

6月11日，我们很荣幸看到，华泰证券在上海伦敦交易所发行了17亿美元，这是今年中国公司在国际交易所的最大发行量。二级市场的交易也让我们深受鼓舞，在伦敦上市的亚洲证券公司，华泰证券一直是遥遥领先的。去年，伦敦清算所帮助全球公司来进行风险管理，管理了1.1万亿美元的全球利率风险资产，我们看到中国银行英国有限公司也加入了这样的举措当中，也看到中国股市的知名度越来越高，罗素指数也把中国的A股纳入到指数当中，把它放在富时罗素指数体系中的次级新兴市场指数中，占比权重达到5.5%。人民币交易是有很大潜力的，伦敦感到特别荣幸能和各个融资者推动人民币在中国海外的交易，筹集了350亿元。我们看到，中国发展具有很高的可持续性和稳定性，现在伦敦交易所有11种货币，有105种率债，中国金融机构在其中非常活跃，去年6月，工行发行了18亿美元，在国际交易所的证券市场上，价格是非常好的。

当前是一个充满了商机的时代，是非常棒的时代。人口进入老龄化对我们来说是利好，我们需要更好的金融产品。伦敦交易所现在做好了准备，愿意提供服务，无论是找到交易合作伙伴，还是要在海外上市，我们都会是你们最好的合作伙伴。

对 话

宋斌*：我所在的云月控股是一家全球知名的 PE 公司，比较专注消费行业，用全球资金投资中国。借此机会请教竺稼先生，在 PE/VC 加大对中国投融资力度的背景下，资本市场应该提供什么样的政策呢？

竺稼：资本市场具有多层次性，包括一级市场和二级市场。一级市场是非公开市场，过去多年，PE/VC 在中国资本市场形成过程中发挥了巨大作用，尤其是新企业成长过程中的作用巨大。PE/VC 为什么愿意做此事呢？原因有三个方面，首先与二级市场不同，一级市场投资时，对所投企业要进行尽职调查，通过了解企业，最终参与管理和运营。很多 BC 公司，在投资早期创业企业时，往往拥有董事会席位，在创业组建当中发挥更大作用。PE 公司参与后期时，往往在企业中占控股地位。只有对企业了解更多，对企业参与度更多，才能对风险判断能力更强，对风险承受能力也更强。

其次，PE/VC 本身也能起到相当大的中介作用，每一个 PE 基金、VC 基金后面有大量投资人，往往以机构投资人为主，也有一些高净值投资人。在财富管理层面，PE/VC 也是中间非常重要的参与方。

最后，PE/VC 一般投资经验丰富，具有长期耐心。每一个项目都有生命周期，有的常常具有 10 年以上的生命周期，所以，PE/VC 整个投资进入和退出时间段比较长，需要极强的耐心，这与参与二级市场的投资者不同，所以，PE/VC 对所投资行业的理解、经营管理的掌控上具有一定优势。以贝恩资本为例，在中国所投资的大部分项目为控股项目，需要有能力为所投资的企业引进新的管理理念和管理人才，这样一来，可以进一步提高投资参与过程中的参与度。未来，PE/VC 在中国

* 宋斌，时任云月控股执行合伙人，中国 / 北京股权投资基金协会执行副会长。

进一步发展就是推动当地经济发展的巨大动力，也会给中国企业带来更大的活力。

宋斌：我非常赞同，从投资角度来讲，我们遵从言之有理，行之有道。中国在对外开放中一直抱有极大的诚意和善意实行政策，过去，在华外资机构享受过超国民待遇，在金融领域将会比较大放开金融服务业，金融服务领域也会比较审慎适当地开放金融投资领域，鼓励 PE/VC 发展。另一方面，我们也有众多的中国机构，如何能使得对外开放和对内开放同步促进行业发展，中国本土化投资机构、投资银行等也能很好发展，这将是一个面临的大课题。近期，证监会发布新的管理条例，通过新管理条例实行，以及配套政策制定，如何能够减负、松绑、放水、养鱼，促进中国投资机构、投资银行和外资一样好的发展呢？这个问题安会长最有发言权了。

安青松：从今年年初博鳌亚洲论坛，到最近召开的达沃斯论坛，国家领导人发出了进一步扩大金融业开放的强烈信号。上个月，在陆家嘴论坛上易会满主席明确提出资本市场扩大开放的九条措施，得到国际国内市场投资者广泛支持和积极响应。

扩大金融高水平双向开放是打造全面开放新格局的重要政策目标。当然扩大开放的最终目的是为了促进深化改革，开放本身就是深化改革的重要内容。上周末，证监会发布有关券商管理办法，提出将券商分为综合类和专业类经营，是鼓励专业化经营、差异化发展，这是国际上行之有效的实践经验。证券业深化改革、扩大开放的方向，是参与国际竞争，也必须与国际惯例接轨。当前我国投资银行创新能力不足，是我国金融体现的短板，也是影响证券业国际竞争力的重要原因之一。前面提到证券业协会调研中，收集到行业的发展建议一共 70 条，多数不是法律禁止，而是缺乏创新环境。

所以，建设有国际竞争力的一流投资银行还有很长的路要走。注册制为增强投资银行业务能力提供一个重要的机遇。在科创板试点注册制改革中、在资本市场全面深化改革中，具有牵一发而动全身的作用。注册制顺利实施的目标和基础，需要提高四个效率——市场效率、制度效率、创新效率、监管效率，构建良好的市场生态、中介生态是重要前提。

真正落实以信息披露为核心的注册制是加强资本市场基础制度的关键。谁来选择企业？是行政机关还是市场，是由PE/VC最早筛选，还是由监管部门的审核人员选择，这是注册制监管理念的重大变化。只有形成有效的市场选择机制、市场定价机制和市场约束机制，行政监管就有条件退居仲裁人角色，即厘清政府和市场的关系，这是打造一个有活力有韧性的资本市场的基础。

宋斌：您讲的话，让我们放心了。协会以宽容、支持、帮助的态度帮助我们解决困难，是我们需要的服务。饭山俊康先生，中国一直在改革开放，在资本市场和金融领域中，开放之门越开越大，越走越快，中国企业也需要走出去，中国金融机构要在日本发展，日本在态度、政策以及各方面有什么安排呢？

饭山俊康：今天中国大型的银行都已经进入日本，在日本存在感越来越强。我个人理解，目前他们的业务更多关注中国企业在日本经营，我觉得可以考虑真正的融入日本商界去展业。最近中国银行被指定为日本人民币结算银行，而且日本还有一个大型银行也被指定为人民币结算银行，这些变化都在出现。未来必须真正做业务，要有真正的业务需求。在日本的中国银行的客户群体要进一步扩展，要与日本客户多交易，拓展业务范围。

另外讲一下金融机构全球化的问题。之前我们也提到了日本的经验，日本在80年代末出现了金融行业大爆炸，日本当时经济比较困难，经历了失去的十年，于是日本政府完全开放金融市场。外资银行大量进入，我们这样的银行碰到了很大的困难，但后来我们在他们身上学到了很多东西，我们知道全球市场发生了什么。日本的银行在不断成长，十年后，我们收购了雷曼兄弟，但最后的受益者是日本的投资者和客户。中国政府进一步改革开放的政策我觉得非常有价值，会帮助中国这些企业走出国门。

竺稼：资本市场国际化有两方面含义，一方面指中国企业能够进入国际市场融资，然后，中国证券机构能够参与资本市场运作；另一方面则是中国资本市场本身，如何让更多国际机构、国际企业参与。现在比较多的是外国机构到中国投资，而中国机构投资海外，资本市场上并不多见。

过去几年，越来越多的国际资本进入中国市场融资，中国资本存量已经很大。为什么美国投行能做大？因为美国本身资本量巨大，所以，很多国际公司进入美国融资，这为美国投行、美国证券公司提供赴各国家发展业务的机会。中国资本量现在已经非常大，今后将有更多国际企业进入中国融资，必然为中国证券机构走向国际化提供好的机遇。

宋斌：顺着这个问题，我问一下 Robert Barnes，您觉得从现在的趋势来讲，中国与欧洲、美国、东南亚等，资本市场的互相交流和合作，会萎缩，还是会越来越紧密？

Robert Barnes：私营部门的关系在未来会更紧密。我觉得 PE 和公开上市企业之间也是千丝万缕的联系，很多企业都可以参与进我们这个平台来。“一带一路”是中国的馈赠，可以把中国和世界联系起来。我们将继续保持和中国的监管机构的积极关系，感谢中国的政策架构让“沪伦通”可以运行起来。很多跨国企业也可以去伦敦这一全球金融中心上市，提高知名度，也更好地把握全球供应链。

宋斌：迅雷总是一个善于独立思考的经济学家，关于资本市场创新与突破，您认为创新与突破的方向收紧还是放开呢？包括机构监管、市场监管、产品监管，放开还是收紧呢？

李迅雷：个人判断是总体放开，现在之所以收紧有些方面的原因是风险存在。国家经济面临三大攻坚战，第一大攻坚战是防范经济风险，这说明什么呢？经过几年高速增长后，市场整体杠杆水平有所提高，在杠杆水平提高的情况下，如果一个地方发生经济风险可能会影响到经济全局。

不久前，国内许多 P2P 跑路、股权积压问题出现，这些问题产生与大的经济环境相关。过去，经济领域中出现坏账都是通过经济增长化解。随着经济增速下行，化解难度提高。治国理政总基调要稳中求进，所以，近年来加大供给侧结构性改革，通过去杠杆降低整体风险。但是，去杠杆实际是缩小整体债务率水平，另一种方式是把资产规模做大。过去主要解决分子问题，今后如何做大分母，做大估值水平资产规模，估值水平提高，也可以防范风险。

今年年初，习近平总书记在政治局第十六次集体学习会议上的讲话，提到金融活，经济活，两者共生共融，这比较准确地表达了不能一味提倡经济脱虚向实，虚和实之间需要相互支持、相互助力。尤其近两年来，金融对外开放步伐明显加快，更多外资进入，这是做大分母的重要举措。另一方面，“收”也会大有作为，现在“放”也是为了做大，有“收”有“放”，总基调是“放”，因为，相对于间接融资而言，直接融资所产生的风险更加可控，更加分散。间接融资到现在为止，刚兑没有被完全打破。但是，直接融资体系中，本身需要刚兑的方面较少。股市上，投资者亏损就是亏损，不会对此问题有太多质疑，这方面其实应该做大。

现在，监管部门的意识也有所改变，过去监管更多出于保护投资者利益，保护投资者利益有两种方式，一种是父爱式的保护；另外一种是让投资者自己承担风险，接受亏损。后者对投资者教育作用更大。通过市场放松，将监管部门监管后置，让市场监管前置，一方面可以减轻监管层压力；另一方面让市场机制监管，使监管更有效率。

目前看大的方向还是利用市场机制，推进市场化进程，加大开放力度，来防范风险，不仅仅以管控方式防范风险。这就是现在与过去在监管政策上的区别所在。

安青松：在这次中央政治局集体学习中，首次提出金融供给侧结构性改革这一重大课题，对完善市场经济体系，对健全现代金融体系，对推动经济从高速增长转向高质量发展具有战略意义。推动经济向高质量发展转变，必须提高金融供给体系的质量和效率，推动优化融资结构、机构结构、市场结构、产品结构，这是金融供给侧结构性改革的目标，也是未来一段时间金融体制改革的方向。

宋斌：我们对未来应该充满更多的信心。我们对前面出现的金融乱象，一定要找准病根，用对药。比如说 P2P 问题，那是犯罪问题，不是行业监管问题。再比如说地方债的问题，是利益问题，不是资本市场的问题，要根据不同的问题用对药。中国市场今天应该是强力注入活力的时候。搞活金融供给侧结构性改革，是当前的迫切之需。这件事情要做得快，监管部门包括地方政府已经开始有所动作。举个例子，在这两个月，一些有改革创新进取意识的城市，在基金管理机构注册方面尝试打开门。这个事情在业内的意见很大，但是今天谁早放开，谁早得益，这个事情是一个很好的开始，我们也为未来共同祝愿。

第六章
风险投资赋能创新生态

当前，国际经济贸易格局正在发生着深刻变化，创业风险投资在全球加速流动，意味着世界创新引领中心在全球多元化重新布局和高端人才的重新分布。如何抓住机遇，以优惠的政策向全世界吸引创业风险投资，构建并完善产业转型升级与创投风投对接的机制，为科技创新插上金融的翅膀，促进高端人才聚集和创新要素自由流动，对青岛市打造科技引领城和全球创业风险投资中心、提升城市竞争力具有重要意义。

吸引创投机构要政策落地搭好平台

江鹏程 *

华软资本是一家纯民营的投资机构，以科技创投、并购投资和资产管理为主业，聚焦国家战略新兴产业，以新一代信息技术、高端装备制造和节能环保等领域为主要投资方向，2008 年华软资本成立之初发行的第一只基金，就得到了地方政府引导基金的支持，该基金成立以后投了五个项目，其中两个项目在国内 IPO，两个项目被上市公司收购，最后一个项目上了新三板，整体回报还算不错，这也为公司以后的发展奠定了良好的基础。我们现在管理规模超过 200 亿元，在业务模式上构筑了独具特色的“三位一体”综合性科技金融业务体系，以“成长债”为入口，助推“股权投资”和“并购投资”，横跨了企业的全生命周期。

关于青岛如何吸引创投机构，为青岛的新经济发展服务，针对这个问题各地方政府都争先出台了一些鼓励政策。从青岛颁布的十条政策来看，是很有竞争力和吸引力的。所以我的建议之一是要注重现有政策的落地，因为我们和很多地方政府都有合作，对于创投机构来说，政策的落地非常重要。其次，功夫还在合作之后的互动，怎么样把募集来的资金，真正支持到新经济的企业里，很多时候是需要创投机构和被投企业不断互动，在这个过程中，地方政府有很多资源，可以作为创投机构和项目方的纽带，组织双方开展各类活动。

---

* 江鹏程，时任华软资本总裁。

除了政策的落地，补充一点，华软资本成立十年以来一直都非常注意自己边界的问题，哪些是在我们能力范围内的，哪些是能力范围以外的。比如我们提到的，华软资本一直是以新一代信息技术为主要的投资方向，这个行业最厉害的人在哪里、最顶尖的技术在哪里我们都知道，如果企业出了问题，我们可以很快找到相关的人才，甚至说找到市场，找到订单。再例如一些消费类的 ToC 的业务，发现自己没有这样的专业能力，就需要跟战略合作方或者同行进行合作。所以认清自己的专业边界，同时和相关合作方一起来做，是行业内非常重要的一条规则。

2018 年美国的 VC/PE 市场募集金额是 2200 亿美元，中国是 1.3 万亿人民币，两边的规模已经很接近了。但从另一个角度会发现两者差异还是很大的，因为美国 85%到 90%是并购基金，而真正的做 VC 和城镇的基金只占 10%—15%的份额，这个比例和欧洲是一样的，而在我们国家 65%是成长类的基金，25%是 VC 类的基金，两者加在一起可以得出 VC/PE 在整个基金行业中的占比高达 90%，并购基金的占比非常低。这也正是华软资本早在四年前就在并购领域加大了投入的主要原因，我们在并购投资业务上与上市公司的合作为主，寻找“旧经济”形态为主业的上市公司或行业龙头企业，协助企业进行横向、纵向或整体性产业并购投资，为企业提供符合其战略发展需要的定制化并购投资服务，帮助企业改善基本面向“新经济”主业转型发展，在此过程中成为其第二大股东，华软科技是我们一个比较典型的案例。在这里我们更需深耕细作，在专业的基础上需要更多的并购类的交易，未来的方式，是否跟美国最终的趋势走到同一个方向上，要做一个提前的布局。

围绕产业链做有价值的并购重组

刘朝晨 *

谈到“风险投资赋能创新生态”这个主题，我觉得青岛的动作非常快。我们信中利也有幸于一个多月前在以色列与青岛政府代表、以色列战略合作伙伴共同见证了中以科技产业基金备忘录的签约。回国后，我们共同推进、加紧落实，将以色列的创新性科技，尤其是在信息科技、医疗健康、新材料、水处理、现代农业海洋科技等领域的代表性创新技术和企业引进青岛落地，通过投资这个“抓手”助力青岛乃至山东的新旧动能转换、科技创新和产业升级。

与以往的基金不同，我们的创新是与以色列顶级机构联合，开展深度合作，充分发挥双方优势，从而更好地把先进科技在第一时间引进国内。引进来的核心目的是落地。在落地过程中，和本地乃至全国的细分领域领先企业开展从资本到产业的深度合作、多维互动。首先，投资最重要的是管理风险，在可预测的环境下获得更高的回报率。其次，提供更好的增值服务。现在的增值服务更多是来自对特定市场里面资源的快速整合和切入，所以本地的战略性合作伙伴也是成功因素中的重中之重。此外，谈到投资的退出，与战略合作伙伴的合作也要为退出做好准备。

青岛要打造基于北方的国际性创投和金融中心，既然谈到国际化，

---

* 刘朝晨，时任信中利资本集团高级合伙人、董事总经理。

与国际对接的就不只是资本了，还需要跟国际人才、跟国际优质项目和产业标杆龙头进行对接。在这方面，信中利虽然是在国内挂牌的投资公司，但我们的团队在本土化机构里国际化背景还是非常强的。我们北美也有 VC 的基金，我本人除了负责国内在 TMT、文娱、高端制造的投资，也负责跨境投资。在跨境投资过程中，一个非常重要的因素就是合作伙伴关系的构架，因为跨境首先有地理的挑战，但更重要的是外国文化、法律和商业的差异。在这样的过程中，任何一个团队都不可能做到全能，最好的方法是借助伙伴的能力，把大家的资源进行整合，进行划分，共同对抗风险，同时通过整合产生增值效应。

我们有比较典型的经验案例。六年前，有一个来自英国的高端汽车品牌项目，就是大家经常看电影 007 中邦德的座驾——阿斯顿·马丁。去竞标这个项目的时候，我们面临着四家主机厂，包括奔驰、印度的塔塔集团、沃尔沃国际、日本尼桑，还有几个大型 PE 机构，包括中国本土的弘毅资本、复兴集团和一些国际机构等的竞争。

我们最终能够成为他们的合作伙伴，其原因是因为我们构架了两个核心要素。

第一，我们是与欧洲一家领先的 PE 投资机构联合形成投资共同体。对于这种跨境的项目，很重要的问题是对亚洲、欧洲和美洲需要一个广泛覆盖且整合的管理能力，那时的马丁在第一百年的时候面临着第六次破产，他们的核心需求就是整合和企业再造能力。

第二，我们与原来的股东之间构建的也是合作伙伴关系，而不是所谓的“在你最低迷的时候只是给一笔钱，用很低的价格把你扫地出门”。为什么要这么做？因为阿斯顿·马丁这个品牌有很大的延伸空间，可以由车衍生到高端生活方式的多方面，并且可以通过科技融合进行新产品定位。应该既洞察企业的问题，又要有适合的解决方案，而不是只靠简单的金钱购买来解决。

我们这个联合体用了近一年的时间调整全球高管团队，除了首席设计官外几乎都换了，那是非常艰辛的过程。在全球选 CEO，之后再选其他核心人员，我们的欧洲合作伙伴在这方面起了非常大的作用。而我们则对覆盖中国市场的人员管理、资源渠道整合、新能源方面的进入和战略等，发挥了我们力所能及的优势。

谈青岛，谈如何吸引全国乃至全球风投机构来青岛大展拳脚，这是个非常好的时间点。但最重要的一点是，不能只是引进，而是要在系统性引进的过程中，让引进的各种机构形成好的生态。这些机构可能是证券性投资机构、母基金、VC 和 PE 股权类投资机构或者是产业资本。它们进来以后，让它们产生最好的产融互动，因为每家都有很好的资源，同时也都能带来很好的项目。在此基础上，再不断通过外延性资源对接，撬动更多发展机遇。全国各地都在推出类似的政策，或者想方设法出台各种独特的人才、财税、技术研发、产业落地等方面的优惠政策。但我想，我们更看中的是生态。

我们从第一届中国财富论坛就一直参加。说到财富管理，很多人会觉得与高净值个人和家庭有关，但其实财富管理不仅仅是如此。这其中最核心的一点是中国非常缺乏长期资本，无论是做 VC、PE 和产业整合性投资，在任何投资的过程中，无论你投什么行业，都很难对抗大环境的变动和经济波动的风险。比如近一两年的快速去杠杆，以及全球贸易纷争、逆全球化等，这些变化带来的挑战，每个企业、每个人都很难规避。近期，一些优质民营企业也出现了现金流的问题，受到了巨大影响。受到重大影响的企业，往往需要时间去对抗、去重整。

过去 10 年，是人民币风险投资、股权投资的快速发展期，但现在更要注重优化质量，因为曾经很多是短期性基金，尤其是前几年曾经大热过的新三板投资，很多基金甚至只是两年，不难想象其面临的难以退出的后果。在美国，任何一支基金都是十年期开始的，还有更长的，因为它们的投资人里面有很多机构投资人。青岛的财富管理中心，可以在长期的资本构架层面勇于创新，而这些创新，将会由青岛辐射全国，其带动的投资机构将会更多。

吸引风投要从资金人才市场机制三方面发力

王纳新*

高捷资本 2011 年创立，是一个比较年轻的团队，由在国内或美国从事多年科技创新的企业家和投资人组成。目前，有三位合伙人，有多年的中美两地的投资经验，也有高科技企业深入的创业及行业经验，投资主要聚焦在信息产业领域中的早期和成长性企业，所涉及投资领域主要是软硬件平台，包括半导体、IT 设计（从计算到存储、连接、传感）。另外，最近一期的智慧科技基金也关注人工智能底层基础设施和基于数据实现智能化的智慧平台，以及 AI 赋能的行业应用，主要是智能制造、智慧农业等方面。新一期智慧科技基金聚焦于国内早期及早期成长企业，经过两年多运营，已经投资 20 余家高科技企业。

今年 3 月开始，青岛市政府登门拜访高捷资本所投资的 2 家企业，想引进青岛。青岛市包括崂山区在招商引资中，主动找到高捷资本所投资的企业，可谓机遇巧合。最近几个月来，高捷资本逐渐与青岛当地金融机构和孵化器展开合作。例如，高捷资本投资了一家由新加坡归来从事 IC 服务行业的国际知名企业，青岛市政府包括崂山区政府都去当地拜访过，希望将该公司在中国北方的合作和服务基地引进落户到青岛微电子创新中心，同时，在海洋新材料方面进行一些探索。

---

* 王纳新，时任高捷资本管理合伙人。

对于风险投资，可从资金、人才、市场机制三个方面探讨一下。在资金方面，机构投资人来自 LP 的压力一般很大。早期投资基金多为 10 年期，很多 LP 并不理解，因为在中国 2—4 年很快就过去了，但是，面对科技创新企业，特别是处于早期的科创企业，没有 8—10 年很难发展成熟。就算中国国内 A 股上市企业，追溯一下发展历程也都为 8—10 年左右。所以，青岛这一年变化很大，洪泰已经中标该市市级创业引导基金，未来在资金方面，青岛市能有所突破，找到一个全新模式，特别是更大力度支持专注于中早期投资的 VC 基金。

在人才方面，青岛经过 30 多年发展，对山东籍或者山东高科技大学毕业生有很强的吸引力，但是，一个创业创新基地发展，不能光依靠本地区域性人才，应该吸引全球人才，在人才政策上加大力度的同时，还要相应的产业配套。

早期投资对于投资者和创业者来说，市场机制是最重要、最关键的，还有产业链的布局。青岛作为北方工业和经济重镇，除直辖市外，青岛是最好的地方，要依据本身产业特点布局。例如，海尔海信在家电电子，中车集团在高端制造、交通控制、传感和连接方面，还有歌尔声学在整个消费类电子领域已成为北方龙头，高捷资本所投资的芯片公司就已经与其有多种合作。

结合产业背景，希望青岛包括当地政府还有龙头企业，给予创新公司多一些机会，在投资引进之后，要在市场和产品有所互动。在产品落地上，围绕本地产业特点和整个产业链，大型国企还有政府对创新企业要多多扶植和帮助。

资本是产业汇聚和创新发展的重要力量

季　薇*

我之前做过管理咨询，也做过对冲基金，但最近十年一直在风险投资领域。华映成立以来，正好是中国创新创业浪潮和创投行业蓬勃发展的十年。不知不觉十年就过去了，虽有周期起伏，我乐在其中，也见证和参与了很多变化。

简单介绍一下华映的情况，我们 2008 年在新加坡设立，早先是美元基金，2010 年又设立人民币基金，最初目标就是做专业型的基金。我们刚刚设立的时候，还很少有专业型的早期人民币基金，大部分资本都聚焦在成长期、IPO 前后阶段。

华映的另一位创始管理合伙人熊向东是 IDG 的早期员工，在风险投资领域有 25 年经验。我们两个人本身主要聚焦在 TMT 领域，但这是个比较大的概念。最终，我们还是认为当时的价值洼地来自互联网通路完善状态下的内容相关领域，比如内容生成、内容传播、聚合平台、内容营销等，所以我们当时设立了文化基金。这是我们的一个标签，移动互联网的来临，使我们在很好的时机切入和布局了这个行业，享受行业发展红利期。

到现在为止，我们在内容相关领域投资了 60—70 家公司，在所有内容领域里都有所布局，从图文、动漫、直播、长短视频到演艺、音乐

---

* 季薇，时任华映资本创始管理合伙人。

等，甚至在一些领域里布局全产业链，控股核心企业去做整合。最近优酷热播的《长安十二时辰》，去年春节档的票房冠军《红海行动》，再早些《鬼吹灯·九层妖塔》等，都是我们所投资企业参与出品的。

经济的发展和物质生活的丰富，促使大家对精神生活的追求越来越高，文化领域发展呈现弱周期，且长期以来势头良好。但同时我们也看到，现在这个行业其实非常难投。文化领域从 2011—2016 年快速成长，创业机会众多，投融资活跃，因为移动互联网的普及，对内容传播起到了巨大作用。这段时期，是文化产业增量发展的时期，是创业投资的好机会。

这两年来，文化领域成为一个巨大的项目存量市场，监管非常严格，巨头在所有入口上都有所布局，竞争激烈，流量见顶——这非常考验一只基金的能力，除了抓新项目的本事以外，基于这个存量市场，你的能力圈在哪里？你有多少资源、人才、核心企业，有多少本事能做好整合，能够赚到后面闭环的钱。

当然，在我们眼中文化不单单是娱乐产业，内容同时也是重要的流量入口，尤其是在社交媒体的助力下。华映原有内容流量的布局使我们可以触达 3—4 亿人群。在信息爆炸的状态下，通过内容对产品和服务进行个性化推荐，对消费行为的影响力变得更大，比如大家在内容和社交平台种草后，到电商平台拔草。内容的变现能力增强，到消费的转化链条更加直接。

所以华映注重文化跟消费的结合，不仅关注流量的结构性变化，也成立了消费品牌基金，重点关注消费升级下的新品牌机会。而在 To B 赛道，华映早些年从流量运营和数字营销的布局出发，到跨行业通用型基础服务的卡位，到现在我们重点投资技术驱动和产业升级的机会，包括围绕数据和物联网的投资布局，以及大消费企业服务和 IT 升级服务。

总结下来华映的投资特点，一是专注，定义自己的能力圈，深耕赛道；二是在重点行业进行布局式投资，甚至会跟战略合作方共同孵化或者控股核心企业，这是我们区别于财务投资的打法。从产业落地的角度，我们在一些城市会布局垂直产业链，比如我们投资了大量数字阅读上下游企业，因此在杭州设立产业园，因为杭州是中国移动的数字阅读基地。把相关企业聚集起来，充分进行产业落地。

我个人对青岛的理解远远不如刚才几位，坦率地讲，我们大部分投资都在北京、深圳、江浙沪，但我们跟青岛的行业龙头上市公司曾进行过共同投资，包括青岛啤酒、城市传媒等。我特别认同一点，在产业引导中要重视将资本力量作为主要推动力。

我是苏州人，用青岛跟苏州做一个类比。苏州是一个经济发达的地方，特别是制造业 500 强企业。十余年来苏州成立市场化母基金，用资本的力量去推动产业结构转型和产业落地过程中看好方向的发展，所以最近几年在医疗健康、新材料等领域已经很有集聚效应，并且这些领域在当地战略转型过程中占有重要地位。用资本的力量作为纽带去汇聚产业，用市场化的手段让资源得到有效配置，支持中国早期创新创业这一最有活力的领域，这样一种做法非常值得肯定。

行业发展到现在，风险投资从原来小众的行业变得广为人知，从业人数和机构众多，跟中国经济的发展息息相关，这是社会的进步，也是经济发展的必然趋势。当然，整个创投行业近一两年确实处在压力较大的时期。在过去中国的风险投资规模居全球第二，2018 年的前两个季度，中国的创投融资金额已与美国并驾齐驱。但反观今年年初的数据，募集基金数量不及去年的一半，整个行业也因国际局势、宏观经济、政策变化等原因承受了很大压力。

越是这个时候，越要找到自身发展过程中不变的东西，找到自己的坚持支点。比如刚才聊到的价值投资，虽然项目投资后总有退出期限，但在项目从确定投资到退出前的过程中，投资人应该为被投企业提供价值，思考如何赋能，关注企业的核心价值点，帮助企业发展，而不单单是资金的搬运工。作为每家机构来说，肯定也有自己擅长的绝活。

我们虽然是财务投资人，但除了赋能被投企业、主动进行整合之外，也会和已上市的被投企业共同发起产业基金，围绕它的领域做深耕，这也是拓宽能力边界、深耕垂直领域的努力。

就拿我们关注的领域来看，过去二十年间互联网、移动互联网带来的信息技术革命正在大规模向产业端渗透，青岛制造业领域、科技领域、企业服务领域的细分行业，比如在海洋相关的、有非常好基础的领域，利用创新和资本的力量，再加上信息技术的赋能，接下来可能会是一个腾飞的好时机。

这也是为什么我非常希望来《财经》在青岛举办的“中国财富论坛”会上跟大家交流，近距离观察、直接感受一下这个市场。我昨天就来了，特意去大街小巷走了走感受一下，青岛非常有活力，年轻人很多，在消费赛道上应该有很多潜力。如果有机会的话，我还希望更深入地了解地方在产业方向上的垂直布局，以便于我们投资的一些技术相关企业能更好地跟当地产业结合起来。

国际金融中心应有文创环境

John Joseph *

百老汇战略回报基金成立于美国，主要专注于百老汇和西区的戏剧，以及相关投资。相关投资包括卡司官方录音、巡回演出。成功的戏剧或者成功的艺术家会到处巡演，最有意思的是，这样的演出会为城市带来人们往往无法注意到的经济效益。

举例来说，去年，纽约百老汇的票务盈利是 12.8 亿美元，除此之外也给城市带来 126 亿美元的回报，创造了 8.7 万个就业机会。所以，艺术产业如果得到好的运营，不但可以创造收益，还可以对社会产生极大的经济回馈。所有的国际金融中心都有世界级的文创娱乐环境，我认为这不是巧合。因为这样才能吸引最优质的人才，这样的人才结构可能会更富裕、有海外留学经历、教育水平非常高。大家如果看过百老汇的现场戏剧表演或者音乐剧，会感到，直接与我们的演员面对面的接触和交流、看到他们的表情，与成百上千人坐在观众席中一起体会这种氛围，是非常具有冲击力的体验。所以，现场的表演环境应当是任何一个国际金融中心的要素，特别是对想成为国际金融中心的青岛来说。百老汇战略回报基金的投资主要专注戏剧和演出的制作，我们拥有不少戏剧 IP，包括相关衍生产品，希望能够将一些在纽约或西区大获成功的优秀文娱作品带到中国、带到青岛。

---

* John Joseph，时任百老汇战略回报基金创始人。

对　话

范如倩[*]：感谢五位嘉宾的分享。我总结了各位演讲中的几个关键词。第一是“落地”，比如江总（江鹏程）提出的关于好的政策、好的战略规划如何落地；第二是“整合”，江总提出了怎么样来整合资源，怎么样做好纽带，季总（季薇）也提到了这点；第三是“风险”，刘总（刘朝晨）提到了怎样在做好风险投资、帮助企业成长把控好风险；第四是“专业”，是王总（王纳新）和季总提出的，用专业的能力服务企业，做好增值和价值投资；第五是“人才”，季总和 Joseph 都提到了。我也是第一次听说有这个说法，一个好的风投创投中心，一个好的财富管理中心，必须要有文娱领域。我觉得非常有道理，因为好的文娱领域能把年轻人聚集起来，说到底，任何事情都是人跟人之间的关系。

就这五个关键字，请大家进一步阐述或者讨论，甚至是辩论。如何落地，怎么做好纽带和整合，把控好风险，做好专业的事儿，吸引并留住好的人才。

刘朝晨：刚才江总谈了产业链整合，讲了并购重组，他的观点我非常认同。无论中国的资本市场在什么时候有什么变化，我认为，并购重组永远是不可忽视的，特别是在未来几年之内。

虽然我们有科创企业不断推出，但是怎么处理存量资产是个问题。第一，很多的上市公司过去两年时间优胜劣汰，浮现一堆类似空壳化的上市企业，怎么办？退市很好，全退吗？不现实。第二，我们有将近上万家的新三板企业，有些好的已经被并购或转板上市了，但是还有些中等的怎么办？沉淀在那儿吗？通过什么样的方式进行整合？围绕产业链的并购重组，毫无疑问是最好的解决方案。

---

* 范如倩，时任洪泰资本控股有限公司合伙人。

今年上半年证监会对并购规则也进行了相应调整，相信这方面会有更好政策。但是前提是，在信息披露的规范性，在对操纵市场等不合规行为严打严管的前提下，鼓励围绕产业链有价值的并购重组，这将是可行的长期策略。

所有人谈到科技和投资，都围绕着“创新”一点。创新怎么创？创新太广泛了。实施航，这些年大众创业万众创新，中国做得非常好。

我和大家分享一个指数，世界知识产权组织每年对全球一百二十多个国家的创新能力，分几大类、八十多项进行打分，最后得出“全球创新指数”(Global Innovation Index)。最新的数据，中国在 2018 年一下升级 5 个名次，成为发展中国家唯一进入到前 20 的，而且跃居到第 17 名。如果看过去五年，中国的变化是非常大的。大家注重的是在这 80 多项指标里面，有很多和制度环境、研发投入、科技 IP 的转化能力、整个市场环境对创新的承接和延展能力等有关，要素非常全面。

此外，大家很担心中美贸易纷争是不是让中国很多科技发展受到影响？其实不必要过于担心，因为在过去五年全球创新排名里面前三的国家都没有美国，多年第一的国家是瑞士，去年排名第二的是瑞典，后面包括像荷兰、芬兰等，当然我们知道的像英国、德国、以色列这些国家也在前二十里面。

不过，为什么我们关注美国？第一，美国本身具备足够大的市场，人口基数大且是发达国家；第二，它有非常完善的金融市场，包括风险投资；第三，它有非常好的创新原动力，把全球顶级的人才集聚在那里。三要素叠加，使得很多跨国公司能够在其中找到变现能力。所以大家非常关注它。

为什么中国也提升很快？这是因为经过二三十年的发展，我们三亿多中产阶级的基数已经形成且持续增长，虽然经济增速有所下滑，但基数已经很大。非常重要的一点，中国有足够的消费潜力，通过我们的市场，可以使任何一个产品从全产业链的构架配套到最终的消费完成形成闭环，这是非常厉害的。

欧洲不一样，欧洲是碎片化的。尤其是 2008 年经济危机发生后，直到现在欧洲都没有解决好整体复苏的问题，这其中有很多问题，甚至包括文化方面等，非常复杂。

但是，我们不要忘记一点，我刚才说的在全球创新前十名里面，尤其是前三名里面那些国家并不大，不受我们关注，这是因为大家可能关注得不多，它们更多提供的产品和服务都是 To B 的。美国有很多产品服务很强的 To B 公司，但也有很强的 To C 公司，To C 的公司和我们息息相关，每天都会消费，你当然会知道它。欧洲企业里面，德国智能制造享誉全球，但很多消费领域的知名公司却是北欧的企业，比如 H&M、宜家等瑞典企业。芬兰也有很多创新公司，在两年前，腾讯巨资收购的一家游戏企业 supercell 是来自芬兰的。

谈到制造业，很多人都觉得德国非常强。事实上，在欧洲有另外一个国家——意大利，它在高端制造方面也是非常强的。这些国家创造的技术和产品，原来是在欧洲市场包括在美洲市场就很容易消化对接，但是因为跟美国公司大量竞争，所以目前中国是它们非常需要的重要市场。也因为中国中产阶级的基数在增加，且进入到产业升级和消费升级的双升级通道中。

青岛和欧洲，尤其跟德国有着很深的历史渊源，也有很多科学技术方面的交流。以前可能偏重于外贸和加工，但是现在要把更重要的研发和核心产业的技术，通过投资这样的抓手，进行引进落地并完成产业整合。我特别想强调一点，落地的承接能力和产业整合能力是非常关键的，只有提升这两个能力，才能借助投资实现产业的真正升级。

国内许多的创新，在过去都是由风投支持的。但是这可有点太“娇惯”了，大家动不动就想寻找颠覆性创新的技术产品和服务。其实不要只想着颠覆，更多的创新机会在于在原有的价值链和生态链里做微创新。

有关于微创新，我们不得不谈到以色列。为什么以色列很多创业者都是连续创业呢？是因为它做的很多创新都是基于原来所从事的行业，利用自身几十年的经验，在其中对细微的技术和关键节点进行改良。这种改良，从改良实验产品到进入市场应用的过程是非常短的，而且会马上产生效果。效果产生后，把公司卖给产业链里面拥有更强市场渠道和垄断地位的大公司，让他们来消化。在中国，尤其是 To B 领域，这些年的投资和创业的趋势，更多是往具有核心技术领域的细分产业聚集。在这一领域，改进型创新是有更现实的操作机会的。当然我们也欢迎颠覆性创新。

最后我想再补充一点。刚才江总提到，很多科技创新中心、金融创新中心，都包含文化相关领域，我认为这是毫无疑问的，这是一个趋势。

创新是人才的聚集，创新是不分领域的。我们会发现，国际上很多真正的创造，包括在中国国内的创新型人才和创新型公司都有一个非常鲜明的特点，就是跨界性。他们绝对不是只在一个领域，有跨界性的知识和跨界的能力，可以在其中做微创新、做整合，这其中，技术性颠覆也会存在。我们天天搞创业，搞创新，核心目的是什么？就是希望我们的生活变得更加美好。

全世界的很多创新是来自科技赋能。从文化角度来看，无论是原创内容的产生还是 IP 的营销和拓展，做数据分析，做建模分析，用这套方法分析新的 IP 和投资机会，这就是技术对文化创新的介入。现在有很多流媒体的产生是因为科技赋能：如果没有 4G 就没有现在所谓的直播模式，因为这在 2.5G 环境下是无法实现的。5G 的到来，其核心不是大的传输速率，而是可以让很多不可能变成了可能。

王纳新：刚才我们谈到了产业整合和并购，以及风险投资带来的价值。如前所述，中国未来将在产业并购和并购基金上大力发展。我在美国硅谷从事了十多年天使投资，看到对 70%—80% 的硅谷高科技企业的退出是通过并购方式，而不是 IPO 上市。硅谷革命性技术可能十年才出现一个，之前有雅虎、谷歌，现在有 Facebook。但是，创新不断产生，不同阶段的基金关注不同阶段的公司，退出机制也是良性的。此前，国内没有如此众多的创新公司，并购基金们不知道目标处于何方。未来，并购也将是国内产业发展的必然趋势，而欧美模式也并非自己特有，它是风险投资领域的共性规律。

风险投资的最终目的是追求回报，专业投资人除了给企业带来资金外，还有背后投资者或者管理人员在整个产业链运作中的资源和积累。例如最近很多资金纷纷投资半导体产业，由于国际政治局势的变动和中美贸易纠纷，中国半导体突然面临新机遇。我本人原来从事通信行业，华为公司很多资深管理人员是我的同事或者有过交往的客户。最近，华为面临压力，正在改变过去只看国际大厂和国内大厂供货商渠道的策略，这将给创业公司一线机会，整个 IC 半导体产业创新创业公司将面临新机会。专业投资人可以迅速对接行业中的龙头和市场，除资金外，专业投资机构还能带来其他更多的商业价值。

结合青岛分析，崂山区在 IC 半导体产业上已展开了布局规划。任何创新都是从点到线，再从线到面的过程。要围绕青岛核心产业的基础点，培育重点创新企业，通过市场合作或者投资并购基金合作，再扩大至面，这个过程需要耐心。为什么高科技投资基金需要 10—12 年的期限呢？时间是最好的朋友，创新在短期内很难实现。过去投资界所谓的风投，最终落地看产品和服务，产品和服务的打磨没有 5—10 年发展何谈创新。当然，并购可以加速创新活跃程度。一个好团队经过 3—5 年的打磨，再被并购基金并购，利用大企业销售模式、销售团队，迅速推向市场，这本身也是一种好的退出机制。

季薇：刚刚各位特别强调整合。我们华映资本在关注的领域里，整合并购做得不少，所以我想再延伸探讨一下。投资最主要看的还是增量机会，比如革命性技术的出现，或者需求的巨大变化。

比如 2011 年移动互联网热潮来临的时候，应用商店是第一波爆发的机会。我们投资的 PP 助手，从产生收入到月利润近千万，只花了一年的时间，这就是一个增量爆发式的行业机会。所以大家常说“风口”——如果你能捕捉到某个趋势，且在这个趋势内能做好投资，就能抓住快速变化的机会。

现在移动互联网红利消失了，但我们看数据，还是能捕捉到变化。举个例子，去年到今年直播电商起量很快，这是典型的内容引导消费的市场。淘宝直播去年 GMV（网站成交金额）已过千亿元，而快手作为短视频平台，去年直播电商的 GMV 有 200 亿元，今年目标预计也会到千亿级别。所以即便大家说整个移动互联网的红利消失殆尽，但流量的结构性变化机会还是存在。而整合一定是基于存量有很多机会的时候。

在文化领域，我们将继续关注新的人群、内容形态的变化，与此同时会加强整合。华映曾经和大型媒体集团一起孵化信息流广告行业服务平台唔哩。在三年前，它想成为年轻版的头条。但基于这种模式的投入非常巨大，行业巨头也已经存在，我们后来帮助唔哩整合转型为借助大数据个性化推荐来对流量方进行推广的内容分发平台和互联网广告聚合平台，帮助内容变现。

这说明整合虽然是大势所趋，但也有很多先决条件构成的高门槛。对能力要求非常高，需要有人才、技术、资源，以及其他方方面面的优势条件相结合。我们也看到很多行业投资人做整合未必成功，一个条件的变化就可能导致全盘皆输。所以整合是非常难的事情，但在我们的能力圈范围内，在特别重要的领域里，我们愿意去做。

另一个话题是创新。大家很熟悉的美国流媒体视频网站 Netflix。他们以前是做 DVD 租赁的，因为预见到流媒体在线上的增长机会，就把整个公司所有资源全部放在流媒体业务上，把其余业务剥离，才能成为现在美国最大的视频流媒体网站之一。同样我们看到很多巨头，比如微软、亚马逊 AWS，因为拥抱了云计算和 AI 的变革机会，所以转型非常成功，业务也上了一个台阶，从市值来看，微软已经成为全球唯一超过万亿美元的上市公司。

我们非常关注创新的力量，技术和资本往往是创新不可或缺的重要因素，并且要以市场化的方式去进行要素的有效组织。创新在当下是非常关键、必须要拥抱的词，也是经济结构转型能持续腾飞的重要条件。

John Joseph：我就简单说一下。我们为什么支持某个文化创意产品呢？我们自己有一个基于数据驱动的财务模型，这个产品必须符合模型的测算。如果符合，我们就看制作团队能不能把这个项目做成。能做成，再去看这个戏剧故事是什么。哪怕这个团队能力非常强，也要符合这个财务的模型。

未来的青岛应该是人文青岛。我们知道这些结构要有规则、激励制度、领导力，以及故事的说服力。人才本身也会评估青岛是否会让自己和家人的生活变得更加美好。

范如倩：最终还是整合的问题，然后落实到人本身。各位都是资深的投资家，希望各位常来青岛实地考察，看看各式各样的机会、各式各样的行业、各式各样的团队和创业者。因为时间有限，最后请每位用一句话总结，怎么样赋能青岛的创业创新？

江鹏程：青岛是一个非常有韵味、充满活力的年轻城市，制造业非常强。要运用新经济逻辑对传统产业进行赋能升级，未来华软资本将用专业和技术的力量结合青岛的优势，为青岛焕发更大活力。

刘朝晨：我忘记补充了，其实信中利在青岛有两支基金，比如我们围绕海尔少海汇的产业链，投了不少项目。刚才我谈到信中利响应王清宪书记的号召，发挥优势，引进以色列的先进技术。我们将源自以色列但不局限于以色列，更多地把来自欧洲创新国度的优质技术和企业带到青岛，希望跟更多的产业合作伙伴一起，让这些国内外科技和企业能在青岛落地、开花和结果。

王纳新：高捷资本最近在IC特别是半导体行业布局，希望未来和青岛市政府，包括青岛当地传统龙头企业深度合作，也希望能将投资相关行业中的创新性企业落户青岛。虽然，总部不一定落户，却可以将北方研发中心、技术服务中心包括销售中心落户青岛。另外，我们也希望通过投资活动将尖端人才引入青岛。

季薇：华映做投资研究的出发点一直是人群和技术，我们非常关注人群需求的变化，现在有很多深度服务于人群的好产品和服务平台。青岛非常有活力，年轻人非常多，希望我们投资的好服务和好产品，能够在青岛这样一个区域性的中心，给大家带来更好的体验。

John Joseph：我在青岛见到很多新朋友，也非常期待能够结交更多的新朋友。我会尽可能向大家学习，了解大家关注的话题和梦想。希望有更多合作。

第七章

多渠道拓宽企业上市之途

通过上市借力资本市场对企业的发展壮大具有重要意义。我国已经初步建立了多层次的股权市场。但上市资格仍相对是一种“稀有资源”，在公司治理、财务制度等方面对企业有着严格的要求。在一些区域，资本市场的发展仍远落后于区域经济体量和创新活力。政府应进一步做好企业上市全方位服务，加大企业上市扶持力度和资源倾斜力度，积极引入优质中介机构和投资基金，为企业营造良好的上市氛围。

提高直接融资比重与资产证券化率

李迅雷 *

我国资产证券化率不高的原因何在？首先，资产证券化率不高跟直接融资相关。近年来，我国直接融资比重徘徊在15%左右，股权融资比重更低。目前为止，我国还是以间接融资为主的金融体系，为什么多年来一直能够维持如此之高的间接融资比重呢？因为，间接融资为主的体系是以银行贷款为主导，银行仍保持着“刚兑”特性，银行信用或多或少与政府信用相关，因此，我国企业和居民都愿意将现金放入银行，甚至券商客户保证金也都放入银行中，于是，银行放贷能力很强。同时，地方政府、国有企业也是以政府信用为背书，这就形成“银行—地方政府—国有企业”的投融资闭环，这个间接融资闭环规模巨大，使得直接融资市场增长缓慢。

直接融资比重低的第二个原因与管控有关，管控的目的是为了维持市场稳定，保护投资者利益，尤其是保护中小投资者利益。反之，此种管控模式是不是值得商榷呢？回顾28年的中国股票市场发展历程，暂停新股发行大概超过9次。事实证明，通过暂停新股发行的方式维持市场稳定是不可行的。如果上市公司估值水平整体偏高，估值会下移、回归理性将是必然。自2016年后，我们发现整体估值水平都处于回归过程中，尤其以中小板、创业板为甚。近3年资本市场处在理性发展、规

* 李迅雷，时任中泰证券首席经济学家兼研究所所长。

范发展过程中，现在处在比较好的状态中。随着注册制试行，退出机制实施，最终对扩大资本市场规模、提高证券化率水平将有所帮助。

另一方面，市场发展不能单纯通过保护方式实现，A 股市场 28 年历史中，退市公司占上市公司总数不足 2%，而美国股市退市率接近 10%，一个健康的股市应该能够优胜劣汰，那些不符合上市要求、弄虚作假的公司，应该给予惩罚，这样才能提高公司治理水平，提高投资回报率，进而提高 A 股市场整体估值水平，而不是尽量不退市——担心退市会损害中小投资者利益。不退市政策看似保护了投资者，但是，没有退市的企业是否就能给投资者更大的回报呢？结果并没有支持这种判断。

目前，科创板推出注册制等举措，对提高直接融资比重，或者提高证券化率都有帮助。此外，还需要通过金融创新活跃多层次市场，例如场外融资、场外衍生品业务等，都可以提高证券化率水平。对于中介机构，尤其是券商，应该给予更多的业务手段和资金资源。例如在“一带一路”背景下，券商在境外的投资方有哪些业务可以操作，自身的资本金规模可否扩大？需要比较国内券商与国际投行的业务和市场准入差距等，只有找到差距，才能够取长补短，发展成长。

经济转型更应大力发展资本市场

潘向东 *

我的观点也比较宏观，我从另外一个角度看待这个问题，既然现在包括这一次的论坛都说拓宽企业上市渠道，说明中国现在有很多企业都企盼上市，都想登陆主板或科创板，都在想尽办法获取到这张门票。挤破门槛想上市说明另外一个问题，就是上市需求旺盛，但我们的供给存在不足。供给存在不足的话，说明资本市场服务实体经济，目前还存在欠缺。如果资本市场发达的话，上市就相对容易了。这就像一个地区一样，假如你的商业不发达，企业要在这里卖商品很难，同样很多顾客想在这里买商品也很难，这个矛盾就体现在供需市场扭曲。

目前我国资本市场并不发达，很多企业想上市，与此同时，我们很多投资者购买不到自己想要购买的上市企业股份，供给和需求之间没有形成一个有效的匹配。欠发达的原因，当然是产生于供给端，为此，我们提出了要进行金融供给侧改革，想通过改革来优化我们的金融结构。从金融供给侧改革的角度来看，打破刚兑未来是不可避免的一环，但是在打破的过程中，由于我们经济仍然处于下降的通道之中，所以我个人建议，我们在进行供给侧改革的时候，需要思考怎样去做加法，而不是做减法。也就是在推进供给侧改革的短期内，也让更多的企业能够更容易地获取到资金的支持，这是第一个方面。

---

* 潘向东，时任新时代证券首席经济学家、董事总经理。

第二个方面，我们的经济在进行转型升级，转型升级很多是创新型和服务型的企业，这些创新型和服务型企业有什么样的特点？就是体量比较小，未来发展的不确定性比较大。这种不确定就是企业开始创新的时候，大家觉得它很耀眼，但是过几年之后可能就不见了，典型的“理想很丰满，现实很骨感”。例如前几年比较火的，像小黄车、直播影视公司等，现在好像很多都不见了。这种创新型和服务型企业的特点就决定了它通过间接融资（即银行融资）是非常困难的，因为商业银行防风险是第一位的，所做的事情是相对确定的。与此同时，商业银行批贷款都需要进行信贷审核，从审核的经济性来说，商业银行更愿意放规模体量大的地方政府和国企的信贷，创新型企业和服务型企业体量比较小，审核投入的人力很不经济，而且从项目来看，审核的项目越多，相对出现风险的概率就越大。所以，经济转型的创新型和服务型企业其实是不适合银行的口味。

但是这类型企业很适合于资本市场的投资者。相对于商业银行而言，他们的资金比较小，不在乎企业的规模大小，他们更关注企业的成长性。他们对项目风险的承受力比银行更强，他们更在乎“高风险、高收益”。他们投 100 个企业，90 个企业失败了没有关系，只要有 10 个企业成功了，他们就可能获取到丰厚的回报。但商业银行不同，它们贷款 100 家企业，90 家成功了，10 家失败了，对商业银行来说就是失败了，这 10 家企业的贷款就形成商业银行的不良贷款。

所以经济转型过程中，我们更应该大力发展资本市场。现在多层次股权融资市场有主板、中小板、创业板、科创板、新三板，还有场外粉单市场，但是整个资本市场并不活跃。现在科创板出来了，大家寄希望于科创板能把整个资本市场带动活跃起来。要使资本市场活跃起来，我个人觉得我们更应该想办法去提升 A 股的活跃度，A 股的很多上市公司，在过去都是各行业里的龙头企业，它们的财务报表、诚信等都是经过投资者和监管机构反复拷问过的，假如它们都不活跃，想寄希望于场外粉单市场、新三板甚至科创板持续活跃起来，可能吗？一个标杆市场都不活跃，其他市场想活跃起来，这个难度有多大？因此，要想大力发展资本市场，提升资本市场更好地为实体经济服务，首先要把A股市场活跃起来。

第三个方面就是企业怎么拓宽上市渠道。国内有这么多分层次的市场，还可以选择海外市场，包括选择在美国和香港上市。但选择上市只是提供了企业进一步壮大的一个途径，假若企业要想更多的投资者关注，获取到投资者的资金支持，我个人觉得还是要企业练好内功，把自己的主营业务做好，把企业的核心竞争力做强。这样不管你在哪个市场上市，投资者都会很欢迎。假如你是为了上市而上市，不管在哪个市场，投资者都不太喜欢。

以上市为最终目标的企业都难以走远

宋　斌*

企业上市是关乎企业生存发展的核心战略，本质是企业融资之道。云月控股是全球知名股权投资机构。从云月控股自身成功经验和股权投资专业角度分析，多年来，企业都在追求上市，面对创业者、投资人时称企业发展目标是上市，此时，应该想想初心，目标为什么是上市？上市意味着什么？

上市不应是终点，上市只代表着企业前期成功运营的阶段性成果，是未来新进发的起点。上市也是品牌议价的开始，以取得更多融资，成为进一步发展驱动力的中转站。如果将上市定义回归到本来的面目，企业从诞生至壮大到上市，就是一个实实在在不断价值提升的过程。

首先，一家企业就像一粒种子播种在土壤里，生长过程需要肥料、阳光、水分等资源滋养。上市公司也是由最初原始资本投入，以及后续几轮融资，企业市场定位和运营等成功后，才是种子发芽钻出地面的时候，钻出地面就是企业盈利之时。

当企业形成相当规模时，可以通过上市方式，在公众面前亮相。作为投资基金，在所投资的企业上市之前，也希望能够集合更多各种各样力量，企业本身也会寻找、吸引、获取各种各样的专业机构支持，包括个人投资者、专业投资机构、产业投资机构，以及政府基金，共同注入

---

* 宋斌，时任云月控股执行合伙人、中国 / 北京股权投资基金协会执行副会长。

相应的资金实力和创新活力，使得企业能够快速健康成长。

在此过程中，企业不仅需要财力支持，还需要智力支持。虽然，资金对于一个企业非常重要，但是，资金仅仅只是工具，更需要专业的投资人士、经验丰富的管理者，才能经营和管理好这家企业，只有在这些方面做足功夫，才能迎来上市的那一天。

面对上市之际，企业对于整个时机的选择，市场的选择，以及发行方式的选择，又是一个重要问题。企业所选择的上市地点、方式、时间窗口都有很大差异性，内有专业化的投资机构，外有专业化的投资银行，都将帮助企业做出合适的选择。但是，无论如何，千万不要把上市作为企业发展的终点，如果把上市作为终点，这类企业经营者明显不合格，企业也无法长远发展。

其次，当企业上市后，发展则面临更大压力。上市前可做可不做的事，上市后必须按规范办事。上市公司发展不进则退，股票跌破发行价也不罕见。在此压力之下，上市公司需要更多企业融资，而且除债券或债务型融资之外，更需要核心资本的投资。甚至，一些企业通过下市再上市的方式，以获得资金更多更好的集聚，发挥最大效应。在企业融资方面，作为专业的 PE/VC 机构，又将发挥很大的作用。

最后，企业还有隐性的融资之道，不同于首次公开发行上市。上市公司沿着产业链，进行专业化股权投资，以及开展新的并购活动，再结合增发新股或配股方式，融入新的资本和资金，收购更多优秀企业，这种运营操作实际上与上市融资有异曲同工之妙。此时则需要各类资金配套支持，也需要各种资源的智力输入。总而言之，企业追求的是专业化、多渠道企业上市之道，更需要打造合理、科学、持续的企业融资之道，更需要的是长期、健康、有序的企业发展之道，这是投资家与企业家们及政府要共同努力的事情。

企业政府中介：三位一体推动企业上市

于　驰*

作为一直以来未远离企业投融资领域的法律服务从业者，借此大会与各位分享一下我对企业上市的理解和感受。

当前是投融资主体拥有各种机会的黄金时代，而企业走上市之路无疑是自我发展的一个较好路径。企业依靠现金流、资金流作为支撑自身运转的“血液”，但曾经在中国，企业投融资渠道非常狭窄而有限，投资主要是行政指令，融资主要通过金融机构实现。

随着投融资渠道变得越来越广阔和多元化，随着科创板的开板，我国的多层次资本市场体系逐步完善，从主板、创业板、中小板，到科创板全面展开，加之还有非上市公众公司体系的新三板，此外如果因监管原因或外商投资限制原因等无法在A股上市，企业还可以寻求H股上市及包括到美国、法兰克福、新加坡等海外上市通道等。另外，除了股权融资，还有诸多债券融资渠道，除向金融机构直接融资外，企业外源融资渠道亦逐步拓宽，可以选择项目融资以及贸易融资等，所以，企业如在资金流方面有所需求，有非常多的渠道可以操作，可以说多层次资本市场体系基本满足了各类企业和不同投资者的需求，形成了一个相互补充、相互促进、协调发展的企业投融资体系，对国民经济的服务能力不断提升。

---

* 于驰，时任中伦律师事务所合伙人。

而从提升企业营商环境的角度分析，上市对于企业是一个很好的发展路径选择，企业通过上市，会得到很好的信用背书，获得更好的政府资源和社会资源，赢得一个更好的营商环境：在目前上市体制下，因上市体系搭建较为复杂，上市公司制度建设较为庞杂、参与主体方较多，专业较强，绝大多数市场投资者或者企业人士对上市公司体系建设相对不太了解，对操作流程也不太熟练，所以，相对而言企业仍将上市视作需要付出巨大精力和压力的融资通道。企业要想成为一家上市公司，必须通过严格的发审，通过政府的严监管过程。也因此，社会普遍认知能够成功上市的企业都有着较高的含金量，政府的严监管对能上市的企业毋庸置疑起到了一个信用背书的作用。此外，企业成为拟上市公司或者上市公司，营商环境一般会得到一个比较明显的改善，在获得融资方面会享有一定的优待和更便捷的通道，在招投标取得市场订单过程中，上市企业作为规范的现代管理体制的市场主体也会得到合作方相对充分的信赖。

另外，上市也可以解决企业发展中内外诸多现实问题，例如对上市公司而言，股权架构设计、员工激励实现等都有比较明确的法律法规、政策规章指引，可以规范地运作。同时，上市并不是企业追求的发展终点，而是追求更高更强的起点。一个企业经历的上市过程犹如蜕变新生，通过企业自身努力和政府对拟上市企业的大力支持，加之上市前中介机构全力配合调整，企业基本可以改变企业运营和管理中的不规范之处，建立起现代企业制度，实现公司的规范治理，从而借助上市之路形成一个新平台、新起点。所以，企业发展到一定阶段，走上市之路，应该是对自己的一个阶段性总结及突破。

青岛目前拥有三十几家上市公司，并不算多，与城市经济总量和形象并不算匹配。推动更多企业走上市之路，鼓励企业充分利用资本市场加速发展，企业政府中介还有很大的发挥空间。

企业上市好处多多，同时风险也与机遇共存，缺乏对资本市场的敬畏，缺乏对社会公众负责的态度，上市同样会放大企业的运营风险。当企业上市成为公众公司后，相当于成为放在透明玻璃罩中的市场运营主体，一举一动都要受社会公众的监督。所以具有良好的质地，拥有核心的竞争能力，具备清白的历史背景，能经得起主管部门的核查，是上市企业应该做到的，是拟上市企业应该追求的；同时在《证券法》的修改着重强化了市场主体信息披露，对企业和专业服务机构禁止行为的列举更全面，连带责任更清晰，处罚规则更严的法制环境下，要意识到全面及时的信息披露是公众公司必须遵守的。而中国传统文化造就了中国企业经常会有或多或少的家长制企业文化，企业信息习惯于内部化、不透明，这会给企业的投融资之路带来诸多风险，现实中也出现了诸多上市公司被处罚甚至退市情况。所以，提前做好现代企业制度建设，规避家长制作风，也成为拟上市公司必须解决的主客观问题。企业上市前必须转变惯性思维及摆脱舒适区，有耐心用 1—2 年甚至更长时间，理顺和整改这些问题，让企业具备健康体魄，避免带病上市，才能够在资本市场之路走的顺畅，防控风险。

在我国资本市场的规则体系逐渐完备的大趋势下，让专业的机构做专业的事情，已成为企业规范运作最经济、最迅捷的路径。只要企业有动力、中介机构有能力、政府有推力，三位一体定能推动更多企业走得更远，走向上市，规范发展，共创共享越来越好的资本市场投融资环境。

资本市场提供价值发现平台

孙　进*

中国A股市场至今也就短短28年时间，作为中国本土的专业人士，本人陪伴中国企业从重组、改制、股份制改造到国内上市、境外上市。本人是一位会计师，先分享一组数字。看着这组数字，值得深思一个问题，在全球和中国如此巨大的经济体量之下，2019年上半年，在上交所、深交所首发上市的公司是64家，有些媒体人士提出资本市场是不是出现了“堰塞湖”？香港作为国际成熟的资本市场，今年上半年有84家首发上市的公司，伦敦证交所2019年首发上市公司数量是19家，美国纳斯达克今年上半年有首发上市83家公司，纽交所今年上半年有首发上市24家公司。

全球经济体量如此巨大，中国还在持续坚定不移地改革开放。如果所有企业从建立之初，到加速扩张吸引投资者，按这种时间节奏发展的话，奋斗目标是一定必须在一级市场成功上市。实体企业需要与货币资本对接，一般有两种渠道：一是债权融资，另一个是股权融资。在此我们以股权融资角度，将这个时间轴拉长，培育一家实业企业，在发展的初期种子阶段时怎样吸引战略投资、私募投资等，最终完美的标杆是进入一级市场上市。

如何打造良性的多层级的资本市场？其实，资本市场为更多的资本

---

* 孙进，时任普华永道中国审计部合伙人。

和企业提供了价值发现的平台。企业家参加各种论坛或者引入资金来持续自己业务，运营时更值得考虑一个问题——按照自己企业和行业特点，平稳梳理自己的发展节奏，企业可以不断关注和对标成熟的资本市场，将自身与同行业上市公司或者产业标杆指数股企业对标，作为自身企业价值的发现，在此坐标系中掌握发展的大脉络。

中国财富论坛具有很强的国际视野，青岛也是全国唯一以财富管理为主题的国家级金融综合改革试验区。青岛具有活力，也有担当。2019年讨论资本市场热议的词汇是科创板，在科创板大背景下，在多层级的中国资本市场，2019 年下半年仍会有一些坚定不移的举措。

打造资本驱动创新区和创投风投聚集区

鞠朝友 *

即墨历史底蕴深厚，区位交通优越，发展空间广阔。作为青岛市的现代化新区，近年来，我们全面融入“海洋强国”“交通强国”“军民融合”等国家战略，加快新旧动能转换的步伐，青岛蓝谷写入了国家“十三五”规划，海洋试点国家实验室、国家深海基地等一批国字号科研院所相继落户，世界知名的海洋科技新城形象日渐凸显。汽车、纺织服装、市场商贸、现代物流四个过千亿的产业集群已初具规模，大健康、集成电路、通用航空、生物医药、人工智能等新兴产业正加快崛起，现在的即墨正在加快建设特色鲜明、宜居幸福的现代化新区，在全域高质量发展的道路上阔步迈进。

在加快实体经济发展的同时，我们高度重视金融业的发展。全区累计引进各类金融机构 269 家，位居全省区市前列，173 家企业登陆资本市场，为经济发展注入了新的活水。即墨被评为“山东省金融创新实验室”，荣获“山东省金融生态环境建设模范奖”。在前不久举办的“2019年全球创投风投大会”上，王清宪书记提出要集聚全区创业风险投资，既需要项目源，也需要资金源。为此，我们将进一步挖掘潜力，聚力推动企业上市，聚焦培育创投风投机构，着力打造资本驱动创新区和创投风投聚集区，真诚希望各位嘉宾在企业上市、基金业发展等相关领域给予指导帮助，也希望各位来即墨投资、考察、兴业，共创美好的明天。

---

* 鞠朝友，时任青岛市即墨区委常委、区政府副区长。

对 话

李寿双[*]：李老师，政府能不能把改革坚持下去？

李迅雷：政府在改革方面确有现实压力，但是，应该确定长远目标，改革能走多远，取决于改革者风险承受能力，如果不能够承受短期阵痛，可能面临长期压力；如果改革只停留在资本市场层面，或者金融体制上，仍旧属于孤军奋战。资本市场改革需要其他改革配套，例如财政税收、行政管理体制、土地等，如果上述改革与金融改革不能齐头并进，往往导致某些改革半途而废，改革也就虎头蛇尾。

我们需要反思一下：为什么有些改革没有成功？为什么有些制度没有严格执行？例如创业板、新三板当时如何推出的，现在出现问题后应该如何解决。改革在向前推进的同时，也需要认真而深度的反思，总结经验教训，对未来发展才更加有利。

李寿双：潘老师，创新型企业有很大的风险和不确定性，所以对于他们在资本市场上市和融资，社会上有一些不一样的声音。您认为市场对投资者的吸引力是什么？

潘向东：一个市场有没有吸引力要看这个市场能否做到公平、公正、公开。就像大家去集贸市场，集贸市场要保证所有交易是公平的，没有欺诈行为。至于企业怎么样定价是投资者的事，只要你把企业情况原原本本地提供给投资者，他定两块钱还是一块钱，不管 PE 多少倍，那都是投资者的事，投资者会根据自己的认知水平和经历对这个企业进行定价。

创新型企业和服务型企业最大特点是体量小和未来不确定性很大，对于投资者来说，这些企业是作为一个资产组合去投，他可能投了 N

---

* 李寿双，时任北京大成律师事务所高级合伙人。

个企业，只要有 10% 成功了，他都可能在未来获得丰厚的收益。作为一个监管者，你不需要去预判企业的未来会怎么样，把这个预判留给投资者去选择，只要投资的这个项目是真实的就可以了。

李寿双：宋总，您一直强调一个观点，即企业把上市作为终点是不合适的，是非常危险的。我们过去确实也看到了，过去一两年，从法律角度来看，上市公司违法犯罪的数量比 IPO 的数量还要多，上市本身也可能是危险的起点。您觉得危险在哪里？企业应该如何利用资本市场？

宋斌：您谈的不是专业技术问题，更多是一个人心、人性、文化的问题，一个企业家在创办企业时的初心，是为了吃饭，为了发财，但是当他变成一个企业家的时候，一定是有一种对社会、对行业回馈和报答的心愿。同时，上市公司要上市的时候，目标绝对不应是套一点利出来，这种恶意想法必然在所有动作中有虚假、错误的行为，在经营中会犯下很多的错误，也会有很多的陷阱。虽然当时只是小小的错误，在某个环境中，一定是崩溃的状态，这种案例数不胜数。

这个过程中，有三个环节可以避免上述问题：第一个，把上市过程的审核，变成全市场的专业标准来做，不是由少数有权力的人来决定这件事情，而是交给专业人来做判断，这就是市场监管的发展方向；第二个，对于造假，只是为了上市，为了恶意套利的做法，必须要惩罚，不仅是退市；第三个，我们过去这些年最大的失误就是教育，缺乏道德教育，我觉得这种教育是要普及的。

李寿双：从现实情况看，企业上市需要政府哪些支持？青岛政府，即墨区政府在这方面表现如何？

于驰：政府在推动企业走向资本市场、活跃社会经济方面做了很多努力和工作。政府提出的“双招双引”“新旧动能转换”“科技引领城”等在资金引领、社会资本引导、鼓励行业发展各个方面都卓有成效。(2019 年) 5 月召开的全球创投大会上，市政府发布青岛“创十条”、财富试验区金家岭也提出“创九条”，都在从政策高度上“引资引智”，对标科创板，积极引领企业走向上市，走向资本市场之路。

现在，青岛大企业多，但适当规模的企业相对还是较少。相信通过政府的政策支持、企业的自我追求及中介机构对有上市意向企业的主动挖掘，各方共同努力下，青岛上市公司队伍定能更加壮大，青岛资本市场一定会越来越成熟和繁荣。

李寿双：2019 年上半年上交所首发上市公司数是 64 家，您预测 2019 年中国上市公司数会达到 190 家，现在看任务很难完成。您是否要调整预期？

孙进：2019 年 6 月 13 日，科创板正式在上交所开板，普华永道将今年全年 IPO 首发公司预期数量调整到近 200 家。其中有两个逻辑，一是上半年上交所和深交所首发数上市公司数量为 64 家（下半年还会有所增长）；二是从申请公司数量、政策落地效果来看，我们预计科创板有望冲刺百家，那么将科创板首发上市公司数纳入进来，总体上中国 A 股 IPO 于 2019 年有望达到 200 家。

李寿双：您认为科创板会成为资本市场改革的突破口吗？

潘向东：我个人感觉是这样的，科创板首先采用了注册制，我刚才讲到金融是否繁荣，是否发达，关键就是看供给和需求能不能得到有效满足，企业只要符合要求就可以直接上市。我国的多层次资本市场在科创板开创之后得到了完善。过去我们说 A 股存在一些弊端，从投资者保护的角度来说，最好的办法就是让他在投资过程中感受到是在一个公平、公正、公开的环境中做投资，这是对投资者最好的保护。对于违规和欺诈等行为，投资者最希望看到的第一是违规者受到惩罚，第二是能够得到索赔。目前我国资本市场只是做到了第一个方面，而且投资者认为有些惩罚还不够；在第二个方面，投资者被欺诈后得到合理赔偿，这个问题我们现在还没有解决。我相信随着科创板的推出，下一步企业未来可以退市，退市随之而来的集体诉讼有可能推出。从这个角度来看，我认为科创板的推出对资本市场的进一步完善，进一步发展和改革，起到了很好的作用。

李寿双：您刚才提到多层次的市场，现在我们的资本市场层次是非常多元化的，面对我国现在这么多层次的资本市场，投资者应该怎么选择？从有利于企业上市的角度来看，我们的改革方向在哪里？

潘向东：以汽车为例，假设汽车交易市场比较完善，所有产品都有供给，那么消费者就可以自由选择，可以买豪华汽车，可以买皮卡，可以买省油或者费油的汽车，可以买国产的也可以买进口的。汽车生产商也愿意到这样的市场里卖车，容易找到他的定位，而且也不愁消费者。

我们的资本市场也是一样。第一，任何企业发展都会经历不同阶段，有初创的，有成长阶段的，还有成熟的；第二，企业在发展过程中其体量是不一样的，不同类型的企业需要找到相适应的定位。这样的话，我们就提供了一个多层次的资本市场。在主板上市的企业是相对成熟的，可以看到它的盈利，可以通过 PE 去估值。同时我们有中小板，是为中小企业服务的，另外还有创业板、科创板、新三板，企业在不同的发展阶段，可以找到自己相匹配的市场去融资。回到经济学基本原理，需求和供给是会相互匹配的，供给产生了这么多，就是因为有不同的需求。

李寿双：下面请宋总回答一个问题，能不能谈谈您转型之后，从股权投资角度怎么更好帮助企业上市，和券商有什么不同？

宋斌：我从投资银行转到 PE，投行主要是帮助企业特别是拟上市企业，实现企业的目标。作为一个成熟的，有能力的 PE 投资机构、股权投资机构，它和企业的关系比朋友更近一步，是亲人，共同实现共同的目标。作为一个股权投资机构，特别是按照国外实践来讲，不是简单的控股，而是全身心的投入，包括人力、物力、财力、市场资源的导入，这是它必须要做的事情，它们是亲人，一起往前走，只不过是有一个期限而已。一家企业的目标是要持续发展，不仅是创业初始，上市前，还是上市之后，都需要有能力的投资机构跟他共同成长，这对企业来讲非常重要。

企业的本身需求不外乎几个：最原始的投资，上市公开融资，以及后续的再融资，企业需要做很多，投行依然是它的合作伙伴。

提问：如何看待美国股市，是否真的见底了？美国经济走势如何？

李迅雷：美国股市自去年第四季度开始，不少人预期要见顶，当时也确实出现了回落。可以肯定的是全球经济在放缓，正因为全球经济下行，美国经济也下行，美联储才决定不再加息，现在呼声最高的是降息。

经济走势不可能是一条直直的斜线，美国经济增速确实减缓，但到目前为止是喜忧参半，从本周五公布的美国非农就业数据看，美国经济没有想象中那么糟糕，但经济总体趋向放缓，会不会出现衰退，确实很难判断。

美国经济问题一直存在，但未必马上就会恶化，如同国内一样，大家都认为房地产泡沫要破裂，但是持续至今，总体房价仍在上涨。今年中国经济中，房地产经济依然一枝独秀，去年也是如此。

从未来看，美国股市一定会下跌，泡沫会破裂，有这种趋势，但是，并不意味着今年一定要破裂，反复和波动不可避免。今年“黑天鹅”事件并不多，“灰犀牛”事件依然存在，过去几年遗留的问题依然比较明显，而且，没有改善的迹象出现。

全球经济改革或者结构性改革的口号一直在提，但是，真正改革举措较少，而且放水现象比较明显。全球普遍存在降息预期，结果是一系列问题往后搁置，怎么化解还没有答案。在这种大环境下恐怕美国股市要走强也很难，但是马上转入大幅下跌也不太可能，至少现在还没有看到这个迹象。总之，全球经济处在僵持状态，未来有很大的不确定性。

李寿双：您认为中国企业，特别是青岛的企业如何抓住这个机遇？

李迅雷：今年 A 股市场形势相对较好，资本市场结构经过三年的调整后，A 股估值水平处在历史相对低位。自去年 10 月开始，我认为股市有投资机会，至少有局部结构性投资机会。从去年 10 月至今，A 股已上涨不少，当然上涨幅度低于各位预期，但是目前 A 股指数没有继续下跌，这说明投资者心态总体趋稳。

2017 年开始，我国经济慢慢步入存量经济主导时代，经济增速放缓，经济波动幅度缩小，经济各个领域或层面出现分化。在经济高增长的过去，无论大企业还是中小企业，增长都较快，尤其是中小型企业增长更快，因为船小好掉头。

现今大部分传统行业需求减少，各行业头部企业发展起来，一批尾部企业被淘汰，出现分化。产业和地区都在分化，中国整体步入分化时代，青岛非常具有优势。

对于大城市而言，这是一个很好的机遇，青岛应该抓住分化的机遇，而这种机遇，大部分城市都没有。如果将人口自然增长因素剔除后，大部分城市人口是净流出的，而山东省人口则是净流入。尽管广东经济体量全国第一，但广东大部分城市人口也处在净流出，净流入的城市只有广州、佛山、珠海、深圳等地，可以看出是发达地区人口在净流入，这种分化未来将越来越明显，越来越表现出产业集中、人口集中、头部企业集中的特点。青岛应该抓住这种机遇，加大企业直接融资、股权融资，做强做大做优企业。

李寿双：谢谢各位嘉宾，本环节到此结束。

第八章

供应链金融与实体经济

作为金融服务实体经济的重要途径，供应链金融改变了传统金融机构只针对单一企业主体的授信模式，而是围绕产业链上的核心企业，为上下游的中小型企业提供全面的金融服务，降低了交易成本、操作成本和融资成本，提高了产业链的运转效率和竞争能力，是解决中小企业融资难题、降低融资成本、减少供应链风险等的一个有效手段。推进供应链金融创新与应用正成为供给侧结构性改革的重要抓手，并有效助力经济脱虚向实。

建立规则是实施金融创新之前提

张燕玲 *

我是 1977 年加入中国银行，一直做国际结算业务，跟供应链金融有很深厚的感情。有幸在国际商会做银行委员会副主席 10 多年，退休后又在国际商会执行委员会做了两届执委（6 年）。我在商会任职的这 20 年，是国际商会修订和制定国际结算规则最多的时期。参加了供应链金融标准定义审批，也参加了供应链金融技术 BPO 及其规则 URBPO 制定的全过程。

改革开放初期，我国大量进口西方大型设备、技术装备，为了做好业务，我们努力学习国际商会制定规则，争取在国际上的话语权。记得开会时商会经常抨击 WTO 只重视贸易，而忽略投资规则的制定。三十年前大家开始说地球村，地球村是什么概念？过去中国出口和购买的都是成品，后来的地球村概念，实际就是在哪儿销售就在哪儿生产，哪儿成本低就把工厂搬到哪儿，由于各国的税收和进出口政策等原因，使得一个商品的零部件在很多国家生产，再到销售地或政策优惠国进行组装。投资、生产、销售，构造一个产业链、供应链、价值链。中国从全世界最大的组装车间，发展成世界工厂，到现在“完整的工业体系”。中国的产业链面临升级的契机，如何支持产业链升级则成为供应链金融

---

* 张燕玲，时任商务部中国国际经济合作学会供应链金融委员会主任，中国银行原副行长。

的重要使命。

2017 年，我国将“现代供应链”理念写入党的十九大报告，并作为经济的“新增长点”和“新动能”。同时，国务院发布《指导意见》，对供应链提出了发展目标：到 2020 年，形成一批适合我国国情的供应链发展新技术、新模式，基本形成覆盖我国重点产业的智慧供应链体系。培育 100 家左右的全球供应链领先企业，重点产业的供应链竞争力进入世界前列，中国成为供应链创新应用的重要中心。现在距离 2020 年还差半年时间，我们必须要认真回顾一下供应链前一段时间的创新情况，主要是央企和核心企业。很多企业在执行 2025 年供应链塑造这方面做的非常好，供应链产生了根本的变化，网上招标采购、合同签订、物流运输、仓储销售都向自动化、网络化发展，生产作业线上管理向智能化、自助化发展。大数据信息共享，使零库存得以实现、人工智能的应用减少了现场操作人员，让生产更可靠，现场更安全，使专家远程指导得以实现。这样的供应链及其产品在市场上才有竞争力。

举一个我调研的例子，大家知道水泥行业竞争相当激烈，物流量很大，宁夏建材作为核心企业通过搭建企业级“020 互联 + 智慧物流”运输管控平台“我找车”，使货主、承运商、信息部、车主、司机共生共享，相互包容。通过轨迹和停车监控，关键点拍照等措施，不仅保障原材料来源、产品流向，防范运输作弊、货物调包串货；通过收货提醒、签收等提升运营效率；通过运价实时监控和对比，达到降低运费，并保证各方安全高效作业。实际上他们出售的产成品价格和他们的原材料价格以无利可图。但由于他们事先进行供应链的技术改革，使产品保证了竞争力，改革是什么？将 N 个供应商都联网，货场、仓库共用实现零库存，供货商车辆来交货时可自助入库、过磅，都是自动化的。生产流程管理用 AI 处理，用 VR/AR 实现远程操作，处理现场疑难问题。由于供应链产生了这样的根本变化，使得比同业更有优势。

我国的供应链金融比国际上还先进，表现之一是参与者众多。国际上供应链金融的主体是银行，而我国的银行已经专门成立了供应链金融的专门部门。此外，类金融最活跃，还有新金融层出不穷，最后大型企业还自己做供应链金融（自金融）。

与国际市场相比，我国供应链金融产品的数量也不少，电子商票是一个典型产品。它的好坏我们暂且不做评价。对于促进资金流通，票据是最快最好的金融工具，但如果做得不好，杀伤力也是很大的。电子商票到底应该怎么做，规则是什么？还需要监管部门加强调研。在国际上只要是成形产品，必须要有国际惯例。供应链金融的创新产品必须要符合国际惯例，我们现在是自己在国内玩。创新是对的，但在创新之前要充分论证，立下规则，不然容易产生风险。虽然国家号召我们大力创新，但也不允许金融出现风险。

我的想法是，希望通过这样的研讨会，联合各方面的业界代表，大家将我们的痛点、难点说出来，进行深入探讨，提出可操作性强的建议，报监管部门审批。因为目前，供应链金融无论是参与方还是产品种类、业务金额和相关 ABS，中国皆领先于世界。在已经做到这一步时，特别是经济下行，外部不确定性因素在增加，国家职能部门、监管机构应该着手规范供应链金融，包括对各类供应链金融机构的监管，供应链金融培训机构的认证，产品的审批，评比颁奖方案报备，ABS 的质量、数量后评价等建立公平和可持续发展共识。这不仅可以保护我国供应链金融的健康发展，也会增加我国在国际供应链金融方面的话语权。尽快拿出全国或某一个地方的具体标准和规则是当务之急。

供应链金融核心是做信用背书

张克慧 *

供应链金融是一个老话题。最近热议，从政策层面上也在不断地说要通过供应链金融来解决中小微企业的融资难、融资贵的问题。我们百旺股份跟银行合作发票助贷业务，也发现两大难题，银行找不到资产，企业找不到银行。那么，供应链金融到底能不能解决这个问题？

供应链金融的系统相当于有一个核心企业是一个航母带一堆小舢板，舢板是中小微企业。资产在这儿找到了，但是有一个难点，金融首先防范风险，到小舢板时，供应商往下游走三四级以后，发现核心企业并不愿意给三四级以下的供应商或经销商做背书。也就是说，供应链金融是拿核心企业做信用背书给下游企业，但在金融防风险的背景下，这类企业缺乏相应的质押物和信用保证，核心企业无法判断交易真实性，核心企业并不愿意为下游多层级企业做背书。

任何金融的好坏，要取决于服务对象企业的质量，取决于供应链这一端的健康稳定发展。业界很多学者提到，我们需要在供应链里面建立一个共识机制，有这个共识机制之后我们才能真正健康发展下端供应链金融。我们现在致力于供应链协同平台打造。用什么打造？如何来做这个共识机制呢？我们国家推金税三期近二十年时间，是我们唯一一个在政府推动下制定的交易数据标准化。只有发票才是我们交易权量数据，

---

* 张克慧，时任中国神华能源股份有限公司 CFO，中国神华财务有限公司原董事长。

包括跟谁交易、什么价格、用量多少、交易地点和交易时间等。

在过去的交易当中，为什么核心企业不愿意做这个背书？因为我们需要大量人力去核对发票真实性，没有科技手段要靠人工核对账单。现在科技发达，用电子 SaaS 平台解决方案，或者是部署云平台、私有云解决方案一键式解决。配置一个符合国家标准的自动电子签章合同来完成智慧和约，所有执行过程都可追溯，这样我们就可以贯通供应链企业内部交易信息，通过发票量配到所有上下游企业。也就是说通过发票可以把真实交易信息全部抓取出来，这时候再往下做金融就健康很多。

我们通过做发票来赋能供应链金融，解决方案无非两端，一端是上游，通过云票可以完成拆分和追溯。往下游是大规模支撑、资产核验、数据征信等。这样既可解决过去专业机构信息不对称的问题，也是解决金融机构风险控制的成本和效率的直接方式。

供应链金融解决企业融资难题

蔡宇江*

今天我们的主题是关于供应链金融与实体经济，我谈一下个人的看法。

刚才几位嘉宾谈到，从国家、地方政府层面来讲，近两年供应链金融热度日趋高涨。2017 年国办首次把支持供应链金融发展写到国办文件里面，今年，深圳市地方金融监管局也于 2 月发布《关于促进深圳市供应链金融发展的意见》，4 月浙江省金融监管局发布《浙江省促进供应链金融发展指导意见》。

目前，政府出台供应链金融相关意见，基本都强调两个基本概念，一是供应链金融企业，二是供应链金融服务企业。其中，关于供应链金融企业的界定非常清楚，供应链金融企业一定是被国家监管的持牌金融机构。但供应链金融服务机构的类型很多，比如提供供应链金融的商务服务、物流服务、技术服务，包括做电子发票，也是一个技术的底层环境。如何让金融机构，特别是银行以低成本资金助力中小微实体企业，需要整个生态，包括供应链金融企业、持牌机构和服务机构等一定要协作起来完成。而各方包括政府关注供应链金融的最终目的，也就是为了解决中小企业融资难、融资贵问题。

我们知道 90%以上的手机实际都是从深圳发往全球。很多国外手

* 蔡宇江，时任万联网创始人兼执行总裁。

机品牌也是由深圳的方案商来生产。方案商特点是什么？属于三无企业，没有信用、没有担保抵押物、没有历史数据，但是有技术、有订单、有创业者激情。但是这些所谓的方案公司，即使接到国外订单也没有办法直接从银行拿到资金。这种情况如何破局？供应链金融企业在这里面起到什么作用？当方案公司接到海外运营商定单时，供应链金融企业会先行垫付采购资金，整个系列过程都是由供应链公司来掌握，包括原材料采购、安排指定工厂生产，包括生产的内部管控，以及成品出货、清关，包括结汇、退税，这样来保证整个资金闭环，能够控制风险。

通过这样的结构设计，银行也认为风险可控，愿意把资金通过供应链企业直接穿透给方案公司，使得方案公司能够享受比较低的资金成本，同时能够把业务做起来。这个过程当中供应链公司也能够得到发展。

通过这样的一个案例，可以看出供应链金融生态中银行跟供应链公司的业务协作模式，发展供应链金融一定要发展整个生态，如果强调只有银行来做，很难往上推动。

存货融资几大问题亟待解决

熊　焰*

青金所现在有两个大的业务方向。第一，为地方政府、大型企业或平台做内部融资服务，以解决当前很多机构面临的融资难问题。第二，关注以仓单质押融资为代表的供应链金融，目前来看是解决中小企业融资难、融资贵的最重要办法。

中小企业基本没有质押物，商业信用也普遍较低，但大部分中小企业只要在正常生产运营中，手中就会有应收账款、存货等与供应链金融相关的系列重要因素。中国近几年在应收账款质押融资方面取得了非常大的进展，由央行牵头，有国家物权法作为操作支撑，加上票据电子化趋势，使得应收账款贴现、再贴现、融资等成为缓解中小企业融资难很重要的解决方案。但在存货融资方面我们国家经历了很多探讨，大起大落。

我们国家以存货为标的物融资，2007 年之前是探讨阶段，由中储、南储、中外运等大的仓储物流企业组织。2008—2013 年迎来高峰，当时标志性的事件是一系列金融机构、央企进入其中。这情况下出现了中国式怪圈，一个事物的优点没有真正发挥之前，缺点已经被很多“聪明人”给发挥到了极致，2013 年的上海长华案、青岛有色金属案，几百亿资金深陷其中，银行业信心全失，到了谈仓单变色程度，教训极其

* 熊焰，时任国富资本董事长、青金所董事长。

惨痛。

近几年，人们开始新一轮的理性思考和研究。按照本质规律，存货是一个企业最基础资产。存货对应的仓单，如果能够实现电子化，电子仓单就是存货电子凭证，显然是可以作为融资支撑的。以美国为代表，美国中小企业融资是仓单融资为主，应收账款融资为辅。基础是 1954 年，美国以商法典给仓单质押融资相应法律地位，同时金融业也形成一整套操作规范。但目前中国的仓单质押融资，有几个问题缠绕一起亟待解决。

第一是主责单位的缺失，第二是法律缺位，第三是要有一整套的方法论体系，解决确权难，评估难，监管难，执行难。现在包括人民银行、工行等在内的一批金融机构，包括青岛港等一批大的实体机构都在关注这些问题。随着互联网、物联网、大数据和区块链等技术的日趋成熟，以上问题从技术上出现解决方案的可能性会大幅提高。

供应链金融将转变为产业链金融和生态链金融

刘中锡 *

我来自海尔金融保理。2018 年，基于应收账款的全球业务量 2.73 万亿欧元，大中华区包括香港是 5070 亿欧元。也就是说这个量已经是非常大了。刚刚张行长其实也提到，尤其在国外，大部分做保理的是银行。在国内 2010 年后，保理这一类企业逐渐发展起来，我们海尔金融保理公司也是 2015 年在重庆设立，逐渐发展起来。它是在海尔财务公司服务海尔产业链上下游的经验基础上向外延伸。

传统上，金融机构可以服务到产业链一级供应商，但越到产业链后面传递，过程中的合同纠纷、法律瑕疵会越来越多。产业链越是末端，获得金融支持越难。刚刚张总也讲过，要确权意味着可能是源源不断纠纷，这非常难。我们通过什么样的方式，能够替代确权？比如，发票验证是一种方式，支付也是一种方式。

海尔金融保理的方法是打造一个信用生态赋能平台。让信用价值由核心企业向产业链上下游多级传递，甚至通过线上化实现实时传递，将企业信用价值变现。这样，在交易中、在融资中，能够一定程度上改变处于末端的中小微企业的弱势地位。从以前核心企业为主的供应链金融，逐渐转向整个产业链升级发展的产业链金融，再进一步探索由产业

---

* 刘中锡，时任海尔金融保理总经理。

链相关方共同组成的整个生态不断升级的生态链金融。

海尔金控在2017年提出“产业投行”模式，我们把金融作为一个链接要素，切入核心企业，进而盘活整个产业链。海尔有三十多年的产业发展经验，我们知道产业里面有什么问题，也知道产业的金融需求和特点，这使得我们有基础和经验可以助力产业，进行改造升级。我们不是作为一个旁观方，我们更多地要作为一个链接重构方，参与到产业升级中，使整个产业实现价值增值。总结来说，“产业投行”模式，是从产业痛点切入，链接资本、科技、资源去赋能核心企业，重构产业的生态价值，带动产业升级，从而实现产业生态中各方的增值分享。在“产业投行”模式指导下，海尔金融保理摸索出一种信用管理增值赋能方式，我们称之为链式信用生态。

链式生态，举一个例子。在山东地区，玉米是主栽粮食作物之一。在深入调研产业的过程中我们发现，玉米产业链上存在很多问题：比如生产离散，核心企业与农户信息不对称，玉米生产供需不平衡；玉米经销商和农资经销商层层加价，导致农户种植成本、企业收购成本都高，利润空间被挤占；农业合作社采购农机具资金压力大；等等。产业有痛点，我们就有机会。在合作初期，海尔金融保理主要为核心企业提供融资服务，帮助企业解决短期融资问题，使它产能可以提高。但深入产业之后，我们觉得要介入整个产业，让产业真正地升级，才能够把产业附加值做出来。我们主动与产业链上下游建立联系，与农民、企业及产业链各方交流沟通，梳理产业脉络，引入行业资源，打通产业链纵深，通过去除上百家中间商，建立了以合同为基础的信用增值体系，实现从化肥到种植到深加工到销售四位一体的信用经济闭环，实现产业赋能增值。

总结下来，链式信用生态，其实就是在核心企业信用的基础上，链接资源方，通过信用的不断变现流通，从单纯的供应链金融服务升级为产业改造、升级、赋能的信用平台，通过金融建链，重塑生态。这种生态链金融模式，可以实现产业上下游企业互联互通，采购方成本降低，销售方的收益增加，最基础的原材料供应农户的盈利提高，这也是我们产业投行模式提倡的理念，让各方可以共赢。链式信用生态模式，我们运营一段时间以后，现在已经复制到棉花、酿酒、柠檬酸等产业链，覆盖农民 7000 多户，土地 30 万亩，在环保、长租、科技金融方面也有进行模式复制。

这是我们的一个模式探索。我们希望，在类金融机构探索为中小企业服务和为实体经济服务过程中，我们不仅做债权或者资金支持，也可以通过深入相关产业，将我们的产业经验分享给中小微企业，能够为产业带来赋能和增值。也希望能够跟在座的大家一起共同探讨，为供应链金融服务实体经济不断地添砖加瓦。

供应链金融是解决企业应收账款的重要方案

鲍晓莉 *

我来自前海方舟，公司总部设在深圳。前海方舟是国内综合实力最强的基金管理人之一，目前管理的资金总额超过316亿元，目前最有影响力的投资平台前海母基金，管理规模为285亿元，是国内最大的商业化募集母基金。目前我们已经投资40多家子基金，直接和间接投资的中小企业接近1000家。

我们团队在过去深创投的职业经历中见证很多中小企业成长，让我们非常了解中小企业发展的痛点，深知应收账款是很多中小企业的“生死关口”，同时也知道很多中小企业虽然在兢兢业业地实际做业务，但普遍无法拿到银行的资金支持。这让我们看到了市场机会，因此也投资很多做供应链金融的企业。在此，我从支持实体经济、支持中小企业发展的角度谈一谈对供应链金融的一点看法。

发展供应链金融对支持实体经济意义重大

据统计，中国共有超过6500万家中小企业，贡献了近60%的

---

* 鲍晓莉，时任前海母基金主管合伙人、前海方舟资产管理有限公司副总裁。

GDP，创造了近90%的就业率。而在我们产业链分工中，中小企业往往是为一家或多家的核心企业提供产品和服务，它的生存和发展是围绕核心企业转的。

资金周转是中小企业发展的重要生命线，但是在商业谈判地位上，这些中小企业的话语权相对弱小。普遍的现状是，下游强势的核心企业收到供应商的货物或服务后，会设付款账期。短则3个月，长则半年，甚至1年以上。这样，中小企业原本就捉襟见肘的经营性资金，就变成可见不可用的“应收账款”了。

从国家统计局的公开数据来看，2017年末我国工业类企业的应收账款余额为13.48万亿元人民币，同比增长8.5%。这十几万亿应收账款绝大部分都是中小企业对下游核心企业的应收账款，这个数字背后就是几千万家中小企业的生存机会和发展机会。那么如何让企业尽快拿到应收账款？解决方案就在“供应链金融”。

我们为什么会投供应链金融企业？因为我们发现这个商业模式成立。它不仅能解决中小企业资金周转，实际上对供应链金融的重要参与方：金融机构、核心企业，包括政府等都是共赢的，只是各家的迫切程度和直接程度有所不同。中小企业发展好了，它有更多的资金投入研发，产品可以做得更好，核心企业受益。中小企业应收账款实实在在发生，核心企业一定会支付，所以金融机构如果把资金投向这样应收账款保理上，不仅风险可控且收益有保证。大量中小企业发展起来，我们有更多税收，更多的就业机会，对解决社会很多问题也是一个非常大的推动力，从长期来看，发展供应链一定是多方共赢的局面。

发展供应链金融，核心企业具有核心引擎的作用

在实践推进供应链金融的过程中，我们的项目企业一直遇到各种困难和阻力，究其根源，需要各重要参与方能做出更多的努力和创新。我

们金融机构现有的信贷体系，是按照给“大企业”贷“大钱”的模式设计，并不适用于给“小企业”贷“小钱”，很多中小企业虽然有实实在在的业务在发生，但由于其规模小、可抵押物少、治理规范性较差等原因，根本无法满足信贷审查的要求，同时中小企业的资金需求小而分散，金融机构用审查大额贷款的成本来审查海量的中小企业，成本也无法覆盖，从而导致中小企业一直不受传统金融机构“待见”，中小企业从银行拿到钱非常困难。

这种情况下，我们建议做出一些创新，譬如将贷款的信用从“N”（对众多的中小企业的授信）转变成“1”（对核心企业的授信），风控的手段都是在核心企业层面来进行，金融机构就能接受了。事实上，在供应链金融模式中，金融机构的审查是“核心企业的信用”+“业务交易信息的真实性”，一方面核心企业自身就有银行授信，不需要重复审查；另一方面通过互联网等新的技术，金融机构可以让核心企业提供交易信息的方式越来越简化和便利，让这种行为变成“举手之劳”。

尽管上述“供应链金融模式”既安全，又能实现多方共赢，但是，当前的实际发展速度是相对缓慢的。从我们投资的供应链金融企业来看，主要中间服务机构以“自下而上”的方式对核心企业逐个在推广。而大部分核心企业由于地位较为强势，对改善供应商处境的主观愿望远不如供应商来得强烈，尤其是核心企业的领导层不够重视。而在实践中，中间服务商想要跨过各个层级，直接与核心企业领导层沟通，又相当困难。如果涉及第三方资金来购买供应商应收账款，其业务流程较为复杂，若非核心企业高层非常重视，则很难推进；而若核心企业自有资金购买供应商应收账款，则往往核心企业动力又不足。

同时，我国因为中小企业众多，竞争激烈，核心企业极少发生“供应链危机”，所以导致核心企业从战略层面缺乏对供应链管理的危机感，对供应链金融给企业带来的长期、间接效应并不敏感。

这种情况下，政府“自上而下”的推动作用就非常关键，可以从以下几个方面：

第一，政府的推动作用，特别是党政一把手的支持。有了政府的号召，自上而下地向核心企业领导层普及“供应链金融”的意义和知识，能大大减少中间服务商对核心企业领导层进行“教育”的过程。只有核心企业高级管理层重视该等事宜，并进行相应部署，才能有较快的发展。

第二，政府相关领导可以在相关金融公司挂职锻炼1—2个月，迅速消化业务知识，也可以组织核心企业亦可派人在上述企业交流锻炼。

第三，需要建立类似过桥或增信服务的政府引导基金。由该等政府基金引导社会资本提供资金过桥服务，并可对信用评级3A以下的优质核心企业提供信用担保，优化供应链金融环境。

青岛市政府非常有魄力和实干精神，向我们深圳派驻了150名领导干部，挂职锻炼三个月，以学习深圳的创新创业精神，其中有四位领导在我们公司挂职，通过和这四位领导的多次交流和讨论，我们形成了一些共识，深圳和青岛的产业结构不太一样，深圳的产业基础是大量的中小企业，这是深圳多年来鼓励引进高端人才，鼓励创新创业的结果，青岛的产业特点是工业基础雄厚，大量知名的核心企业，如果能够以核心企业为中心，大力发展供应链金融，围绕核心企业，吸引、扶持一批供应商、制造商、分销商、物流商等中小企业在青岛发展壮大，逐渐构建出更好的产业生态圈，这必将对青岛的发展起到极大的推动作用。

发展供应链金融是赋能实体经济的必由之路

刘大川*

青岛市地处太平洋西岸，中国的黄海之滨，山东半岛南部，是中国东部沿海重要的中心城市，首批沿海开放城市，计划单列市，也是国际型港口城市，国家历史文化名城，滨海度假旅游城市。去年，海军阅兵等重大活动举办让世界目光一次次的聚焦这座美丽海滨城市，市北区作为青岛市主城的核心区，商贸物流业发展，产业基础雄厚，曾经孕育出青岛港、青岛啤酒、海尔集团等诸多国内外知名企业。近几年市北区践行新发展理念，加快推进新旧动能转换，产业结构持续优化，发展后劲不断夯实，探索走出存量变革和增量崛起并重转型升级之路，特别是青岛获批全国首个财富管理综合改革试验区以来，以新型金融机构集聚区为目标，提升金融服务水平，优化金融发展环境，健全金融体系，金融产业发展保持良好态势

今年2月习近平总书记在中央政治局第十三次集体学习时强调提出，要进一步深化金融供给侧结构性改革，增强金融服务实体经济的能力，青岛市作为全国供应链创新与应用的试点城市之一，探索发展供应链金融，实现资本市场有效赋能实体经济，是降低企业融资成本，培育壮大实体经济的必由之路和应有之意。近年来，市北区在供应链金融创

* 刘大川，时任青岛市市北区人民政府副区长。

新发展方面有了一些积极富有成效的探索和实践，大力推行百洋医药云仓、新华锦外贸供应链综合服务平台、金网全球集采供应链管理平台、青岛地铁供应链金融管理平台等项目的建设，引导企业依托供应链核心企业建立专门供应链金融产品等体系，吸引更多资金回归实体，服务实体。

本届高峰论坛主题是供应链金融与实体经济，紧密切合国家发展战略和现代产业趋势。希望通过此次高峰论坛活动为广大专家学者和业界人士搭建沟通交流、学习互建平台，为供应链金融与实体经济融合发展提出更多思想真知灼见。同时我们真诚邀请各位来宾和专家关注市北，了解市北，为市北区经济社会的发展建言献策，共创未来。

对 话

姜超峰[*]：下面请观众提问。

提问：创建供应链服务平台模式，在分享金融收益时是谁排第一，谁排第二，谁排第三？怎么分配金融收益？作为一个服务平台，如何把握服务的生态链风险？

蔡宇江：供应链金融服务平台模式正在发生改变。过去可能是从银行批发资金，再零售给客户，它是一个批发转零售概念。但是现在一些平台本身就是金融机构，特别是银行要求资产穿透，所以实际目前所有金融机构都是按照资产穿透的方式，直接把这个钱给到客户。

现在银行要求金融机构资产穿透，所有金融机构都是按照资产穿透方式直接把资金给客户，但这跟收益没有影响。同时，银行必须通过创建供应链服务体系，进行整个风险控制。我刚才讲的是一个订单融资的案例，订单融资在整个供应链金融产品里面，是难度较高的一种产品。整个的生产过程，生产执行由外包工厂完成，但生产的管理是自有创新完成。整个的资金流，物流是在一个相对闭环的环境里面，所以能够进行分享。目前是需要担保，但未来设想是要逐步去担保。

提问：刚才提到企业担保和后期供应链金融包括信用评级问题，如何进一步往下发展？

刘中锡：我认为中小微企业融资难、融资贵，其实这在全球都应该是一个难题。这个过程要有过程管控，不是像传统的强担保，而是缔约还款，这个真实性很关键。比如说通过发票可以验证，通过核心企业的链条支付以及它的回款可以验证，还有通过物流信息传递，验证方式有很多种。最简单是核心企业之间确权，但确实这个过程不容易。但做成

---

* 姜超峰，时任中国物资储运协会名誉会长、中国城市物流研究中心主任。

对整个产业链增值、收益会提高。还有通过核心企业确权，可以把信用逐级传递出去，采购成本降低，账期能够提高，其实都是收益。这一块儿如果能够建立起来，或者是通过互联网加物联网的方式建立起来，意义是很大的。

张燕玲：第一，企业担保和后期供应链金融包括信用评级的发展，一定是在实现国家战略方针政策、发票、仓单等货权凭证的基础之上。

第二，实现零库存。什么叫作零库存？就是刚才我讲企业的例子，由于物联网、大数据的整体链接，使货物有了归属，无论在哪里都能得到监控。供应商的仓库就是核心企业的仓库，核心企业就可以实现零库存。货物确权后，大家就不用担心贸易背景、合同的真实性了。

我们国家制定的目标非常好，现在要求 2020 年要达到一百家世界领先供应链企业，再加上 5G 的应用，这是一个很大的发展。所以我在这里说一句，我们做互联网供应链金融的企业一定要有这个概念，分清产品和渠道、平台的企业的区别，不要再重复建设。

姜超峰：谢谢张行长语重心长地给我们提出的建议和要求。下面我来简单用两分钟总结一下我们这一阶段的论坛观点。

第一，我们要回归本源。意思是我们思考问题之后，讲到生态的各个关系时，一定要考虑利益驱动。像刚才有观众提到利益怎么分配问题，利益驱动一定放前面。存货是供应链金融的基础，我们评它的信用依据是什么？肯定是存货仓单，巴希尔条约里面规定贸易金融都可以，企业没有固定资产也可以拿存货融资，这是第一条回归本源的问题。

第二，供应链金融生态系统。实际上生态系统不见得越多越好，生态要保持在恰当范围。因为生态系统越多，大家收取费用也越多，收取谁的？收取还是这个当事人企业。

第三，金融科技给我们提供供应链金融服务手段。我们应该在金融科技方面多下一点功夫，金融科技要怎么样和银行进行结合。

第四，金融科技再往下发展，如果没有标准很难把控。比如数字货币，几家企业在一起创造一个产品互相比较，这不是一个解决办法吗？

但是违背我们国家货币管理法规，这就是一个问题。

最后，我们国家的供应链金融仍然是处在探索阶段，还是要大家共同努力，遵守企业道德，不断完善规范制度和流程，这是基本。

第九章

全球资产配置路径与未来

改革开放四十多年，中国经济持续高速增长，同时也创造了全球第二大高净值客户群体。对于国内投资者来说，要在全球化大潮中把握投资方向，实现财富保值增值，有效降低风险，多元化的全球资产配置越来越重要。在当前的国际国内经济背景下，资产管理机构如何顺应投资者需要，布局国际化业务，让客户资产以安全、合理的形式进行海外配置，帮助客户捕捉多全球财富机会，实现财富的保值增值，是未来业务发展的重要方向。

从历史发展阶段看国家财富管理

蔡鄂生 *

关于财富管理，我结合自身经历和国家财富管理的发展谈谈看法。

我们国家的财富管理要从历史的发展阶段开始讲起。改革开放 40 年来，我国成功实现了从高度集中的计划经济体制到充满活力的社会主义市场经济体制、从封闭半封闭到全方位开放的伟大历史转折。

改革开放以前，我们的个人收入没有达到个人财富和家庭财富的积累（在这里不讲社会财富），仅是靠工资的多与少和家庭人口总量来解决生活。改革开放之初，邓小平同志提出让一部分人先富起来。改革开放之后，这个目标随着改革开放的深入和整体进展已经实现。到了现在，随着国家财富的不断积累和国家软实力的不断提高，我国已成为世界第二大经济体，高净值、超高净值人群的财富已达全球第二。这个“第二”里面的内涵还要分析。

长期以来，我们的金融服务以间接金融的信贷市场为主，财富管理的资产配置，在我们这么多年的表现当中是一个演变的过程。1992 年以后，交易所成立，有了资本市场、有了交易所、有了股票，渠道开始不断增加。但从大分管的角度，对于资产管理和财富管理的机构来讲，它又制定了新的标准和规定。新规定出台规范了理财市场，但更主要的是如何通过金融供给侧改革来调整整个金融体制结构，特别是银行表内

---

* 蔡鄂生，时任南南合作金融中心主席，原银监会副主席。

表外和宏观管理上的一个获利“三去一降一补”的问题。所以不免对一些已经走过的金融机构所实行的产品或者风险都有了一个限制。随着新规出台，证监会、银保监会对于它的发展路径又不断完善纵深，特别是银行总公司的出现，昨天曹主席专门对这方面做了一个很详细的论述。

从投资者角度来讲，对于个人财富的积累，大多数中国人的理财概念，除了股票市场之外，更多的普众还是以利益价格为导向。在投资者的理解里，价值的增长和资产价值的增值是有差异的。也就是说，由于利率和价格的问题，造成了整个市场上出现了一些偏差，导致机构忽视了投资者、忽视了风险。

所以，作为财富管理机构或者资产管理机构，如何能够尽职尽责提高管理人的素质和能力至关重要。前一段有些所谓的资产管理，无非就两个方面：第一，随着规模经济的发展而追求速度，在追求发展速度的过程当中，很多项目上的资金价格、资金量较大。第二，有监管套利现象，这个现象不光体现在金融机构身上，实际包括一些类金融或者一些非法机构，对市场造成很大影响。

现在，随着三年攻坚战，在不断地加强监管、防范风险、完善市场，使市场不断成熟的过程当中，对金融机构的管理能力、资产配置能力要求也在不断提升。所以我们还要再进一步的解放思想。目前，我们国家在解决金融机构的现金池问题，但如果投资者是个人财富，特别是高净值财富，他肯定不希望鸡蛋放在一个篮子里。在这种情况下，财富管理机构如何给投资者做多资产配置，使投资者的财富不断增长？

所以从这个角度来讲，我们未来怎么去解决全球资产的配置，来提高管理人的能力，使我们这些普众的财富有所增长，还需要一个更深度的探索和改革过程。

让全球化资产配置成为新一轮对外开放催化剂

杨再平 *

因势利导而让全球化资产配置成为我国新一轮对外开放的催化剂，催生出一个全方位开放的全球化金融体系。这是我今天要讲的一个核心观点。

首先我们要看到，全球化资产配置是双向的。我国居民在境外配置资产，境外居民也在我国配置资产，双向资产配置金额都在增加。据统计，2018 年境内居民在海外的资产配置是 10 万亿美元，预计今年可能会增加到 18 万亿美元。境外居民在我国资本市场的资产配置金额近几年也是大幅增长。境外居民通过我们的债市和股市配置，去年达到 1200 亿美元，预测到 2020 年会达到 2000 亿美元。境外资产配置还有一个现象，就是人民币资产配置。因为境外贸易结算，形成了很多人民币余额掌握在非居民手中。近几年通过债市和股市也有不少进来。我看到一个最新的数字，就是今年以来，净买入 5000 亿元人民币，而且 5 月就发生了 1600 多亿元人民币。还有就是通过机构持有人民币资产达到 1.77 万亿元，光香港居民就持有人民币资产 1.3 万亿元。而且有一个统计，就是境外居民和机构，境外主体持有人民币的资产达到了 5 万多亿元，而且增长速度很快，达到了是 19%。这是最近的一个数据。

---

* 杨再平，时任中国金融学会副秘书长，亚洲金融合作协会原秘书长。

这种双向全球化资产配置也是大势所趋。从境内来说，我国住户的存款达到 70 多万亿元人民币，人均达到 5 万多元，整体可投资资产将近 200 万亿元，集中于高净值人群。从境外来说，境外投资者看好我国的增长，这样就形成了背后的推动力，去年境外贸易人民币结算额达到 5.11 万亿人民币。另外还有直接投资的人民币结算，去年是 2.66 万亿元。这样就形成了双向全球化资产配置背后的推动力。

当然我们也要看到，全球性资产配置有利亦有弊。其有利于分散风险、保值增值、分享全球红利，对推进人民币国际化也有帮助，还有利于“一带一路”的建设。如果没有双向全球化资产配置，则难以推进。当然，我国的金融资本项目开放是一个促进因素。不利的一面是可能引起短期资本炒作，可能会产生风险传染。

因此，对于全球化资产配置，一定要因势利导，要有妥善的管理。从微观来说，首先做资产管理业务的机构要放眼全球，尤其是私人银行业务要跟进，要有机构，有队伍跟进。另外资本市场要相应开放，要迎接这样的全球化资产配置。比如，在我国 A 股中境外的企业占比还是很低的，在 3%左右，而韩国和日本是 30%左右，这其中的空间很大，我国的股市能否让境外的企业上市，这是之前探讨过的问题，也是我国金融进一步开放需要探讨的问题。

另外，我国要迎接全球资产配置，自己也要进入全球市场，我们的金融要更加开放。我国现在已经有一些互联互通的管道，如 QDII、QFII、RQFII、QDLP 等，还有深港通、沪伦通等，要循序渐进逐步放开，趋利避害。当然，不只是与发达国家和地区互联互通，如“一带一路”沿线国家，有这方面的需求和积极性，也可以有进一步的合作。这样，把全球性的资产配置引导到服务我们的发展大局和一些很重要的倡议，使得我们的金融更开放，金融体系跟经济体系的开放程度相适应，成为一个多方位开放、全球化程度更高的金融体系。

人民币债券是全球正收益的“汪洋大海”

姚余栋 *

我曾经在2016年的“青岛·中国财富论坛”上跟大家做过报告，寻找正收益的人民币资产。三年过去了，是不是这样呢?

我明确地告诉大家，不仅过去是这样，现在更是如此，人民币资产是最佳的配置资产。为什么?由于全球经济疲软，生产要素困局显现，负利率金融产品呈现扩散化。从全球国债收益率矩阵来看，意大利、德国等多数欧洲国家国债收益率均达到负值，并屡创新低。货币市场工具领域也出现负利率现象，货币基金做不到正收益，钱越存越少。目前，美国十年期收益率降到近2%以下，并且看不到有明显的刺激上升政策，全球负利率债券规模近15万亿美元。全球到哪里找到优质债权产品?到印度?卢比不稳定，还要考虑汇率风险。综合债券收益率和汇率因素，只能考虑人民币资产。

中国经济韧性增长、汇率稳定、银行管理出色，是全球的价值洼地。债券通是一个技术革命，不仅为中国金融市场对外开放提供中西兼容的创新方案，也提高了境外投资者参与中国债券市场的可操作性。债券通成立两年以来，已经有超过1038家境外机构开户进入，全球前100家资产管理公司中已有58家成功进入银行间市场来投资。彭博巴

---

* 姚余栋，时任大成基金副总经理兼首席经济学家，中国人民银行金融研究所前所长。

克莱指数已经加入，富时罗素也有很大概率加入，剩下就是摩根大通，三大指数会先后把人民币资产、人民币债券纳入整个全球指数。这样一共会有多少资金流入呢？ 5 月就有 500 亿美元，6 月我还不知道，我猜测有 800 亿美元。

中国债券总市值在 100 万亿人民币左右。美国 20%债券是由境外持有的，按该比例中国应该有 20 万亿元，我们低估一点，按 10%由境外持有，未来有将近 10 万亿元的债券由境外机构持有。那么中国债券纳入三大指数后，假设 10 万亿元中有 5 万亿元是三大指数的，5 万亿元指的是人民币，那就相当于大数上 1 万亿美元。还要考虑主动选择投资中国债券的情况，假设还有一半，那又是 1 万亿美元、两万亿美元。全球有多少资金在承受负的利率呢？ 15 万亿美元。我觉得有大量资金会流入中国，不流入就只能承受负利率的结果。

中国经济是高质量、有韧性的发展，与其他全球国际货币发行主体相比，依然比它们好。债券通是一个革命性的进展。中国推进金融双向开放，是坚定不移的，速度也是很快的。三大指数必将逐渐把中国债券纳入，人民币债券市场是正收益的“汪洋大海”，整个中国的金融对外开放，那就是把大海向全球敞开。

全球资产配置需观察经济发展规律

郭田勇 *

2012 年，中央财经大学研究中心发布私人银行报告，主要研究中国高净值客户的资产管理偏好。过去中国的高净值客户，更加关注投资收益率。但是，随着经济形势发生变化，这些高净值客户的趋向也在潜移默化地发生改变，比如说同样把钱委托给你，回报当然高点好，但是把安全性放在第一位，这大概跟国内这两年互联网、P2P 跑路、刚兑被打破这些形势有关。

所以我也同意刚才姚所长讲的，从全球经济增长趋势来看，中国肯定是投资一个比较好的区域。在中国出现经济下行、出现风险安全隐患不断增加的情况下，作为一个资产管理机构，我们应该能够更多地给客户不仅在中国配置资产，而且能够全球化地去进行资产配置。其次，我们做全球资产配置，确实要站在全球视野上，来观察整个全球的经济发展规律和资产可能出现的一些变化。

特别是现在，从今年上半年来看，包括国际黄金价格、虚拟货币、比特币等，价格涨幅非常高。下半年从国际各个国家经济增长来看，美联储降息是大概率事件，它不仅说美联储已经有了降息的空间，也要将政治因素纳入考量。我们如果从这个角度来看，形势出现变化，资产价格在未来也可能出现一些新的变化。

---

* 郭田勇，时任中央财经大学中国银行业研究中心主任、教授。

去年我到瑞士考察大型的资产管理机构，机构代表跟我讲，前些年到中国开展财富管理业务非常难，因为高净值客户更加关注投资收益率，因为全球投资机构的收益率要低于国内的财富管理机构。但是现在则有好多客户主动来找到我们，希望把资产交给我们来进行管理，甚至收益低一点也可以。这说明投资者一方面出于安全的考虑，希望把资产进行全球配置。另一方面，对我们国内的财富管理机构也是一个启示，实际上国内的私人银行，包括财富管理机构想在全球范围内达到长袖善舞，随心所欲，或是能够自由地摆布各类资产，想要做好并不轻松。

所以，首先希望国家能够给我们财富管理提供更好的平台，另外，国内财富管理机构也要不断提升自身的专业化。最后，希望越来越多的财富管理机构落户青岛，形成趋势，让我们在这个环境较好的区域聚集起一批专业的财富管理机构，这样中国未来财富管理市场的发展是可期的。

全球资产配置需平衡收益率与稳定之间的关系

John Worth *

谈到全球资产配置，最重要的一点就是看其背后基本点。对我来说，这些基本点包括收益率、稳定性，以及二者之间的关系，这样我们才能得到最佳的资产配置。

当我们考虑到中国和美国，包括资产投资组合，我们会觉得中国的利率比较高，所以能够带来更高的收益。但是如果震荡太多，导致稳定性欠缺，投资者在资产配置的时候，就会考虑到这一点。风险和收益率必须要平衡，投资者会考虑综合风险和收益。同时，因为中美经济是关联的，所以中美之间的经济关系也是考虑的重点。投资人以及经理人在做决定的时候，还需要重点考虑的是如何进行跨境分类。

在美国，我们对不同的资产种类大小做了很多分析研究。比如我们评估了一下美国的房地产，大概能够占到 15 万亿市值，几乎占投资市场的 17%。所以如果想投资美国资产，房地产可以作为其中一点，需要遵循 17%—20%这个比率。美国高净值人群和机构投资者里，投资机构占到 5%—10%，高净值人群大概占到 5%。而我们的目的就是把这个投资比率提高，因为房地产投资是一个非常重要的部分，能够优化

* John Worth，时任全美房地产投资信托协会（NAREIT）研究和投资推广事务执行副总裁，前美国国家信用社管理局首席经济学家。

我们的资产配置。大家其实已充分意识到，房地产跟中美经济关系和股市之间的关系是比较低的，能够分散一些风险，起到多样化投资的作用，而且它也能够提供比较稳定健康的回报。我们也请教了学者，对这样的投资组合的风险和回报率进行预测，看是否能够在全球范围内也通行。我们发现，按美国的情况，房地产在投资组合当中最好能占到15%—20%。在美国，我们正专注于让更多家庭达到这样的资产配置。今天在美国，大约40%的家庭都会考虑把他们的投资组合当中做房地产的投资。充分利用这个规律，能够提高投资者家庭的投资健康状况。

在全球领域，需要充分考虑到各个地区的情况。在投资回报以及风险之间达成平衡，能够降低投资风险和投资成本，这样才能够得到最佳的收益组合。

集全力助推“财富青岛”成为城市新名片

王　滇*

山东是我国的经济大省，2018年实现生产总值超过7.65万亿元，居全国第三位。其中，全省金融业发展迅速，GDP占比不断提升，已成为国民经济重要支柱产业。山东又是实体经济大省，工业体系齐全，农业底子厚实，基础设施完善，市场环境优良，是各方面投资兴业的沃土，也为财富管理行业发展提供了广阔空间。

作为山东的经济中心和最大港口城市，青岛与财富有着不解之缘。5年前，青岛就获批为国家财富管理金融综合改革试验区，成为我国唯一以财富管理为特色的国家级金融改革试验区，是山东金融改革发展成果的重要展示窗口。试验区成立以来，已有两批60项创新试点政策落地实施，相关机构引进、载体建设、人才汇集等工作成果丰硕。经过5年的发展，专业机构加速聚集、金融业蓬勃迸发，试验区走出了自己的特色。眼下，青岛正面临如何以财富管理为突破口，深化金融供给侧结构性改革，增强金融服务实体经济能力的重大机遇。

在2018年3月公布的“全球金融中心指数”排行榜上，青岛位居全球第33位，充分说明青岛是我国的财富聚集地，有广阔的市场空间和开放的政策环境。

作为财富管理行业的领先机构，在打造“财富青岛”的过程中，海

---

*　王滇，时任海银财富管理有限公司总裁。

银财富不仅应担负起更大的使命与责任，亦能发挥更重要的作用。立司13年来，公司立足中国积极展开国际化布局。我们在国内70余座中心城市，设立了150余家分支机构，并一直努力开拓海外业务。我们在香港先后取得4号、5号和9号金融资质，并获得了英国金融监管局批准的13项金融牌照，为全球范围内的高净值客户和机构提供财富管理和资产管理服务。

谈到全球资产配置，着眼当下，我们更看好“中国机会”。我们坚守“金融赋能实体”的初心，积极投身于包括青岛在内的新一线城市经济的崛起。

我们先后在助力上海国际金融中心建设、推动上海自贸区发展和海南自贸区建设、助力武汉区域经济发展和江阴产业机构升级、促进豫沪间的经济合作等方面，作出了积极贡献。

正是基于这个原因，我们相聚在青岛。我们期盼能将自身的优势与青岛财富管理中心城市的建设有效融合，携手行业优秀机构，形成金融支持实体经济、赋能实体产业的典范，共同促进中国财富管理行业的健康发展，为青岛航运贸易发展注入新鲜血液、为青岛经济腾飞作出积极贡献，并与广大投资者一起聚焦新经济下更多投资机会，分享由科技创新、产业升级和消费升级所带来的红利。

这两天参加论坛，我深有感触。财富管理是与社会财富、个人家庭财富打交道的行业，既是关系国家经济金融发展的大事，也是关系人民群众获得感和幸福感的实事。财富管理行业一端连接着人民日益增长的财富保值增值需求，另一端连接着企业与实体经济发展过程中资本的需求，存在着非常显著的资金撬动作用。

我认为，推动新时代财富管理行业规范健康可持续发展，一是坚持财富管理服务实体经济的内在要求；二是打造规范协调开放的财富管理市场体系；三是有序推进金融科技在财富管理领域的应用；四是扎实做好投资者保护与风险教育工作。

“青岛·中国财富论坛”已连续举办5届，已经成为青岛财富管理金融综合改革试验区的重要组成部分，在金融界已经产生重要影响。我诚挚希望国内外金融机构和人才来青岛发展，参与青岛金融业改革和创新，携手共创美好未来。

投资者需多借助机构投资者力量

惠晓川 *

针对财富管理行业，我想从市场前沿角度谈一下我多年来的感受。主要从“三个认知”和“两个路径”方面谈起。

首先说“三个认知”：

一、要尊重经济规律和商业规律。国内外经济下行压力不减，我国大力推进改革，很多风险会随之暴露，无论是经营能力上的还是道德信用上的，面对市场我们要一直秉承着敬畏的心态，恪尽职守，规范自律。面对复杂的经济时局，无论国内外，更要尊重经济规律和商业规律，想要战胜市场是有难度的，一直战胜就更难。自 2012 年以来海银财富一致倡导“以投研为驱动”，遵循自上而下的资产配置理念，希望在顺应宏观及时代变迁的过程当中，能为我们提供更多的科学方法、合理手段，管理风险，寻找机遇。

二、财富管理并不等同于投资理财。目前我国的财富管理行业还处于发展的初级阶段，与全球成熟市场的财富管理模式相比，仍有较大差距，我们要用发展的眼光来看待。事实上，财富管理的涵盖面非常广泛。一家专业财富管理服务机构需要不断地提供满足客户需求变化的资产配置咨询服务。在此过程中，除了投资工具外，还有税务、跨境资产、养老、保障、传承等一揽子服务，并且在每个领域拥有专业水准，

---

* 惠晓川，时任海银财富管理有限公司首席投资策略官。

需具备深厚扎实的职业操守和执业能力，实操经验、市场解读、客户分析等能力，缺一不可。

三、金融是经营货币和信用的行业，规范自律是每一家机构的生命底线。积极面对各种挑战的同时我们更需要遵循市场规律，不断提升及优化我们的风险管理意识和能力，提升自身专业水平，做深投资者教育，让财富管理箱有更多的工具。同时满足行业各项要求与变化，以实际行动，推动中国财富管理行业自律、健康、持续发展。

最后也希望每一位金融从业者，不忘初心，敬畏市场，以最高标准为客户的财富恪尽职守。

第二点谈谈方法路径，即用什么样的方法来实现财富管理？我觉得有两个：第一个路径是借助机构投资者的力量。众所周知，这几年，尤其是机构投资者在市场中的活跃度不断提升。因此对于广大个人投资者或者企业投资者来说，要更多借力机构投资者的力量。我特别同意此前姚总说的，比如说“债券通”，不是一个简单的资本项目兑换的问题，或者简单给你做多少资本回报的问题，实际其背后引出的红利非常多，包括制度与市场两个层面的红利。因此第一点，大家还是要借助机构投资者专业的力量。郭树清主席 6 月在陆家嘴论坛上也特别强调了两点：一是一定要充分发挥机构投资者的专业能力；二是一定要把社会的闲散资金当中长期资本调动起来，在各个领域发挥长期资本的作用。

第二个路径是走全球资产配置之路，因为全球经济一体化是大势所趋。其中有几个代表性事件。第一个事件，人民币对英镑、澳元等汇兑压力并不大。从 8・15 汇改之后，到现在整个人民币汇率的多边波动，大家可能更多关注的是对美元汇率的变化，但实际上周小川主席一直在强调，人民币的进程更多强调一揽子的变化，而不仅仅针对美元汇率。目前，对于包括像英镑、澳元、日元等，实际汇兑压力并没有那么大。

第二个事件，资本市场这几年的开放度不断在加快，尤其是沪港通、债券通、深港通以及 6 月的沪伦通等不断开通，资本市场的门越开越大。因此，对市场的任何一个参与者来说，挑战都很大，但机遇也同样存在。当资本市场的大门打开以后，直接或间接地投资找到境外一些成长性资产或者带来稳定回报的机会也就增加了。

第三个事件，在 6 月举行的陆家嘴论坛上，几位领导多次提到，加快境外金融机构的准入，尤其是对于境外金融机构准入的门槛要尽快降低。在这样的契机下，这对于全球机构投资者来说，他们其实也非常渴望参与中国的投资机遇，分享中国这几年经济增长的红利。因此，全球资产配置更多的是一个经济全球化、经贸全球化的表现形式，当然还体现在各个方面。对于个人投资者来说，我觉得本土的机会仍然很多，中国的发展机遇，我想再过几年会比美国更好。但是如果做好了全球资产配置的准备，意识上要认清配置的目的是什么，到底是为了增值，还是为了其他的安排，比如离境的安排、传承的安排等。境外资产配置总有一个最终的需求与目标，并不是简简单单就为了投境外的债券或对冲基金所带来的一个相对或绝对回报。

对 话

王军[*]：杨秘书长，刚才您讲到全球资产配置变化的时候，特别讲到亚洲地区，除了像姚所长介绍的中国增长比较快，亚洲也有很多的机会。我们知道您长期致力于亚洲经济的促进和发展，这些地区对于投资者来讲，特别是机构投资者，有哪些机遇可以抓住？

杨再平：亚洲的潜力最大，亚洲人口占世界60%，GDP占世界70%。亚洲开发银行预测2050年亚洲GDP可能会占到50%，会有世界50%的金融资产，有一半的高净值人群会集中在亚洲。中国、印度、印度尼西亚都是人口大国，有很大的潜力，"一带一路"也主要是亚洲。这次峰会，东盟的10个国家首脑都来了，占到首脑的差不多50%。他们也有这方面的诉求，在上次亚洲金融危机时期，马哈蒂尔提出要有一个亚洲地区的货币取代美元，最近他又在提这个诉求。美元一元独大有很多的弊端，如果把马哈蒂尔的这个诉求变成现实，有一个区域性的货币出来，这些都是将来资产配置很大的潜力。

王军：姚所长，脸书推出了数字加密货币，在全球掀起很大的波澜，这个有很大的争议，到底可以作为货币还是可以作为资产？对于未来全球货币政策，对于资产配置有些什么样的影响？推出这些背后到底是出于什么样的考虑，对于我们中国又有什么样的启示？我注意到，您作为学者，早在四年前就提出一个非常有价值的设想叫eSDR，能不能给我们讲讲？

姚余栋：我和杨涛博士四年前做了eSDR的研究，得出了新的货币需求理论。随着人类交易活动的增长，货币流动性不足，国际货币不够，需要补充。所以，以区块链技术为基础的数字货币是必然趋势，科

---

* 王军，时任中原银行首席经济学家、中国国际经济交流中心学术委员会委员。

技创新是无法阻挡的，它不会取代法币，而是法币的有效补充。这是全球人类经济发展的必然需求。第二，发行者是谁很重要。英格兰银行最初是一家私人商业银行，后因公众性需要而转成中央银行。我提出的是一个可信性问题，就是谁能做监督。央行数字货币研究所的副所长穆长春认为 Libra 要纳入央行监管，我非常同意。

王军：美联储好像比较容忍，但是国会有这个担忧，要监管。

姚余栋：这是公众产品，可以商业机构或者跨国发行，但是一定要纳入央行监管。央行可以发，但有一个超主权货币的问题，周小川行长早就提出过这个观点。我和杨涛博士四年前提出了 eSDR，就是为了补充流动性诞生的。IMF 发过两次，但使用率很低。IMF 是战后搭建的国际货币体系，不要轻易破坏这个体系，中国也是这个体系的维护者、守护者，我们也是其中的一分子。能不能在 SDR 基础上发行 eSDR？我觉得这很好。所以我和杨涛提出的 eSDR 方案，比 Libra 方案好。

王军：前两天我看到一个非常著名的报告，某家银行和某家公司推出的年度中国私人财富的报告，这个数据显示也非常惊人，是预计到今年年底，中国可投资资产规模将历史性地超过 200 万亿元，这是一个非常大的数字，应该说是仅次于美国的可投资资产。而且其中高净值或者超高净值人群超过 1000 万元可投资资产的人数要历史性超过 220 万人，这是非常庞大的一个人数规模。就这 220 万人，他们所拥有德克投资资产将超过 70 万亿元，也就是说在 200 万亿元当中他们占了 35%的比例。

面对这样快速增长的财富管理态势，随着中国人收入的增长，财富的增长，除了机构以外，个人投资者也有很强烈的资产配置、财富管理的欲望，但由于我们的市场环境不够健全，乱象较多，个人投资者经常难逃作为蔬菜类的物种，作为韭菜被收割的命运。请问郭教授，您在大学，对这种财富管理、资产配置的盛宴，有什么好的看法？这么多的渠道，我们走向海外配置，美国的地产、美国的股票，我们到底怎么配置比较好？

郭田勇：首先，财富管理还是应当术业有专攻，中国人都喜欢自己炒股，开户自己操盘。一方面可能自己觉得自己水平很高，另一方面可能自己把资金委托给别人，但对他人是否能管理好他的资金有所怀疑。所以有很多人是愿意自己去管理自己的钱的。但是，这个里面毕竟存在一种规模经济。单笔或者每个人精力都是有限的，术业有专攻，每个人的能力是不一样的。现在的高净值和超高净值人群，一般会选择专业的财富管理机构和资产投资机构来帮助他打理资产，他们以前追求收益率，现在更加追求安全性。

还有第二个特点，他们其实对财富管理机构的专业性程度很看重，你一定要给我提供专业化的服务。因为我们也承认，以前刚开始做私人银行的时候，我们的服务理念比较落后。我们一直讲，私人银行要给客户卖药方，不要卖药材，这里面讲了什么道理？我们刚开始搞理财、搞财富管理的时候，产品很单一化，而且纯粹把客户变成一个给项目提供融资的工具，用客户的钱去填项目，纯粹是销售产品的思路。而现阶段则不同，随着高端客户群形成，他们对理财、对财富管理专业性要求越来越高，对于超高净值客户，机构必须要给投资者提供定制性的、更加专业的服务。

最后我想说的是，现在整个财富市场已经形成，规模很大，超高净值客户、高净值客户，其实他的口味越来越高端，需要你服务越来越专业。在这个场景下，除了传统的商业银行通过什么服务以外，现在越来越多的机构出现，有场内的国家发金融牌照的机构，还有场外的，包括也有一些民间财富管理机构，都要在美国上市。形成这样竞争化的市场，天高任鸟飞，我们相信未来中国的财富管理能够给高端客户提供更优质的服务。

王军：下面我有两个问题想和惠总交流一下，首先，您是如何看待中国 A 股市场下半年以及明年趋势？其次，明天我们将迎来历史性的事件，中国的科创板挂牌敲钟，作为一个机构投资者，您对科创板怎么看？对个人投资者或机构投资者到底意味着什么？是不是值得配置的资产？机会在哪里？

惠晓川：中国的资本市场应该说是最牵动中小投资者的心的。

第一，无论是主板市场，还是创业板、中小板，总体来讲，今年对中国整体资本市场仍然是坚定看多的，大机会难，但结构性机会仍然有。时间上，大家还是要做好充分的耐心。经过这么多轮的改革后，国家也希望把资本市场搞活，让大家对资本市场有信心。尤其这几年，监管部门对于上市公司的治理，从 2017 年下半年开始，连续两三年，对于上市公司标准化治理是非常严格的，涉及公司的财务报表、信息披露、大股东的侵占等一系列方面。中国的资本市场虽然没有那么成熟，但至少是中国经济的一张名片。再加上目前中国资本市场特别受到全球关注，因此对于上市公司的健康程度、诚信程度，监管非常严格。这是一个非常好的信号，因为我们看到了监管的决心和强大的执行力。成熟的市场也都经历过这样一轮。如此一来，无论是老百姓的钱，还是机构的钱都是在一个相对比较公平、透明的市场当中参与。原来有很多信息不对称，即便是通过模型去看估值，去看未来的增长性，跟目前的股价，再把上半年财报和下半年的营收，包括从利润情况来看，实际得出的结论是预期股价很明确，但很有可能到不了。中国资本市场这几年具备了强大的监管执行力，我觉得这是非常好的一个信号。

第二，保持耐心。虽然中国的资本市场一直非常年轻，从 2000 点左右到 3000 点左右，但是投资者结构、发行的定价体系与发行机制、监管等与宏观经济有一定关系，即上市公司整个盈利能力，包括其相对估值的合理化水平，与整个经济大环境有关。在整个经济转型过程中，大家需要面对的复杂问题，其实都是在资本市场里面体现出来的，因此一定要保持耐心。

第三，从投资逻辑角度来看，坚持价值投资。这虽是一句口号，但是太多的人坚持不下去。价值投资不是长期持有，而是要真正明白这个企业的核心竞争力、未来的价值及其成长性体现在哪里。对上市公司的基本面分析要有非常准确的认识。因此，回到投资逻辑上来看，一定要尊重商业规律和经济规律，对这两种规律一定要有非常清晰的认识。你觉得就是想自己做，自己炒股票，哪怕输了也要自己做，但是切记要看这个公司的成长性。

关于科创板，其实从 2018 年 11 月 5 日习近平主席在上海进博会上提出，到 6 月正式开板，也就两百多天、七个月左右的时间。可以说从一开始有想法，到最后紧锣密鼓的落地，没有比科创板更快的了。这意味着什么？第一，国家也等不及了。第二，很多代表资金方的市场参与者也等不及了。比如说通过老的这种发行方式会出现“堰塞湖”的问题，排队上市的公司一排几年，最后不得不撤材料。这是很多拟上市公司的苦恼，因此国家等不及了，参与者等不及了，企业也等不及了。第三，这也意味着希望真正把定价权交给市场，把好与坏交给供求关系。科创板其实就是一句话，以信息披露为核心的注册制。我前面还在跟 John 讨论，我说下午你也可以讨论一下中国科创板的问题，其实就是对标美国的纳斯达克。但是其中还是有一些细微的地方不一样，不能单纯横向比较。但是对于个人投资者来说，如果想要投资科创板，需要做好几个准备。

第一，首先要了解清楚在科创板上市的都是哪一类型的公司。它不是蓝筹，也不像大市值的中小企业，这是国家意志，或者通过资本市场的改变，发挥直接融资的作用和信息披露的作用，让这些上市公司真正在资本市场活下来，让很多参与者参与进去，让市场说话。这些企业都是与现在的结构性转型以及国家科技类、战略类转型相关的企业。

第二，讲得通俗一点，即买者自负。因为机制跟过往是不一样的，涨跌幅 20%。

第三，学会借助机构投资者的力量。因为科创板企业打破了固有的发行定价，有可能市盈率相对来说是较高或者是很高。在参与打新也好，直接参与也好，我还是认为，在对新兴市场不是特别了解的时候，个人投资者还是要相信机构投资者的力量。所有市场的历史经验表明，尤其是新兴领域，机构投资者会有更多信息和效率上的优势，因此要相信机构投资者。如果不能规避大的系统性风险，就要尽可能规避一些应该规避的错误认知风险。

王军：谢谢惠总。关于这个话题，其他几位嘉宾有没有需要补充的，或者有不同的意见？

John Worth：关于科创板，我觉得充分利用机构投资者是一个很好的想法。2000 年的时候，美国出现了泡沫，很多的公司特别是一些中小企业值非常高，甚至收益率也非常高，但大多数最终都破产了。所以说中国的科创板仍面临很多挑战，当然也有很多的好处，比如说有更好的融资的渠道。

王军：把最美好的祝愿，献给明天即将交易的科创板。时间关系，给现场观众两个机会，和嘉宾进行交流。

提问：想问 John Worth。您推荐我们去投资美国的房地产市场，但是据我所知，美国民众并非有这种想法。中国大妈是很愿意去全世界买房、买楼的，到了美国以后，当地的媒体反而会去抨击她们，说她们的到来抬高了当地的房价，给他们造成了高房价的负担。您作为房地产投资机构，又希望更多的国外的投资者去参与到美国的房地产直接或间接的投资中，不知如何考虑又是怎么样协调跟民意的融合，对于我们有什么样更好的建议？因为我还知道，对于外国投资者来讲，在美国投资房地产资本利税要高很多的，好像是 25%对吧？

John Worth：非常感谢您的问题，您的担忧是可以理解的。外资流入总会产生一些矛盾或者小问题，但最终所有的国家都欢迎海外投资的流入。谈到美国的房地产，早在三年前美国即调整了相应法律，让外资对房地产的投资更容易，比如说减少海外投资者的税率。所以我想美国是欢迎海外投资者的。对任何国家的海外投资者来说，间接投资手段可以有比较少的交易税。比如说在美国你买一个共同基金，你可以在 50 个州有很多的选择，有很低的交易税，你可以真正进入美国的房地产市场，而且有很丰富的多样性，不用担心单一项目的风险。

提问：想问一下惠总，我们想知道一下关于科创板有没有机会打新，资金有没有这个资格？第二个问题，您刚才很委婉地说到了，个人投资者应该相信机构，您支持我们散户，这些“韭菜”去投资科创板呢，还是反对？

惠晓川：我先回答第二个问题。我觉得至少先观望一年，明天就有交易了，如果你真的很想参与，用一年的时间了解一下这个市场的情况。

姚余栋：我补充一下，我不同意看一年，一年后可能机会都错过了。中国有很多好的企业，即使对初期上科创板的质量有所怀疑，但是机制好，一定会产生伟大的企业，当年万科不就是老十家嘛，你买万科不就够了吗？千万不要观望，可以通过基金购买，通过专业的机构也行，因为这个机会一旦错失，要后悔一辈子。

惠晓川：姚总回答了我刚才第一个问题，相信专业投资机构的力量。

王军：市场有风险，投资需谨慎。时间关系，今天的讨论就到这里了，从资产配置、财富管理、科创板，最新最热的话题都有涉及。感谢在座嘉宾的贡献，也感谢各位的参与。

第十章
生物识别开启移动支付新场景

移动支付以其便捷性和渗透深度，可起到传统支付无法替代的作用。对存在刚性需求的交通出行、医疗社保、公共缴费等日常生活场景，移动支付正在逐步升级生活方式。同时，随着生物特征识别技术的快速发展，生物识别已成为目前最安全、准确、方便的支付模式。面对市场主体对生物特征信息安全性的迫切关注，如何处理好安全与创新的关系，建立技术标准和行业体系，需要银联与行业领先企业展开优势互补与合作，推进数字普惠金融的场景突破。

基于生物识别的移动支付

王忠民*

我跟支付有两个角色的互动，一个是我作为C端的自然人经常使用移动支付来实现自己的消费活动，但是这不是主要的，主要的是我在社保基金做了两笔投资，一是投了银联，这是我在国有支付平台当中的第一笔投资；二是投了蚂蚁金服5%的股权，投蚂蚁金服的时候其估值才300亿美元，现在已经达到1600亿美元，这一笔投资的增长翻了近六倍。所以，我有投资视角的感受和经验。

我投蚂蚁金服的时候，看到了蚂蚁金服本身在支付和金融科技领域的前沿探索和应用，我更看重的是，当时基于阿里巴巴和蚂蚁金服在云计算这个潜在的技术和应用领域当中应该具有的竞争力，所以我觉得如果它剥离的时候，蚂蚁金服一定会占据它一定的股权，所以我做了这方面在投资角度的感受。

今天我们的主题是生物识别和移动支付。我们看看生物识别在哪些方面、哪些维度来影响移动支付、理财和社保等领域？会给这些领域带来什么样的变化？

谈到生物识别，我们会看生物识别具有以下几个特点。

第一，唯一性。

确认一个人的行为、支付、消费等行为特征，用扫脸或其他方式找

---

* 王忠民，全国社会保障基金理事会原副理事长。

到这些场景中点对面、点对场景的百分之百的对应、求实，如果这是生物识别可达到安全性的主要探索领域，我们则会在这个领域中看到生物识别潜在长期的、有更深层价值的标准维度。比如说指纹、瞳孔等人类生物特征，如果我们找到了自然人身上具有唯一性的生物特征，才是这个人自身典型具有单一代表性的确定信息对称。

以前，所谓的唯一性是被动的没有指令的主动给出。比如在支付的时候，人的指纹必须按到一个固定位置，人的瞳孔信息必须被某个机器得到才能完成支付动作。现在，如果一个人的唯一性，会对未来的支付场景和他所给出的所有支付指令发生区别，那么一定是这个人给出的主动指令要具有唯一性，这就是声带。

声带具有唯一性，一个人发出指令以后，只有声带是个性化特征。声带识别是一种通过声音判别说话人身份的技术，这种语音中承载说话人身份信息的唯一性使得声带也可以像人脸、指纹那样作为生物信息识别技术的生力军，这项技术可以解决所有语音信息的传输、集合及运用，其背后唯一性的特征来自声频。

现在的移动支付，要么你用的是支付卡，要么你用的是手机当中的码，当然也可以码卡合一。我们相信音频、声频的技术被发明出来之后，我们未来甚至可以用语音支付来代替卡和手机，因为语音支付既可以直接发出指令，又是具有唯一性的生物特征。

生物识别当中，找到这个生物体当中最独特的单个人当中唯一性的东西，找的点数越多、维度越多，就可以用一个因素确认是他和完成他的指令，在交叉互减的过程中永远不会失败，永远都是唯一。

随着技术的发展，我们还会提炼出更多具有唯一性的生物识别特征，用技术实现随机的、轻易的、成本最低的支付确认过程，把所有的唯一性瞬间交叉，可以在金融、支付、转账等一切场景中实现百分之百的安全应用。

第二，成本。

我们做生物识别之外的所有支付和金融问题的时候，在其中所有的结算、清算、信用当中，都需要投资来解决，这就是成本。我们要在快速的时间中降低成本，才可以普及到每一个C端的应用。生物识别，恰好是使用人们天然生成的个人特征去铺垫自己的商业应用，这些特征成本较低，甚至无成本。谁在这当中走得最快、最早，一定比其他借助外部成本扩张型的成长要快而有效得多，而且安全性又是唯一的、确保的。这是我们看的第二个方面。

第三，结构。

人类为了把所有人组织起来，产生的指令、方法又有多少？今天突然一看，原来所有的人的存在都是一种随机的、自然的分布式结构。区块链是解决分布式结构里面价值的传输、寻根、再运用和链式逻辑，把分布式结构放在区块链角度去理解，每个人都是分布适当中的一个原点，那就是说，只要区块链技术创造出金融化的分布式应用，就天然的为每个人提供了一个从自然人身上发出的一切行为的分布式结构，这正是我们在数字化时代所呼吁和期盼的金融架构。作为一个分布式的自然人，如果在这个时代当中最早把这个结构应用起来，比如应用到支付中去，那就有价值。

我们再把分布式和每个自然人的出生相结合，每个人出生后都是移动的，那么我们相信这个人随着出生就已经移动在分布式结构当中，天然的在移动的时候带着声带，一切生物特征的唯一性都随着这个人本身在移动，即使是分布式结构又在移动中不断发生变化。

第四，应用场景。

今天的金融，将一切环节都变成金融场景来提供服务，技术已经成熟，怎么将个人和场景有效连接？

我们把每个人都看成C端的顾客，完全基于自然人的个人意识行为去服务才是最早的成功场景。提供服务之后，会产生大量的互联网用户，其中包括几十亿的支付用户，包括几十亿的互联网社交场景。C端的互联网数字化场景是由技术进步产生，B端则是传统B端当中人的集合体，随着每一个微观主体、每一个自然人的变化速度而延伸了它的应用，没有发生根本改变。因此，所有的金融和数字化场景应用一定是C端，C端就是对所有人的分布式移动式结构。

未来，我们在技术满足的条件下，会发现几个方面的应用。

首先，移动支付的金融场景在终端当中会发生变化，今天你用支付卡或手机去完成基于码、基于卡的一个移动支付行为，是为了迎接下一个新的移动支付的终端。这个终端是什么？可以是一个小小的芯片，也可以是纽扣、耳环，是任何放在身上微小的一件物体，甚至可以是轻轻的一点东西粘在你的皮肤上，这个时候我们是依靠声音音频体系去完成支付的过程，再也不是卡，不是手机。

其次，无论是银联还是其他的手机支付端，我们都要解决清算、结算等问题。如果未来我们使用声频体系解决此类问题，我们会发现金融场景在向深度、广度不断延伸，完成金融场景再造。

人本身就是一个个体，不是集合体，是一个分布式架构。现在的市场经济是每个人的主体经济行为和金融行为，这样的过程中一定会去中心化，去中心化的逻辑是基于过去中心化组织起来的组织名称，可能被新的金融业务替代。也就是说，当这些区块链技术都成熟的时候，我们会发现，银行、证券、信托等基础设施会被其他的金融场景得以替代。如果区块链往上走的话，打破原来的基础设施逻辑架构，那些基于基础设施存在的金融主体会发生根本性的变化。如果我们自交易、自环节等全部一切都完成闭环，那么今天所有的中心化市场就会被一个没有中心化的、无处不在的市场所替代。

如果这些环节都被替代了，才是新的金融科技阶段改变了金融的一个场景，改变了金融场景的深度，改变了金融场景的广度，这个时代就像我们还没有移动支付的时候，觉得它来得挺快，后边的时代会来得更快。

生物特征是最高级别的安全性表达

敖　翔*

我眼中的移动支付是指电子支付时代，移动支付带来的这种便捷、安全，我想大部分中国人已经感受到了，我们每天用手机扫码或者用指纹去确认支付信息，还有刷脸支付。

移动支付的未来一定会和生物识别有关。为什么有这样的一个趋势呢？个人认为，支付是一个非常高频的环节，每个人每天会产生很多支付动作，不管是线上线下，全球一天内发生支付这个动作的总量是惊人的，对于这类超级高频的动作每个微小的改进都是巨大的改进，它的便捷性、自然性大家都已经体验到。

现在我想谈它的安全性问题。移动支付这类高频场景，不断挑战和推动着生物识别技术安全性的发展。我认为，安全性有三个层次，第一层是密码；第二层是设备，例如U盾；第三层就是生物特征。密码可以被复制，设备也可能会被盗取，而生物特征则是与生俱来的，这种独一无二性使其难以被复制和盗窃，具有更高的安全性。

所以我们很重视利用生物特征——比如人脸——来做诸如支付等场景的身份验证。当然会有人提出疑问，生物特征真的不会被窃取吗？如果使用人脸支付，别人拍张照片是不是就可以窃取呢？我想说的是，我们的脸部充满细节，具有丰富的特征，并不是一张照片就能够完全表达

---

* 敖翔，时任旷视科技高级副总裁。

的。合格的人脸识别支付技术，就是要充分和有效地利用这些丰富的信息，来达成“难以复制”的安全。

比如我们为厂商提供金融级支付级的人脸识别技术，用到的脸部特征就不只是一张照片，还包括了立体成像的结果、皮肤对红外线反射的效果，以及其他一些微观特征。这些特征共同构成对人脸的全面记录，可以把生物识别支付推向新的高度。

现在线下的生物识别支付还不是很普及，接下来随着经济的发展，普及性是个趋势，因为我们享受它的便利与直接，我们还会拥有它的安全，未来的生活将会更加的安全、便捷和高效。

地方银行通过支付平台提高服务和创新

杨　斌*

我来自青岛银行，目前负责青岛银行的技术部门。我本人今年是第 24 个年头跟 IT 技术打交道。今天的主题是移动支付场景革命，在王忠民理事长的演讲中我捕捉到，移动支付不单是对技术和移动支付的洞察，同时还有唯一性问题，包括手纹、掌纹等。

移动支付领域是金融科技的热点话题之一，移动金融给传统银行带来了严重的冲击和巨大的挑战，我们认识到要拥抱金融科技，所以现在很多大银行、股份制银行均纷纷成立了自己独立的金融科技公司。

我跟大家分享三个方面的内容。

一、对金融科技的理解

移动支付技术是金融科技的一部分，银行业里有句话说，金融科技没有改变金融的本质，这句话基本上是银行业的共识。从技术层面去理解这句话的含义是，技术的等值地位发生了显著的改变，通过技术来实现银行交易中明细查询的需求，已经完全被金融科技超越。

---

* 杨斌，时任青岛银行信息技术部总经理。

金融科技有三个特性，关键词分别是敏捷、洞察和协同。敏捷，是技术极度敏捷，就是极度快。有句俗语“路遥知马力，日久见人心”，强调有一个时间变量，需要很长时间才能了解到人的内心所想。然而金融科技并非如此，在互联网支付模式场景下，客户端可以根据客户画像完成精准识别。洞察，是通过对客户行为、物联网以及其他更多信息的捕捉更深入地了解交易对象和交易场景。协同，技术拉平了很多行业边界。这三个特性让金融科技的技术地位发生了根本性的改变，原来技术就是工具，现在技术变成一个企业、一个组织的核心力量，它能成为一个组织的核心竞争力。金融科技的技术特性让每个组织必须重新审视该技术对于组织的作用。

二、关于移动支付

银行有两个非常重要的抓手，账户和支付。随着社会经济发展和移动支付的普及，大部分金融科技公司、第三方支付公司都有了很多支付创新的新场景。支付亦是银行重要关注的一个话题，手机银行是通过手机移动端衍生出理财、生活代缴费等多种金融服务来完成平台的延展。地方银行能够跟银联这样的全国性支付平台达成深度合作，通过支付平台的多类服务来综合提高地方银行的产品服务和创新，是地方银行要重要考量的一个方向。

三、移动支付的安全性

唯一性在计算机处理后被数字化，对计算机做了数字化处理之后，数字化的信息会有被篡改的可能。我们作为技术实验者，需要思考未来如何给客户提供更加高效、更加安全的移动支付平台，在此基础上更好地去构建未来的移动支付体系，尤其做技术实施，我们要将更安全的技术融入到更便捷的支付场景，在未来智慧城市将支付融入到无处不在、放心安全的便捷支付服务体系当中。

移动支付是实现最快速连接的绝佳入口

李紫建 *

我来自丰瑞祥，一家在支付领域坚守了十年的金融科技机构。在2006年、2007年，正当大屏智能手机刚开始兴起时，我们就预见移动支付蓬勃发展的今天，并毫不犹豫地从银行体系切入移动支付领域。

金融的本质从古至今未变，但变化的是其体验和效率，当从卡基时代到账基时代交替时，我们相信移动支付一定会以超前的方式和特性引领时代。十年前，移动支付主要是NFC、APP支付。二维码在线下结合支付的广泛运用，瞬间加速了中国在移动支付上的市场领先和成熟度，俨然成了新时代的四大发明之一，堪称中国的名片。

回首过往十年，正是移动支付市场迅速崛起并扩大的十年，无论从国内支付牌照发行，到配合“一带一路”的发展布局、人民币国际化，移动支付都一马当先，支付先行，国际贸易、资金融通、习近平总书记提出的“一带一路”倡议，才能逐步成为现实。通过支付，我们把国与国之间、行业与行业之间做了完美衔接，落实到不同贸易的场景里，正所谓，一桥飞架南北，天堑变通途。

回望当下，生物识别技术的推广与普及，尚有一定的难度。但丰瑞祥已在移动支付领域涉足不同行业和领域，其中就包括国内的万达、华联、银泰、北人等新零售行业，以及银联、银行的合作案例中，除此之

---

* 李紫建，时任丰瑞祥总裁、祥付宝董事长。

外，我们仍在开拓更多不同的应用场景。

让我们将视角回归到线下的消费场景，早在两年前，人脸识别早已运用在新零售行业，CRM（客户关系管理系统）就开启了生物识别技术，每当顾客光临购物中心，品牌方就会及时收到会员进场通知，随即开启会员信息的全方位互动，极大缩短了支付的等待时间，摒弃了繁杂的验证过程。

中国的澳门特区、东南亚的马来西亚地区、印尼、柬埔寨、老挝、缅甸等国家和地区，尚未经历过完整的卡基时代，持卡人数甚至不足5%，更多使用传统的现金支付方式，但经过这么多年的发展，尤其是当我们把中国优秀的移动支付、丰富的行业经验传播过去之后，他们已经在跟进中国移动支付前进的步伐，逐步开启无卡无现金化的时代，在这个过程中，不少国家都意识到人脸识别等生物技术，在支付甚至更多行业运用中的广泛前景，但由于牵扯到更多基础性的系统工程，未来还要有许多年的路要走。东南亚国家的金融科技环境现状，导致他们需要完成移动支付的基础性建设，树立起行业样板，才能持续复制并投入到其他行业。

让我们把目光聚焦到海外，有些国家的移动支付，从大学及大学生领域入手，实现学生卡电子化，并赋予其电子钱包账户的功能，在整个支付过程中，运用人脸识别，实现刷脸支付，背后的电子钱包账户做实时结算。

回到国内，具体的行业运用前景，例如养老项目，除去支付功能之外，更广泛的运用在老人的赡养及监护上。以及大健康行业，通过采集人脸数据与后台进行比对，商业模式和内容会更丰富。

未来的几年，对于生物识别在不同领域的运用和落地，我们可以保持一种谨慎的观望态度，原因有如下几点：

第一，风口。移动支付在中国普及率非常高，远超10亿用户，下一个风口在哪里，当下都聚焦和寄希望于人脸识别等生物识别技术。

第二，模式。尚未有成型的商业模式，可持续性尚待考察。

第三，成本。主流设备需要更新换代，且当下成本相比传统扫码、摄像头等设备，尚未有所降低或持平，成本基本在 1500—2500 元之间，费用谁来承担尚待商榷。

第四，安全。生物数据的收集和保存，是否有足够的安全和标准保障，这牵扯到每个消费者的隐私保护、数据存储及传输、硬件精准度等，不论从技术层面到行业运用，都需要一个论证的过程。

综上所述，都是生物识别距离来到我们身边，融入日常生活中，迫切需要面临和解决的问题。

目前，基于国内银行账户的分级，生物识别已经有了不错的运用和开端，包括 I 类户、II 类户、III 类户这三类账户，尤其 I 类户，是必须要本人亲自到柜台做人脸验证的，如非本人到场验证，只允许小额账户。纵观国内行业及海外的具体应用案例，我相信，随着支付场景应用的深入和推广，必将打造更好更优异的体验。

多生物识别融合使唯一性接近100%

白春雨*

关于生物识别，王忠民理事长谈到了唯一性。唯一性问题怎么解决？理事长提到了声纹。在此之前，有人提到欧洲某些国家已经叫停刷脸支付，包括美国，这个问题实际上代表了安全性。所以，今天我从生物识别的唯一性和安全性，对于支付的保障来谈一谈。

生物识别的唯一性。我们企业主要做多生物识别。我们参与国家的大项目建设，包括公安部建设的全国乃至世界最大的生物信息大库，包括人脸库、DNA库、最大的身份证指纹登录和应用，这些都是生物识别的要素。我为什么提到这三个？是因为理事长也提到了声纹，我想我们可以给公安部提个建议，是否再建一个声纹的大库。

第一，现在主推的应用方案就是多种生物识别技术的融合，比如刷脸加上指纹、DNA、声纹，如果把这些融合起来，人的唯一性就接近100%。我们所讲的理论上的唯一性和实际上的唯一性肯定有一定差距，但至少比一个生物特征的唯一性要更精准，这一点我们可以在多位博士的研究上得到论证。目前，我们在为东南亚国家做社保的身份认证和支付，在刷脸、指纹和声纹三个生物维度上，只要满足两个，我们就可以认为他是真实的人，就可以去进行身份认定和支付。这是我们谈到的关于生物识别对支付的唯一性问题。

---

* 白春雨，时任海天鑫创CEO。

第二，生物识别的安全性。安全的维度有很多，刚才敖总从一个角度谈到安全性的问题，我从生物的特征这个角度来谈谈。如果把指纹、刷脸、声纹这些多种生物特征进行融合，会使得交易支付更有安全保障，国家监管部门提出要提炼出一个数学模型的特征，也就是信息的脱敏化。建立这样多维度的生物特征库以后，不管是政务服务还是移动支付，建立多维度的生物特征库可以为信息安全、支付安全提供很好的保障。但因为多种生物特征的识别需要投入更多的成本，只有当市场体量增长到相对成熟、相对稳定的时候，成本才会降低，因此，并非所有第三方支付公司和场景都适合。综上所述，是我从两个维度来理解对支付的影响。

总而言之，我们一直在努力，生物识别能够助力移动支付的场景革命，生物信息的安全性能够为移动支付保驾护航。

融合共生是金融科技的未来趋势

罗永龙[*]

首先和在座的各位分享一下我们 PingPong 创立的小故事。

2014 年的时候，我们有一个创始人在工作中就发现，很多海外的金融巨头在给国内的跨境电商企业提供收款结算时，收取的服务费达到 3%甚至更高，不仅如此，我们跨境企业提现时，到账的速度也慢到离谱，做生意的人都知道要最大限度地降低支出成本，改善现金流，对他们来说是非常令人头疼的一件事。我们的创始人萌发了回国创业的念头。

2015 年 PingPong 将总部设立在了杭州。作为一家 100%中国血统的全球金融科技企业，PingPong 成立之初就下定决心要越世界，为中国。目前，我们的版图已经覆盖了超过 100 个国家及地区。非常值得骄傲的是，我们是第一家为中国跨境电商出口企业提供全球首款服务的中国金融科技企业，也是第一家获得欧洲牌照的中国金融科技企业。

一直以来，PingPong 就坚持专注于跨境领域的创新，帮助中国中小型企业实现数字化贸易革新，赋能和服务他们更好地走出去，提升出海竞争力。截至目前，我们为中国的数字贸易节省了 10 亿美元的成本。

作为一家金融科技企业，PingPong 非常关注前沿技术和新的技术的运用，比如指纹、刷脸、虹膜这些生物识别技术的落地，包括区块

* 罗永龙，时任 PingPong 合伙人。

链、虚拟现实、物联网和金融业之间的融合。针对一些新技术我们还会成立专门的团队进行专项研究。

可以看到，生物识别这类新技术的发展助推了移动支付和金融科技的快速发展，也给我们的生活带来了极大的便利。举例来说，我去水果店买水果，刷脸支付只需要 1 秒钟就 OK 了，非常高效便捷。

尽管如此，但一个新技术的成熟和普及还是需要时间的检验，在这个过程中也会面临着一些难题亟待解决，就比如大家最为关注的个人敏感信息的安全性如何保障，包括其中的技术性风险、操作性风险与系统性风险等，这也需要我们在座的各位共同努力和通力合作。

关于互联网下半场和金融科技的未来，我个人觉得正呈现出以下几个趋势：

第一，2C 的流量红利正在消失，2C 会逐渐转向 2B，2B 的优势正凸显出来，但是 2B 的路并没有想象中好走，充满各种挑战。

第二，整个行业会更加垂直化和细分化。金融科技企业都有各自的专长点和技术，越来越多的企业会选择在自己擅长的领域做自己擅长的事情，差异化竞争会越来越多，同时，各家也会修建自己的护城河和防火墙。而且，定制化和个性化服务也有很大可能在未来成为一种趋势和方向。

第三，融合共生会成为未来的趋势。刚刚王忠民理事长讲的大数据、云计算，包括人工智能、生物识别、互联网，这些技术的边界越来越模糊。大数据是基础资源，云计算是基础设施，区块链为金融业务基础架构和交易机制的变革创造了条件，生物识别确定交易的唯一性，这些技术的边界是互相支撑、互相帮助的，这是技术方面。机构方面也在发生变化，原来金融科技企业、银行业的传统金融机构界限很清晰，现在机构之间的渗透和业务交叉越来越多，每一个金融科技企业都在自己的领域越做越深，实际上他们合起来就形成了一个大的生态链或者大的生态圈。每家企业在自己的领域都是最强的，在这个过程中会有竞争，更多的是融合共生。这是我对未来的看法。

最后，监管科技也是一个新的方向：之前党的十九大报告明确指出要“健全金融监管体系，守住不发生系统性金融风险的底线”，所以以降低合规成本、有效防范金融风险为目标的监管科技或许在未来的几年内会成为一个新的爆发点。

当然，前面说的先进技术其实都是手段，手段为目的服务，最终还是服务“人”，用金融科技、数字经济等技术手段来解决小微企业各场景下的痛点和需求，是我们最想做的事情。

以技术应用推动支付产业向高质量发展

陈　　琤*

大家知道，移动支付对便利社会生产生活、促进消费和互联网经济发展发挥了更加重要的作用，已经成为我国加快金融供给侧改革，满足人民群众美好生活需求的重要抓手和通道。在这个万物互联的时代，从二维码支付到生物识别支付，越来越多的资本和技术投入到支付创新，支付科技的每一次跃升都在革命着我们的支付场景，都在升级着我们的生活方式。今天移动支付时代的场景革命这个选题具有鲜明的时代特征和现实意义。

作为我国国家银行卡转接清算枢纽的中国银联在移动支付时代也没有停止过创新的步伐，中国银联已经成立 17 年了，17 年来我们发了 70 亿张银行卡，银联的网络已经延伸到 170 个国家，去年一年通过我们网络实现的清算将近 500 亿笔，是国际支付产业最举足轻重的力量。这几年来我们顺应移动支付的大潮，按照中国人民银行的统一布局，在创新推动、科技发展、多方参与等各方面不断探索，完善移动支付的产品，建设支付场景的生态，也取得了一些阶段性的成果。比如说银行业统一支付工具——云闪付从 2017 年下半年发布以来，大概一年多的时间，用户已经突破了 1.6 亿，马上要进入 2 亿，到今年年底大概有 2.5 亿的中国用户使用我们云闪付。银联标准的二维码已经接入京东、美团这些

* 陈琤，时任中国银联股份有限公司青岛分公司总经理。

垂直的电商大概400多个，为这些垂直电商加入到支付领域提供了一个安全的通道，在银行卡联网通用的基础上我们也实现了应用场景的联网通用。我们推出了手机闪付产品，发展了卡码合一、生物识别等功能，用于适配我们快速、高频的移动支付场景，也代表着移动支付的趋势。同时在政务、民生等以前银行卡时代无法涉及的领域，为老百姓提供了便捷、安全的支付服务。我们去年一年在青岛落地了全国第一张电子社保卡，通过云闪付签发，老百姓的电子社保卡就可以在银联的网络上全面应用了。我们跟青岛大学合作，在青岛也落地了全国第一张银联标准的电子校园卡，可以在校园里畅通无阻地使用。今年我们也在青岛落地了民政代发业务，极大地提高了民政发放的效率，也包括老百姓的社保在内。

未来，中国银联作为我国重要的金融基础设施的建设者和运营者，中国移动支付国家战略的具体执行者，我们将顺应移动支付时代的新趋势，以技术应用推动支付产业向高质量发展，我们将继续跟合作伙伴一起，致力于建设一个高度开放的、安全可靠的支付清算平台，提供高效率的支付服务，规划移动支付的行业标准，我们将继续致力于推动交易处理、行业应用、风险防控的深度结合，推动支付新技术、新产品、新场景和支付产业的各方融合。我们也将继续在云计算、人工智能、区块链等领域进行不断探索，推动下一代移动支付技术的前瞻性和技术性布局，时刻关注着全球金融和货币的创新，并积极投身其中。

支付服务是资金流和信息流的通道，与财富管理密不可分，支付业务是通向金融投融资的入口，包括清算、收单、信贷、征信、大数据等内容，这些行业既是近年来技术创新最为蓬勃的领域，也是资本市场十分关注的热点。在今天的财富论坛上讨论支付场景的革命，我们认为正当其时。我衷心期待着能听到各位嘉宾畅所欲言，留下真知灼见，我们也乐于见到越来越多的技术力量、创新力量、资本力量投入到这个风起云涌的支付革命时代，我们乐于见证和促成这些力量能够跟中国银联达成合作，能够落地我们青岛。

对 话

马颖[*]：现在移动支付主要用的技术是扫码、NFC，还有今天非常聚焦的生物识别，这就开启了我们前面讲过的对后移动支付时代的畅想，是不是要抛开 APP 进行无感支付？推行生物识别在移动支付领域的应用推广，所面临的机遇和挑战是什么？请各位嘉宾用简短的几个点谈一谈。

敖翔：后移动支付跟生物识别是有一定关系的，目前，美国的亚马逊无人超市可以做到消费者在超市中的即时动作、行为都已经能被全程感知，并和人的身份进行对应，最后完成结算。我认为这是个开始，其他零售商也在及时跟进。后移动支付的趋势，跟零售科技会紧密结合，因为最普遍的是零售场景。未来，我们与其单单关注移动支付科技的发展，不如更广阔地去关注零售科技的发展，把两个科技结合起来看，我觉得会对后移动支付的情境有更清晰的认识。

杨斌：第一，认清技术的本质；第二，关注客户的需求；第三，根据客户来需要决定我们的发展形势和方向。我们提供的是随时随地、方便、快捷、安全的支付服务，不在于是否有 APP，仅在于新场景。

李紫建：后移动支付时代让我想到四大行都在讲 ETC 的入口，这就是一个无感支付。大家知道微信和支付宝渗透了很多高频行业，其实高速就是 ETC 最难的一块，也很高频。现在大部分人都会选择开车出行，在一二线城市每天都会有 ETC，有停车场景。两年前我们做了佛山的无人值守停车项目，起初它的交易频次非常低，到了今年上半年才开始增高。所以很多技术，包括后移动支付的发展和使用速度，需要有一至两年的孵化时间，传统机构如何能够看到这一点，就会做得非常好。我们要关注我们国家的几大银行，关注他们在抢夺什么样的场景。

---

* 马颖，时任现代支付与互联网金融研究中心主任。

最近我最关注的是 ETC，这是一个高频场景。

白春雨：后移动支付时代将有两大趋势：一是低额、高频的支付，比如超市、公交、过路费，主要关注的是便捷性；二是高额、低频的支付，比如财富管理、社保基金、保险、银行大额支付，关注的是安全性、唯一性、精准性。这两个场景会越来越分化，技术趋势和技术手段也不一样。

罗永龙：包括指纹在内多重校验的生物识别技术会成为趋势，同时移动支付将更具交互性，带有逻辑判断的生物识别技术也是将来的一个趋势。生物识别技术，包括后移动时代的标准，还会再进一步统一，对于复杂场景现在还没有非常好的应用。同样，现在推广成本较高，原因是技术不同，标准不统一，这个问题还需要进一步探讨。

马颖：接下来是高度精练的一个环节，请我们台上每位嘉宾用两句话把您的观点分享给大家。

敖翔：我相信移动支付和生物识别，基于生物识别的移动支付会有非常广阔和美好的未来。

杨斌：未来的移动支付一定是从账户到支付场景、技术、标准高度融合的一个智能化的体系。

李紫建：移动支付，中国的科技创造让世界变得更美好。无论哪个国家和行业，移动支付都将是最快最高效的连接途径。

白春雨：科技进步一定会助力移动支付快速普及，数据安全会为移动支付保驾护航。

罗永龙：我们正在做一件微小而伟大的事情。微小在于我们是推动移动支付、推动金融科技的一颗螺丝钉，伟大是我们携起手来整合不同产业链上下游的厂商、服务商，合起手来做了一件大事情。移动支付不仅改变了中国人的生活，还在改变世界。

马颖：谢谢各位，我也忍不住加两句话，移动支付让生活更便捷，安全的移动支付让生活更美好，感谢台上各位嘉宾的分享，本场的会议就到此结束，同时感谢我们中国银联青岛分公司的大力支持。

第十一章

移动支付的风控与监管

移动支付行业发展带来的安全隐患，推动监管机制日渐完善。断直连、备付金缴存等系列监管措施业已出台，移动支付行业加速规范、正本清源的时代正在到来。在包容审慎、防止垄断的监管大原则下，各主管部门探索形成监管合力，建立协同防控体系，以更规范的市场准入与退出机制，把守技术安全和风险控制，加强产业链各环节和行业间融合发展，实现利益合理分配、合作共赢，推动移动支付行业提升效率、健康发展，更好地服务实体、服务民生。

移动支付监管要从科技手段和支付业务入手

蔡鄂生 *

移动支付是我们改革开放，特别是党的十八大以后，伴随着金融科技、互联网发展很快的一项业务，我认为它还是一个业务。有关于第三方支付，在我还在银监会任职的时候，中国人民银行的苏宁副行长一直在推动这件事，他和我们不断地商量、协商，因为当时是考量到互联网的发展。

现在我们谈支付，而要按过去的角度来讲，就是银行各种“汇”的业务。这实际上是一个很严格的业务。只要有“汇”的行为，而且能够“汇”的话，你肯定就有一个资金的沉淀，这是毫无疑问的。不管现在的支付多快，它也必然要存在，给了我们移动支付，包括线下和互联网结合交易当中出现的有资金、有盈利的可能性。

我不隐瞒我原来的看法。在还没离开原来岗位的时候，我曾经说过，把移动第三方支付作为业务准入可能更好。后来，根据我的理解，我认为应该变成行政许可。这样，有些第三方支付就变成了一个机构的概念，风险也就会不一样。对于这类机构，必然会有一个责任的问题，比如监管责任等。而且它们作为机构，也必然要和其他的业务结合。这是我当时的一种观点。

---

* 蔡鄂生，时任南南合作金融中心主席，原银监会副主席。

现在，移动支付一步步走到了今天，虽然出现了一些问题，但整体而言，移动支付为大家提供了便捷，推动了金融普惠，这个作用是不能忽视的。由于移动支付自身使用的是科技手段，比如基于互联网、基于手机来搭建应用，所以移动支付的监管，就应该从科技手段和支付业务层面上进行监管，否则可能解决不了问题。

事实上，有很多移动支付的风险不是人为的。比如曾经有一个例子，日本的某个城市发生了地震，大家去商店买东西，因为没有电、没有网，移动支付再好也用不了，还是得拿纸币。这就对我们的防灾工作提出了一些要求，此外，也包括要做好对平台硬件问题的防控。

现在看来，最关键的还是移动支付业务中出现的问题。第三方支付、移动支付和银行不大一样，银行的客户群体，其开户手续、账户管理等都比较健全。在这方面，移动支付和银行是有差异的，现在有的账户还要和银行卡相连接，那么到底要怎么去判断，关于移动支付业务的监管以及它的规律性问题。

最主要的是，要考虑移动支付本身，除了银行有支付手段外，还有第三方。根据这几年的发展和改革，第三方机构积累的问题和当前表现的问题，其根源到底是什么？是它自身，还是说和社会的一些现象有关联。我觉得一定要把正常业务和那些有恶意的，或者说主观犯罪的做以区分，后者是要通过建章建制给予坚决打击的，但对于正常业务中出现的风险，应该采取监管，确定好政府政策，划归好各部门的责任。我相信，随着大数据等信息技术的发展，该领域的监管会逐渐摸索出一套更加成熟的，同时也有利于促进移动支付业务健康发展的办法。

支付系统多面观

陈道富*

在我学习支付体系的时候，支付体系是非常稳定的，是重要金融基础设施中的一种，可以日用而不知。然而，近几年随着第三方支付、移动支付等的发展，我们又不得不重新“学习”支付系统，重新思考支付系统的一些基本逻辑和概念。支付系统到底是什么，又意味着什么？

第一，支付系统就是连接，是通道，类似于生活中的道路。支付系统要在各种场景下，将企业和人连接起来。首先碰到的问题，是能不能识别，以及用什么方法有效识别出单个企业和个人，要保证不能出现欺诈等问题。此外，作为通道，要把很多个体连起来，就像高速公路和普通公路一样，为了降低整个系统成本，是需要有不同层次的，既有主干道、也有“毛细血管”。高速公路制造成本较高，但可以追求输送的高效率，可通行的规模，以较高的制造成本实现较低的运输成本。普通公路制造成本虽然低，但运输效率较低，注重可达性。通过分层分级的方法，平衡效率和成本的关系。

此外，当连接普及到几乎所有个体，成为一个关键性基础设施，就会延伸出一个新的职能——宏观调控和管理的职能。

第二，除连接通道外，还有通道上的内容。在“路上跑”的时候，要有一个交易的载体问题，公路上是客货车，以及客货车上运输的人和

---

* 陈道富，时任国务院发展研究中心金融研究所副所长。

货，交易连接是信息和货币问题。为了提高交易效率，解决两两匹配的问题，就必然会引出货币的问题，即一般等价物的问题。所以说，支付发展到一定程度以后，不可避免地要跟货币连在一块。现在第三方支付为什么那么有效？因为它引入了现有多币种以外的，大家都共同接受的类似于货币的东西。这可以极大地提高整个系统的效率，也因此涉及支付系统和货币之间关系的问题。如果抢占支付系统，能不能获得货币上的信任？支付系统的架构和货币之间是不是有一定的联系？获得了支付系统是不是就获得货币背后的职能？不一定，但具有优势。

第三，是支付的基础服务问题。我学习支付的时候，就是学它的最基础的职能——金融的基础设施。这其中的核心是支付提供的服务，这个服务带有很强的公共性。我们原本都认为获得这种服务是理所当然的，但是如果哪一天支付系统发生变化，服务的可得性或者可及性出现了一定程度的跳跃，金融系统将会遭受巨大的冲击。

从不同的角度看支付系统，其背后的含义都会是不一样的。支付系统具有的技术特征和一般的金融服务不同：支付系统具有非常强的网络效应和迭代效应。谁先行了，建立了网络，即使有技术更优越的后来者，也不会有机会了。支付系统有一个天然的先行优势，就像语言，一旦大家接受，就不会想其他哪个更有效。支付系统在面对市场时，具有网络性，具有迭代方向的锁定性。

顶层设计、未来的技术研究方向等，均对支付系统具有决定作用，比如到底是基于二级还是多级的银行账户，是基于卡还是基于区块链技术分布式记账的。说白了，支付就是账户的链接问题，以怎样的效率进行验证，如何实现大家对账户的信任，都是支付系统运转效率问题中的关键。我们经常讲“降维打击”。你会发现，基于银行账户的效率、基于卡的效率和基于区块链的效率不是在一个维度上的。

中国已经做了很多的探索，比如在第三方支付领域，这么多的第三方支付机构怎样平衡整体的效率和安全，网联就对此做了一些探索。国际上的跨境支付系统，目前主要依赖于 swift 系统、visa 系统、master

系统，中国也对此做了一些探索。未来，整个支付系统效率和安全的平衡问题仍有很多路要走。我今天更多的是从业务以外的角度来看支付，不仅是技术层面上的，也不仅是货币层面上的，更不仅是服务面上的。支付有很多观察的角度，需要综合起来，支付既是技术，又是数据；既是通道，又是货币和安全。

移动支付应推行适宜性监管

程　华*

我们这场论坛有三个关键词，场景、风控和监管。近两年在支付领域，各大机构竞争主要焦点是场景的下沉和开拓，这个行业的风险被不断披露，同时针对移动支付的监管也在发生不断变化，可以说是翻天覆地的变化。因此，我的发言围绕移动支付领域回应这场论坛的场景、风控和监管这三个关键词。

我先讲移动支付区别于传统的银行卡支付，有什么新的特点。

第一，移动支付依托开放的网络。银行卡的支付也要依靠电子网络，但是 POS 机网络、ATM 机网络，是专用的封闭的电子网络，而移动支付依托的是互联网。互联网是一个基础设施网络，是开放且无处不在的，互联网不只有支付的信息，还流动着各种各样的信息。这是一个开放的网络环境，造就了移动支付的无处不在、无时不在，可以低成本地进行供给。

第二，从支付流程来看，移动支付的特点是支付链条长，与场景的深度结合，涉及服务商的机构类型多。关于支付链条，我们以银行卡的四方模式举例：银行卡组织、发卡行、收单机构，再加上商户。移动支付的链条会在这四方的基础上加入第三方的支付平台，加入新成立的网联，加入聚合的支付机构等，链条非常长，服务机构的类型也很多。从

* 程华，时任中国人民大学数字经济研究中心副主任。

全球来看，除了银行之外，还包括移动通信服务商、大型互联网机构，很多初创期的IT机构等，都进入了移动支付这个行业，甚至手机的硬件制造商，比如华为、小米，都要在这个业务分一杯羹。

从场景的结合来看，银行卡支付是一个标准化操作，任何一家店铺只要放一个POS机就可以支付，不区分场景，支付流程是一样的。但移动支付，特别是条码支付不是这样。在中国，去一个餐厅可以点餐也可以支付，去一个娱乐场所可以排队、买票，移动支付服务商提供了不同行业的解决方案，在解决支付效率的同时，还帮助各行业店铺解决业务流程、市场营销、成本缩减等方面的痛点问题。这一类行业解决方案的研发，特别强调场景的开拓，强调支付流程与交易场景的深度融合。我相信，未来几年，各个机构的竞争焦点将是如何深度地切入不同的场景，比如智慧校园、智慧医疗等。

第三，传统支付更加强调公共产品的性质，它的存在不是以盈利为目的，而是作为金融的基础设施，在中国，传统的支付服务商包括中国银行下属的一些事业单位、各大商业银行等，盈利不是传统支付的主要目的，主要是作为金融基础设施来建设的。然而，移动支付的市场竞争性比传统支付强，变成了一个直接或间接盈利的竞争性产业。一方面，其服务机构是民营企业，以盈利为目的的；另一方面，这个行业本身提供了新技术背景下的盈利空间，提供了群雄逐鹿的市场空间。

开放的网络、很长的链条、复杂的场景以及较强的市场竞争性，很自然地，导致了移动支付的第一大风险特点是广。移动支付无处不在，一位农民几分钱、几毛钱可以用移动支付，每天营业额只有几百块钱的商铺可以用移动支付。第二大风险特点是非常多变、非常复杂。因为有很多的机构，一个交易的链条可能涉及各种技术。第三个风险特点是不确定性，技术的发展、业务类型的创新会为移动支付带来很多说不清楚的风险。比如，我们探索过声纹支付，但是这两年，人工智能已经能够非常好地模拟出一个人的声音，这个认证就失败了。另外一条路径是刷脸支付，在中国做得还是很“热闹”的，但在2019年，美国旧金山对人脸识别技术发出了禁令，禁止该技术在政府机关和执法机关中使用。为什么？我觉得牵扯到个人的隐私等问题。

适宜性的监管，我认为有两个方面。

第一个方面是加强监管，支付是金融的基础，金融对实体经济具有强烈的外部依从性，所以一定要加强监管。加强监管有两个维度。

一是要依托平台监管的思维。在数字经济行业当中，我们经常说政府管平台，平台管生态，什么意思？比如说淘宝的卖家卖假货，我们不会管到卖家，我们会管阿里巴巴的平台。又比如微信，政府的机构不会直接管这些企业或个人，其实是靠微信的平台在进行管理。中国移动支付呈现出的不同于其他国家的特点就是涌现出了一些大的支付平台，比如支付宝、微信支付、银联云闪付等。这些企业的特点已经具有非常明显的数字平台特点，它们是有生态的，是开放的。虽然支付行为的互动非常复杂，但是平台可以实现实时地数据监控，我想，监管也应该是这样一个方向。

二是依托技术来监管。这是毫无疑问的，依靠传统手段进行监管永远跟不上这个行业变化的形势，一定要进行技术投入、技术人员的投入，建立技术、建立新的数据搜集信息体系。尤其重要的是，要依托现有的民间机构，向它们购买服务、购买数据，然后来进行该领域的风控。这种监管会是非常有效的。

第二个方面，监管的适宜性强调它是一个竞争性的产业，要尊重市场规律来监管。既然已经发展成为竞争性的、有很多盈利性机构参与其中的产业，这个产业就必须要有应该的利润空间。在发展初期，市场尚不稳定，竞争可能会导致一段时间的混乱，可能是某些机构的市场份额比较高，造成了垄断。但这个现象，在很多新兴产业的发展过程中都出现了，不必惊慌，也不必因此搞一些非常严厉的“一刀切”制度。前两年，相关机构出台了一些政策，比如禁止支付平台进行价格补贴，但实际上政府背景的银联云闪付还在补吧？还有备付金存管政策，存管没有问题，但备付金存在中国人民银行了，不付利息，从理论角度来讲，这是违背经济规律的做法。

最后，我想谈一点，既然移动支付是一种创新，就应该有容错的机制，应该给移动支付创新的空间。在这方面，我们的监管方做得非常好。正是因为早期的包容、及时的进入，建立了市场准入制度、发放了牌照，第三方支付领域才会没出现特别大的问题，发展得很健康。虽然，有一些小范围的挪用备付金问题，但是这个问题在行业中占比是非常小的。要有一个容错机制，毕竟任何金融创新都会出现一些错误。

多维度管控移动支付风险

颜　阳*

我在证券行业工作了二十多年。证券行业监管的要求是比较高的，包括券商的保证金、托管等。实际上，从中国金融体系的整体来看，支付发展得特别快。移动支付是归在金融科技领域中的，从统计数据来看，2018 年金融科技领域的投资达到了 1118 亿美元，相对于 2017 年增长了 120%。

实际上，有一些比较关键的点值得我们注意。比如 GDPR，更多关注个人隐私数据，还有 PSD2，是第三方跨境支付的非现金数据共享管理。这些对中国也是很有借鉴意义的，比如怎么在强监管下实现创新。

谈到移动支付，我们要关注最近的一些变化，有以下几个方面：

第一，整体布局进入了非常快速的阶段。首先是抢资源，数据资源的争夺会导致数据乱象，所以国家层面在推行规范化管理。其次是拼技术，甚至不考虑投入产出，大家都在比拼。最后是拼业绩，无形之间变成了降维的竞争，这种竞争导致其成本越来越高。

第二，围绕移动支付，大家都想建立相对的闭环，要去占领领地，导致了数据割据的程度不断升高。一方面我们在创新过程中，数据带来的影响越来越大；另一方面，大家又觉得数据越来越重要，监管层面对其又有新的要求。所以，大数据的深度应用对移动支付的发展是有着非

---

* 颜阳，时任中关村大数据产业联盟副秘书长。

常大的影响和挑战，我们已经进入大数据应用的深水区。前几年更多的是讲数据的交换，但这不太适合深度的融合，一般只是在一个闭环里面。一旦涉及数据开放、数据主权、数据隐私等都没办法解决，必须要用新的方式来解决。在深度应用过程中，要用新的方法来解决这个问题。

第三，场景越来越多，技术发展又非常快速，所以，要从很多维度来控制风险。从技术角度来讲，一定要关注云管端。移动支付和运营商的关联度非常高，前几年我们国家曾经推进虚拟运营商的发展，但实际上很多问题没有解决。很多问题都集中到“端”一侧的创新，比如NFC 支付、二维码支付等。不是说这些技术很难，而是技术和业务的结合创新，从生产流通，到交易，甚至是理财，都导致了风险非常地复杂。这就给我们提出了下一步怎么解决在移动支付中风险管控的问题。

借助大数据和人工智能进行支付反欺诈

顾志忠*

我想从风控的角度，即反欺诈的角度和大家聊一聊。

前面有一场论坛，专家们在讨论：如果过了三五年，生物识别技术被普遍用来保障安全的话，反欺诈中很大一部分的问题就解决了。不过，在生物识别信息的使用上，有很多法规的限制，例如通用数据保护条例（GDPR）的立法就有特别严格的规定。与此同时，行业的另一个趋势是，就像颜先生提到的欧盟既推出了通用数据保护条例，也提出了支付服务指引修正案（PSD2），要开放银行支付体系。一旦开放，就会有很多原来不在闭环生态里面的参与者加入。他们加入后，会对安全体系造成很大的冲击。这时候，怎么保证安全，怎么保证对欺诈的控制，长期来讲还是值得仔细研究的。

我想从几个角度分析支付领域的反欺诈问题。

首先是大数据，这三个字几乎没人不知道，大家也都在谈数据的价值，只要有数据，阿里巴巴可以不收钱帮你做事。但是，如果把这三个字放到实务操作的层面，如果去和银行信用卡部门、电子银行部门、风控部门谈这件事情，他们会问“到底需要什么数据，到底哪些数据对反欺诈有作用?”回答这个问题时，支付宝、传统企业、传统的信用卡欺诈解决方案公司等，大家会有不同的观点。其实，我们真正想解决的问

---

* 顾志忠，时任 IBM 大中华区金融解决方案总经理。

题是，到底哪些信息是反欺诈真正需要的。

第二个角度是通过人工智能解决反欺诈问题，这似乎也是大家现在的共识。人工智能已经渗透到各行各业，可以陪你下棋，可以替代保姆照顾老年人生活。关于反欺诈，关于机器学习，如果是在一两年前，当我们和银行的信用卡反欺诈业务专家谈机器学习，他们会回答“虽然我们有这个东西，但是讲不清楚”。毕竟，机器学习能识别图中有一只猫，有一朵什么样的花，但是如果想找个人解释一下机器是怎么认出来的，会很难解释清楚。信用卡反欺诈也是一样，通过机器学习、深度学习、神经网络方法得出的模型，业务人员如果想解释、想修改、想去管理业务，会非常困难。我认为，今后人工智能在支持反欺诈领域时，一定要避免这种说不清楚的事情，要让业务专家们可以理解，让领导、专家、管理人员们能够真正地对其进行指导。

第三，我讲支付的反欺诈，但没有讲移动支付的反欺诈。事实上，大家很容易被各种新事物所吸引，比如许许多多的支付创新，通过金融科技，嵌入你生活中的不同场景、不同设备。而这些创新都是围绕前端的支付发起渠道的。国际上有个通用的说法，支付依照处理流程分两端，一端是支付发起，比如用户的支付，这里面有大量的创新，日新月异；另一端是清算与结算，比如银行、支付服务商处理支付业务。

过去几十年里，清算与结算领域几乎没有真正的创新，只有很多迭代式的小改进，没有能够改变行业的模式创新。在座的各位如果对支付感兴趣，就一定会知道清算与结算端的几种成熟的方式，一是基于银行卡的授权与结算，单信息或双信息，这个在几十年前就成熟了，现在依然被广泛使用。二是基于国家、地区或者行业的支付清算体系，通常包括大额单笔（实时）支付、小额批量支付两种主要形式。最近几年出现了即时支付，英文称 Instant Payments，是一种准实时的支付。对于即时支付场景，我们国内用户的体验太深刻了，因为有支付宝、微信等手段，它们在 P2P 等场景中早早就应用了。不过，在国家基础设施的层面，不管支付宝、微信的支付生态有多大，它们依然只是自己封闭的生态，不是行业标准的、可互操作的生态。我们说，要成为一个国家市场基础设施层面的创新，只有到了 Instant Payments，由央行或者行业协会统一牵头，才能成就这一创新。清算与结算领域的创新就只有上述这些。

除此之外，我这几年正做的基于区块链技术的创新，未来一定会带来很大变革。以上就是在谈风控．谈反欺诈时，我们应当特别关注的几个角度。

具体来说，在管理支付欺诈问题时，尤其要注意以下几点：

第一，银行不同部门面对的欺诈问题是不一样的。

第二，国内银行信用卡业务主要风险是来自于信用风险，这和国外的情况略有不同，而信用风险不属于我们经常说的欺诈范围。交易欺诈现在不是银行损失的主要来源，现有技术勉强应付得过来。反过来说，银行逐步精细化发展后，信用卡业务会更为关注客户的获取，比如怎么“抢”新客户，怎么增加发卡量。风控其实是“人家开门迎客，你在把门验票”，门开多大关多小，把握起来挺难的。为什么说欺诈管理跟开门迎客有关系呢？因为反欺诈做得好不好，会直接影响客户的体验。

反欺诈有两个特别重要的指标：覆盖率和误报率。目前全世界顶级的欺诈解决方案的误报率是 10∶1—30∶1，有的系统甚至达到 50∶1。换言之，银行每抓一笔欺诈，就会同时抓 50 个无辜的老百姓，客户会是什么感觉？银行实际做法是放行让绝大部分报警的交易通过。银行真正需要的系统，最好能做到没有误判，至少也应该做到 10 以下。目前，最好的是 IBM 系统，能够达到的 1.8∶1，这样才能保证客户的满意度，银行才敢大张旗鼓开门纳客。这对技术、对数据的要求非常高，能做到这个水平的并不多。

第三，是对于新欺诈模式反应的速度问题。目前，我们已经不再认为反欺诈是基于某一个渠道、某一个产品的，银行应当从支付体系的角度入手，把各种类型的支付产品涵盖在内。反欺诈不应该只是反欺诈，比如，随着即时支付的发展，反欺诈需要跟反洗钱配合。反洗钱是国外支付监管的重点，新闻经常报道某银行被某监管机构罚款多少亿美元。此外，还有几个特别重要的指标，反欺诈的实时响应速度和交易吞吐量，响应速度要求在 10ms（最好在 2—5ms）以内，交易吞吐量应该不低于 10000 笔每秒，甚至 10 万笔每秒。这些我们都有好的技术方案。

移动支付应尽快实现阶段性转变

樊志刚 *

前面几位专家就移动支付的风控与监管发表了观点，我就仅把我对移动支付的思考和大家分享。

第一，要充分肯定中国在移动支付领域取得的成绩。完善、高效的移动支付体系是中国的一大创造，也可以说是中国的一项重大金融创新。有人可能说，移动支付技术并不是中国发明的，但是移动支付技术本身并不代表移动支付的全部，它只是移动支付的重要技术基础。

为什么说是一大创造呢？移动支付之所以在中国发展得这么快，是因为有很多特殊条件。为什么在其他国家发展不起来，在中国发展起来了？一个很重要的原因是中国实现了共享，这其中包括传统银行体系、新兴互联网企业、监管机构、客户等。可以说，在所有人的参与过程中实现了共享。虽然，互联网金融和传统银行之间有一定冲突，但在移动支付方面还是有非常重要的合作。共享是中国移动支付发展的重要基础，也是鲜明的特征。也因此，在监管、支付机构等方面，移动支付围绕共享做出了很多创新，实现了很多创造。

第二，我认为中国移动支付体系在世界上是最先进的，有以下几个特点：

一是规模巨大。根据人民银行的数据，2018 年中国的银行移动支

* 樊志刚，时任中国工商银行城市金融研究所资深专家、原副所长。

付高达 600 多亿次，涉及金额共计 277 万亿元，非银行支付机构的笔数更是达到了 5000 多亿次，涉及金额 208 万亿元。二是场景广泛。移动支付已经突破了空间的概念和时间的概念，且覆盖极广。除了基本的消费支付外，还已经渗透到理财投资等领域，可以说场景十分广泛。三是增长迅速，移动支付无论从支付笔数还是支付金额来看都正以超过百分之六十的速度增长。四是渗透性强。移动支付已经成为人们日常生活中不可或缺的一部分，超 80%的人每天都会使用移动支付。五是体验很好。在便捷性、安全性等方面的客户体验都很不错。整体来说，中国的移动支付体系在世界上是很先进的。

第三，移动支付在快速发展中还是存在着一定风险，这也是我们今天讨论的主题。怎么看风险？我认为应该从以下角度去切入：一是从微观和宏观角度，二是从下一步发展中客户信息保护等问题的角度。事实上，在欧美一些国家，客户信息被保护得非常严格，但这也一定程度约束了移动支付和互联网金融的发展。未来，随着中国居民对个人隐私的逐渐重视，客户信息保护一定会成为大家关注的重点。有关机构对此进行了调查，客户反映的第一个问题就是对个人隐私泄露的担忧。

另一个要注意的就是欺诈问题。支付过程中的欺诈现象时有发生，从银行信用卡出现时就已经存在，一直延续到现在的新支付方式当中。我们也应该关注移动支付中过度竞争和垄断并存的问题。目前移动支付市场上仍有许多乱象，比如一些企业采取了包括巨额补贴等的非正当竞争手段，一些企业份额占比过大造成垄断问题等。此外，还有技术稳定性、技术安全等问题。

第四，应当尽快实现阶段性转变。需要从规范发展阶段迈入深化发展阶段，关注焦点从业务体量、场景建设等，逐渐转向安全性、风险控制等方面。支付机构自身的竞争重点也应该从场景建设逐渐转向为客户提供安全更高、风险更小的服务。

最后，关于加强移动支付风控和监管，我认为，应该从三个角度入手。一是移动支付技术含量很高，须注重从技术角度解决安全问题、风险问题，比如生物识别技术等。二是技术不是万能的，支付机构不能唯技术论，要从流程、机制、办法方面等探索支付模式的创新，提高风险防控的能力。三是监管机构要发挥好引领作用，应该逐渐把监管重点转向支付领域的风险管控、支付体系的安全运行，须出台更多的相关规定和办法，把相关机构的重心更多的引导到这方面来。

对 话

张威[*]：大数据在支付领域的风险监控有哪些切入点呢？我想请教颜老师。

颜阳：这个问题比较复杂，对于监管部门或者管理部门来讲，要考虑的因素很多，常常会顾此失彼。风险监控可以把技术这一条线，就是云管端和业务这一条线叠加起来考虑，用一种模块化和弹性化的监控方式。毕竟，现在技术发展得太快了，如果没有吃透技术的本质，还去监管它，是管不住的。所以风控应该向前移，把业务和技术结合起来，才能实现监管的目的，不然，可能会限制了技术的创新。

从云管端这个层面来看，上面是云端，中间是运营商，下面是端。越往上面，风险监控应该越紧，因为云端传播的破坏力是比较大的；往下面，只要其主体不偏离轨迹就可以了，要把有限的资源投入到复杂的场景里面去。

某种意义上来说，仅是技术层面反倒容易管控，技术和业务深度结合后的管控，可能会更加复杂。比如，如果支付业务涉及生产层面，且在生产层面形成了闭环，它的风控其实比较容易，但是如果一旦到了流通层面，甚至叠加了一些金融交易的要素，就会变得十分复杂。越复杂，就要管控得越严，在政策方面也需要给予突破。

前些年，在一个农村，有好几家企业都在养猪，用什么支付？大家必选的是货币，后来增加了货币基金，可以是卖完猪后获得货币基金，让货币基金在闭环里流通。这种流通风险是比较小的。然而，一旦脱离了闭环，到了流通领域，就会产生很大的风险。比如可能是数据不可控导致的风险，这些数据没办法被完全保护起来。

---

* 张威，时任《财经》杂志高级记者。

所以，必须要在一个数据能够管控的范围内进行有效创新，才能实现目标。目前，对B端和C端的管控还是不一样，因为C端，也就是个人端的数据管理正在越来越严格。这给我们提出了很多挑战。现在正在尝试的一个方法是把区块链和一些多方可信的计算进行叠加。总体来说，在支付层面，一是要坚持闭环；二是要有足够的、合法的数据应用，从而打造出一个能够把风险降至最低的支付体系。

张威：陈所长提到了安全和效率的平衡问题，这也是监管一直在强调的。那么，随着金融科技在支付产业中的作用逐渐突出，安全与效率要如何实现平衡呢?

陈道富：所谓的安全是以它的功能为前提的。一个事物再安全，没有功能也不应该存在。事物的存在是以它有效、有用作为基本条件的。所谓安全，是在能够实现必要功能的前提下，防止在实现功能过程中带来的负面效果。所以安全和效率方面，首先应该保证其基本效率。

为什么现在大家对Libra有这么多的讨论和思考?如果Libra的效率完全高于现在基于银行账户的跨境支付体系的效率，如果Libra把币种之间的转换，把跨国验证的问题高效地解决了，那么，原来所谓的安全就不存在了，它瞬间会替代所有的东西。所以我认为一定要有用，要有效，在这个基础上再考虑安全的问题。安全是多层次、有技术的安全。不能为了安全而安全，应该是在有活力、有效率的前提下，使它更加稳妥地实现功能，这样就能够平衡安全和效率的关系，这是我的理解。

张威：谢谢，对于这个问题，顾总怎么看?

顾志忠：关于Libra的认知，很多人是直接从数字资产角度去看的，这没有错，因为它确实是电子化的数字资产。但是，如果你读国外很多财经类报道的话，会了解很多媒体把Libra看作一种类似于电子货币的东西。有这种看法的原因是把Libra用IC卡的圈存作比，不同点是圈存是一定量的一揽子货币的单位。

陈道富：我认为Libra应该从三个角度来看：支付体系、数字资产、数字货币。首先是高效的支付体系，特别是在跨境需要多币种支付方面。其次是数字资产，具有一揽子货币价值作为底层资产，自身又具有一定价值升值潜力的数字资产。最后才是数字货币，在特定网络内，具有普遍的可接受性，发挥交易媒介、价值尺度和价值储藏功能的载体。

顾志忠：我同意陈所长说的。Libra 本身是资产，这是一家的观点。更普遍的观点是把它当成数字货币。

具体来说，在数字资产层面，事实上，Libra 在出现以前，世界上还有一种更普遍的做法，就是稳定币的概念。再往前推，就是各国法定数字货币的概念。现在，各国法定数字货币走得比稳定币慢，稳定币似乎又比 Libra 要慢，这其实是一个倒逼的场景。

这么多国家，这么多机构都尝试了类似于稳定币的东西，为什么 Facebook 的影响力这么大？主要是有支付的生态。我觉得 Facebook 最大的优势是对生态的调动能力太强了，不管是消费者还是商业参与者，调动能力都很强。在 Libra 还没出来时，就已经有很多很知名的像 VISA 这样的机构愿意配合。我想，未来它可能会给全世界带来巨大影响。

有关于支付的角度，虽然我不是专家，但是我有两点想和大家分享，因为它用到区块链技术。我们对全世界区块链领域的各类尝试做过判断。一是目前为止，几乎所有 2C 尝试都没有找到真正可行的商业模式，需要待未来再看。二是 2B 方式，区块链已经有了成功的案例，且做得非常好。Libra 未来要走向一个可实用的、通用的支付网络，从上述的判断来看，现在 2B 已经有了很好的起点，获得了很多支持，但 2C 还有很多需要去摸索的地方。

张威：大家也提到 Libra 的事情，这是最近一个比较热的话题。Libra 未来对支付行业会带来什么影响？

程华：我记得，有一个学生问过我同样的问题，怎么看 Libra。我回答了八个字：前程远大，道路曲折。道路会非常的曲折，绝不会像之前白皮书一发布，大家就给予积极的反响这样的迅速。因为，它对当今世界现有的金融格局，对很多利益集团的触动非常大，Facebook 能否成为世界最伟大的企业，Facebook 能否支撑 Libra 成为世界的王者货币，我对此依然保持质疑的态度。包括美联储在内的各国监管机构，能给予 Libra 多大的发展空间都存在不确定性。但这些问题是决定 Libra 命运的重要因素。

张威：第二个问题，金融安全其实是依附金融功能的，而金融首先应该服务实体经济。我们应该如何理解支付安全这个概念？移动支付行业怎样发展才能更好地服务实体经济？

樊志刚：刚才几位专家都讲到了，支付是基础设施，而且是基础设施中的基础，是国民经济运行的一个重要基础，不仅仅是决定金融运行。大家可以想象，如果没有了支付，世界将会怎么样？所以，支付的重要性不言而喻。

具体来讲，首先，移动支付风险防范涉及每个人、每个消费者。随着金融的发展，移动支付安全被提得越来越多，消费者权益，则是金融领域中的一个基本点。移动支付安全是对消费者权益的尊重和保护。

其次，移动支付本身有很多优越性，移动支付的发展，特别是在个人领域的迅速发展，对整个社会经济的有效循环起到了非常重要的作用。

最后，移动支付有着多项创新，和传统支付相比有了很多优越性，也因此，消费者不断增加它的频次和规模。可以说，移动支付对扩大消费、扩大内需起到了非常重要的作用。更何况，现在还有“移动支付 +”，依附在移动支付基础之上开发了很多产品，特别是很多互联网企业以及银行都推出了融资等方面的相关产品。这些创新对于当前经济的有效运行，起到非常重要的作用。我们可以看到，近两年来，面对着经济下行和发展压力的不断增加，移动支付在扩大内需方面的作用越来越凸显。因此可以说，移动支付在稳增长方面功不可没。

陈道富：我举两个例子，让大家了解支付对于实体经济的帮助。

我们知道，在交易里面，最大的问题是货与钱怎样两清。货给对方，钱给自己，这是一个很简单的过程，但一旦不在同一个空间，在缺乏必要信任的环境下，这个交易就没法完成，到底是对方先交货还是自己先交钱。移动支付通过共同账户的设计，解决了货和钱的时间差问题，从而实现了从面对面的交易，发展到网上不见面的交易。我觉得这就是服务实体经济。

过去，如果把钱汇给海外的亲戚，是要等很久的。需要经过货币兑换，要经过银行内部的很多流程，才能到对方的账上。现在，双方只要有一个手机账户，瞬间就转过去了，这就解决了人对人的钱款划拨问题。包括出国购物，现在也已经能很方便地支付了。从原来基于非常复杂的银行账户到基于卡、基于钱包，技术提升了支付的效率，支付提升了实体经济效率，这对实体经济的贡献是全方位的。

当然，这个过程也会带来很多安全问题，支付信息、个人信息、账户信息中的隐私内容全部在这个时代中暴露出来，隐私保护等的安全问题已经越来越重要。你越来越依赖于支付的高效率，它已经和你成为一个密不可分的整体了。你离不开支付系统，这种依赖性其实会提高你的不安全感。一方面，我们在充分地享受支付的高效和它带来的实体经济效率的提升；另一方面，我们也深深地依赖着支付系统，对它的安全与效率的平衡提出更高的要求。

张威：Libra 未来会不会成为真正的货币？

顾志忠：很难去判断。目前，互联网上有比特币等许多种虚拟币，虽然很多投资者对它们热捧，但是放在全球来看，其规模还是很小的，也非常不稳定。各国政府即使监管再开放，大多也只是把比特币等当成可投资的数字资产，没有当成货币。从这角度，我认为未来 Libra 会不会成为一种主流货币，很难判断。

换一个角度来看，目前很多国家都在推进基于法定货币的数字货币，那么，如果以后这些法定数字货币出台，会挤压这些基于互联网的数字资产，会挤压它们作为货币的功能。不过，它们作为投资，作为数字资产的功能还是存在的，但却显然不是货币本身的属性了。简单总结我个人的看法，法定数字货币普及后，配合互联网个人隐私保护，你选择持有某种或某些法定数字货币（现金）可能是更普遍的情况。我不认为 Libra 将来会成为想要持有货币或需要支付的人的主流选择，或许更适合于平衡风险或者去套利。因为时间表比较急，Libra 会倒逼各国央行认真考虑发行法定数字货币的时间表和技术选择。

陈道富：大家想想，美钞是怎么起来的？美钞最早是和黄金挂钩的，以黄金的价值作为保证，二战后形成了布雷顿森林体系。等这种体系崩溃时，它就跟黄金脱钩了，没有任何实物价值支撑它，完全借助国家主权信用来支撑。美钞也因此实现了飞跃，从黄金的影子变成了独立的货币。

那么，货币又是什么东西？货币应该是一个普遍的，可接受的东西。不管它是什么形态，只要能够完成交易，只要在交易过程中币值是稳定的。其实，所谓货币，就是一种信任，是在长期使用过程中大家形成的一种普遍信任。这种信任一定是通过时间、通过交易甚至通过网络不断演进的，在演进中证明它是否值得信任，这种信任又能否被普遍化。

未来的世界又会是怎样的？我们先是通过纸币，后来又通过电子货币，但未来随着数字化的发展，越来越多的交易将发生在虚拟的数字世界。我们现在更喜欢把在虚拟世界发挥媒介交易的东西称为“代币”。如果只是在我们这个会场的范围内使用，它就是一个非常有局限的“代币”，但是，一旦这个会场扩大到一个国家甚至超越一个国家，大家还认为它只是一个“代币”吗？我自己认为未来各种情况都是有可能发生的。货币是从贝壳之类的东西开始，变成黄金、白银，又变成纸币，再到想要推动的非主权货币。对于 Libra 来说，如果想提高流通的可能性，现在需要的是引入更多的实体场景，使它更加有用，从占领支付系统、支付场景中的毛细血管直到发展成占领大血管。我认为都是有可能的。我们需要高度关注它。

最后，大家可以思考一下，我们的货币一定需要国家来调控吗？我觉得未来是开放的，但是货币是需要驯服的，需要管理的，所以这条道路一定是曲折的，但却一定是多彩的。

张威：谢谢陈所长。时间已经到了，感谢几位嘉宾精彩的分享！

第十二章
科技助力传统金融焕发新动能

面对不断变化的市场和需求，传统机构必须通过金融科技与传统金融耦合互补，才能更高效准确地布局新兴场景，全面提升综合金融服务能力。传统的内生性产品在科技驱动下，已逐步外化加入了开放的多维度的市场产业链，金融生态正在重构。科技也将辅助传统金融机构更好地进行风险管控，增强核心竞争力和合规能力，在持续健全的严监管和行业自律环境下，通过产融结合，为传统金融转型提升赋能，满足实体经济需求，促进传统金融业健康发展。

科技赋能金融应做好三方面

贲圣林 *

科技助力传统金融焕发新动能这个主题，我认为是十几场论坛中最有意义的一个。

首先，中国的银行、证券、保险等行业机构数量多、规模大，但是数字化程度、科技化程度、市场化程度、国际化程度、公司治理的规范化程度都与世界顶级水平有较大差距。以银行业举例，中国银行业规模世界第一，是 GDP 的三倍，约有 250 万亿元。在全球银行 50 强的排行榜上，中国有十六家，且前几强都是中国的。但是，我们自身的竞争能力不强。

其次，大家都说金融是经济的血脉：金融活，经济活；金融强，经济强。但是反过来说，金融出问题，经济一定出问题，往往引发所谓的经济危机。中国目前存在非常多的金融问题：结构性失衡，部分金融活动过多、产能过剩，部分金融活动不足。例如，股权资本、创新创业初期资本、赋能型资本都不足。

此外，作为一个现代性行业，金融行业的信誉，不仅是在中国，在全球都“不受待见”，这是一个非常严重的问题。金融行业的发展已经到了一个拐点。过去十年，中国金融行业处在黄金时期，我也很幸运参与到这十年的黄金期。但在近阶段，金融行业，特别是银行业，规模几

---

* 贲圣林，时任浙江大学国际联合商学院院长、互联网金融研究院院长。

乎不增长，利润虽然增加，但有些是做出来的，是从以前的存货提出来的。并非所有银行都不增长，应该说是几家欢乐，多家愁，网商银行、微众银行的增长就非常快。网商银行在近三年，客户数量增加了十倍，达到了 1700 万客户。你可以说是因为它属于阿里生态圈，但是，它的商业模式、理念、技术完全不一样。这也是我们的发展机遇。

最后，从总体来看，金融行业面临着百年之重构机遇。或许，会有很多金融企业面临着生存危机，因为科技化，但这个趋势势不可挡，如滚滚洪流般不可逆转。

接下来，我想谈谈金融和科技相互交融、相互赋能的历史。

金融是最早拥抱新科技的，特别是信息科技。过去七十年，IBM 等企业的机器都是在金融行业里用得最多。又比如，因为有了信息科技，才有了信用卡。事实上，支付系统是科技，ATM 机是科技，银行的信息化系统、客户管理系统 CRM 也都是科技带来的。所以，很长一段时间以来，银行员工的办公环境都是最先进的，以前很多交易员都是面对着七八个屏幕工作。总体来说，金融行业的数字化、科技化、信息化程度相对较高。

但在近几年，我认为，金融行业有点“自满”了，有点慢了。因为比起金融，科技的进化速度实在是快很多。以前，金融行业利用最新科技的速度，与工业时代其他行业比，是领先的。但在新经济、新科技时代，技术在迅速迭代，金融就落后了。渐进式的演化方式无法跟上这个时代，过去如同“小打小闹”的一点点的改进，无法在互联网时代进行。

科技的渐进式发展，发达国家做得更好，摩根大通、花旗、汇丰、桑坦德等都是通过不断改进的方式推动智能化发展。我刚从伦敦回来，在伦敦，人们可以直接刷银行卡进地铁。我们总说中国的金融科技很强，可我们的银行做了什么？好像没有。在很多领域，发达国家做得比我们好。

中国的银行常被认为带有官商的概念，虽然市场化程度在增强，但政府的干预仍然偏多。我们仍处在发展阶段：全社会信息化程度低、数字技能不平衡、覆盖人数少、人才储备严重不足，监管的理念、手段、方法很多还停留在工业化时代，科技化程度相对较低。并不是说中国的银行没有亮点，比如招商银行，其数字化程度高，市值也比较高。

那么，科技要如何为金融赋能？我认为有三方面：

首先，要解决认识问题。金融业是服务业，要放下身段，放下行政级别的概念。我们要改变文化，以客户为中心：这不是口号，不是愿景，不是战略，而应该是实实在在的行动，应该是流淌在每个机构每位员工的血液中。

其次，要全覆盖、全领域赋能。客户的要求是现在要、马上要，对此，要实现多渠道服务，产品要简单、极致、好玩，让用户体验更加便捷。对客户的定位不应是曾经的“二八定律”或者“一九定律”。销售渠道也不应该有那么多销售人员，例如网商银行、微众银行，他们基本上没有销售人员。此外，属地化管理也要改变，有客户时应该“流浪地球”。生态建设方面，要做到金融服务在生活场景中的无声无息、无知无觉，这便是金融服务的最高境界。

用人的标准也要改变。组织架构上不应有太多层级，行长和一线员工最好是“一对一”。此外，金融机构应该吸收更多的复合型人才。我常对我的学生讲，不要只学金融，也要学点理工，懂一些技术。在当前的金融行业里，像李总这样的科技型干部才是最强的，若是在以前，做IT的都上不了台面。我们常看到很多CTO坐在舞台中央，而CEO都躲到后面去了。

最后是“殊途同归”。各机构要怎么转型，怎么赋能？

对于大型银行，如所谓的五大行，他们有能力自建生态，要盘活存量，包括存量的客户、存量的数据等。对此，要克服官商心态，放低身段，鼓励体制内外的创新并行，须推进金融科技的战略布局，做战略性投资，创造新的投资场景。对这些大型银行来说，危机最大，失去的也可能是最多的。

对中型银行而言，他们将拥有更多的发展机遇。努力冲一冲，可能就像招商银行那样冲到一线，若缓一缓，可能就不如城商行。目前有几家城商行，已经超越了股份制银行。

小型银行则要做到以下三点：一是对待客户要下沉再下沉，深耕本地；二是找好友群，“找朋友、找大哥”，和科技公司合作、同行；三是抱团取暖，比如现在很多的中小集团联盟。事实上，与大型机构相比，数字化转型可以给小银行带来更多机会。

我想用唐代诗人刘禹锡的诗总结今天的发言：“沉舟侧畔千帆过，病树前头万木春。”我们已经进入了新经济、新科技、新金融的伟大时代。在这个时代，我们不应该过多依赖于行政级别，不应该空喊口号，而是要相信技术驱动的能力，相信规范创新的准则，相信平等奋斗的机会，相信普惠金融的梦想。传统金融，应当拥抱数字化，拥抱科技化，拥抱现代化。因为除此之外，别无选择。

数字经济时代的中国金融业

李　播*

2018年，在中国90万亿元的GDP总额中，数字经济高达31.1万亿元，占比约为34.8%。该比例呈逐年上升态势。数字经济分两类：一类是数字产业化，约为6.4万亿元；一类是产业数字化，约为24.9万亿元。

数字产业化，是利用信息技术实现市场化运作，并推动数字产业的形成和发展，金融科技一词就属于数字产业化的内容。产业数字化，则是利用信息技术对传统产业进行全方位、全视角、全链条的改造。很多产业通过数字化转型实现了产业升级。产业数字化可以生成巨大的价值，且远远大于数字产业化。例如在金融领域，科技赋能传统金融，将焕发新动能，且拥有无限的发展潜力。

中国即将迈入数字经济时代。数字经济时代的特征是新商业模式，特点是数字化转型。这其中我们用到的新技术，例如所谓的ABCDI（人工智能AI、区块链Blockchain、云计算Cloud Computing、大数据Big Data、物联网Internet of things），共同推动了中国各产业的数字化转型。这些技术发展迅猛，且在高速增长的同时，形成了技术叠加：通过技术组合实现一个商业模式、做成一个产品、完成一个服务。

说到这些信息技术在金融行业的应用，其实有很多话题可谈。因为

---

* 李播，时任中国光大集团科技创新事业部总经理、光大科技有限公司总经理。

金融行业是应用信息技术最早、最全面的领域。以银行业的演进过程举例，从 1.0 到 4.0 的发展，就是指从手工到电子化，从线下到线上，再到现在随时随地的移动化、多元化服务的发展过程。目前，舆论普遍认为银行业处在从 3.0 迈向 4.0 的蜕变过程中。其中，3.0 是指金融的移动化、多元化，而 4.0 要实现开放和智能化。

金融的转型大致由以下五点组成：

一是打造平台金融，以平台化提供综合服务。二是打造场景金融，让金融像空气一样，在日常生活中无处不在。三是打造生态金融，把所有的服务整合到生态圈中，通过打造数字生态系统，构建价值链，实现金融的高效服务。四是打造普惠金融，提高对中小微企业的金融服务水平，实现可持续发展。五是打造智慧金融，这也是人工智能技术的热点应用领域。

未来十年，人工智能将会引领中国大多数行业的发展，特别是金融行业和制造业。在这里，我想特别谈谈制造业的转型升级。尤其是在一些急难险重的工作中，人工智能可以提高效率、降低人的风险。例如在川藏铁路的修建中，有一些在高原上的隧道需要穿山打洞，但人在高原上施工很容易缺氧，所以需要利用智能制造完成隧道的挖掘。未来，人工智能将应用到中国制造业的各个环节，智能制造在中国拥有很大的发展潜力。在金融领域，人工智能应用到智能信贷、智能风控、精准营销、智能客服、智能核保等。

最后，我想谈谈数字金融。广义上，数字金融是金融各环节与信息技术的结合，任何金融领域的数字化、信息化，都可以认为是数字金融；狭义上，数字金融是指利用大数据提高洞察力、分析能力，提高金融服务水平。

没有科技加持的金融机构终会被淘汰

吴志刚 *

我们机构的名字是浙江互联网金融资产交易中心，简称网金社，以前叫三潭金融。我们有三个股东：中国投融资担保公司、恒生电子和蚂蚁金服。

其中，最大的股东是中国投融资担保公司，简称中投保，是我曾经工作过的公司，也是一个有着标准的传统金融思维的公司。

就像贲教授说的那样，过去，CTO在传统公司中是处于弱势的，我就曾是这个角色。到了新机构以后，CTO的地位完全改变了，我也因此受到了很大的触动。为什么在传统金融机构做信息化推进，做业务、流程的改造很难呢？

我们叫三潭金融，三潭是指三潭印月，这一景色被印在了一元纸币的背面。和一元纸币一样，我们不像传统金融机构几千万甚至几亿地赚钱，而是一块钱一块钱地赚。在中投保时大家常说，“五亿元以下的项目，人力成本‘扛不住’”，那么，五亿元以下的项目是不是就不要接了？到了三潭金融，现在叫浙江互联网金融资产交易中心，我们有了恒生电子的技术加持，有了蚂蚁金服的数据应用，赚钱就是一块钱一块钱地赚。这在以前的传统金融企业是不会做的。

我们的标语是金融科技价值的发现者。杭州有很多的科技金融企

---

* 吴志刚，时任浙江互联网金融资产交易中心CEO。

业，全国各地都是一样，都有很多，我们在跟传统金融机构交流的时候，他们有一个苦恼就是说，虽然知道房地产行业已经是红海了，但大家还是在做这些业务，虽然金融科技类的资产质量很好、议价很高，但是大家看不清、看不懂，所以不敢做。我们作为金融科技价值的发现者，通过已经掌握的 IT 技术，如大数据风控技术，为传统金融机构服务，也让更多的资金投入到这些平台企业中。

我通过从事中投保业务，通过推动互联网或信息化改造，认识到有两个痛点很难解决。

第一个痛点，现在很多企业还是解决不了，就是“以前的人”。什么叫以前的人？在金融领域，风控是永恒的主题，而做这项业务的时候，风控总监一定会带上一堆“老风控”。“老风控”几十年的工作经验是什么？是传统金融的抵质押，是合同文本的梳理，而不是技术。

第二个痛点是决策的流程和机制。我在传统金融机构工作时，虽然担任了技术高管、技术总监、CTO，但很难把握项目是否可以通过，是否可以用 IT 真正解决其中的风控难题。实际上，在很多传统金融机构里，CTO 的角色是很弱的。

这两点不解决，传统金融机构就很难实现信息技术的赋能。

既然是圆桌会议，我就抛一个相对极端的观点，给后面的嘉宾批驳。我想，金融科技这个概念，在不远的将来可能就不存在了，就像曾经很“时髦”的电子商务一样，如今，所有公司都已经使用了电子商务。未来，只要是金融机构，如果没有科技加持，就一定会在竞争中淘汰，留下来的机构，一定是把金融科技运用得很好的那些。

科技平台搭建金融基础设施成金融新业态

汪 申*

大丈夫应该顺势而为，首先，我们分析一下什么是势。

当今世界正处于第四次工业革命之中。什么叫第四次工业革命？这一概念又是什么时候提出的呢？就是从2011年至2013年这段时期的人工智能，即AI大爆发开始的。AI在第四次工业革命中扮演的是领头羊的角色。第四次工业革命是不是只有AI呢？不是。我们都知道所谓的ABCD，A是AI，B是区块链（blockchain），C是云（cloud），D则最核心，是数据（data）。5G、物联网（IOT）等最新技术都是围绕数据展开的，这就是所谓的势。

我的第一个观点就是：如果不顺势而为，终将会在大发展中被淘汰。事实上，从人类历史来看，第一、二、三次工业革命，从蒸汽机、电力，再到计算机，这是大趋势，人类不能逆趋势而为，国家也不能与趋势对抗。

那么，在这样的趋势下，金融会受到怎样的影响？

传统的银行业正在经历几千年未有的大变局，叫作BAAP或PAAB，即Bank as a Platform，或者是Platform as a Bank。这个是一个非常好的总结。在现在的金融行业中，既有传统银行，也有像腾讯、Facebook、阿里巴巴等这样做平台型的科技型企业。未来，银行、科技

---

* 汪申，时任深圳区块大陆科技有限公司创业合伙人。

企业两者不可分割，或者可以说，如果传统科技是母亲，传统银行是父亲，两人的孩子就是 BAAP 或 PAAB。

我来自于深圳，来自于大湾区。深圳和香港离得非常近，一个是科技中心，一个是金融中心。我们团队的创始人中有两个 banker，一个是做投行的，来自于高盛，另外一个是做传统银行的，来自于 BBVA。我是做法律的，来自华尔街的一家律所。我们三个人联合在一起创办了金融科技公司，落地到了大湾区。

昨天，王书记的讲话有很多亮点，其中有一点让我记忆深刻，他说，香港跟青岛是非常像的。我开始来青岛之前，从未想过两个城市的相似点，但后来想了想，确实很相像，为什么？围绕金融、航运、贸易的三角，香港是亚洲的中心，青岛也有相似的发展。

近期，香港金融业发生了一件大事：经管局在 2019 年的 3 月和 5 月发出了共计八张的虚拟银行牌照。过去十年中，香港从未给新的银行发牌照。这意味着什么？意味着我刚刚提到的 BAAP 和 PAAB。科技公司正在进入银行业，银行业也在进行着大转型。这就是大势所趋。

技术人员、CTO 在传统服务行业里地位不高，从事的工作往往是公司电脑有什么问题，负责维修。未来不是这样，未来的 CTO 会起决定性作用。金融科技、监管科技、法律科技、保险科技、生物科技等名词中，核心就是科技。第四次工业革命中的重要基础设施正在搭建，且速度惊人。我认为，中美未来最大的竞争不是在于贸易战，而是在于数字世界：数字世界里能否可以搭建一个完备、全面、高效的基础设施，且必须涉及金融、保险、法律、监管等方方面面。

举例来说，Facebook 于 2019 年发布了 Libra。Libra 本质上不是虚拟货币，和比特币没有关系，叫作稳定币，是基于生态系统的、绑定于法币的新金融产品，或者叫新的金融流通工具。

有关于 Libra，有两个最重要的名词，Global Currency 和 New Financial Infrastructure。从法律、金融的角度来看，我认为，短期内 Libra 不会发展得很快，至于最后何去何从，也不好评论。但是，这件事情有着非常重要的历史意义。马克非常有远见，他想在生态里建立新的经济行为和模式。这会是不是趋势，也不好说，但是他能有这样的想法是非常厉害的。

我最近与区块链、央行数字法币等领域的领导有一些交流。我问了一个很极端的问题，也想在这儿跟大家一起讨论。Facebook 之所以能推出 Libra，是因为它背后有 27 亿用户，这些用户从 Facebook 建设起来的时候，就已经“国际化”了。我的问题是，如果我们在座有个人足够厉害，建立了一个平台，上面有全球 70 亿的用户，如果把这个平台发展成金融，他可以做什么？这个问题的答案将比 Libra 的意义更重大。如果一个科技平台已经把全球每个人都包括进来了，那么这个平台能做什么？后来会发生什么事？事实上，这个平台的领导者，其权力已经大于美国总统。

在新的环境下，怎么思考 Libra 的事情？我认为，这件事情和金融科技息息相关，它是金融的新业态，是在科技平台上建立一种新的金融基础设施，这件事情在过去是根本想象不到的。

传统金融曾经由大银行、大投行垄断，但现在这个世界变了，科技公司可以做金融了，而且可以做到比传统金融的规模大得多。

科技与金融的融合，其服务的地方是在哪儿？是在镜像世界里。有关于镜像世界，凯文·凯利曾说，未来在镜像世界，也就是数字世界，智力是非常关键的。我完全同意他的观点。

我们把人与人之间的行为、机构与机构的行为搬到数字世界中，其数字世界的身份和行为，与物理世界存在的东西是完全平行的。甚至，在数字世界里，我们可以建立一套自洽的运行机制，比如设计宪法。那么，在未来的数字世界里，究竟应不应该有自己的政府和宪法呢？这个问题又由谁来设计呢？是人的设计还是机器的设计呢？如果机器聪明到一定程度，是否可以建立一个数字世界里完全自洽的规律？这是值得我们讨论的一个问题。

发展金融科技要脚踏实地

王 翔*

我们首先思考一个问题：金融行业有什么特点？它和其他行业有什么不同？一是，金融行业是一个没有专利的行业。一家金融机构设计的产品、提供的服务，同业机构也可以这样设计、这样服务。二是，在任何国家，金融都是严格受牌照管制的，不能为所欲为。我们在谈论金融科技的时候，也要考虑到上述两个方面。

目前金融科技是非常热门的话题，我赞同刚刚几位嘉宾的观点。现在对金融科技来说时机已经到了很好的时候。中国金融行业正从"青春期"走向"成熟期"。"青春期"可以依靠市场红利赚钱，在赚钱很容易的时候，大家是不会想到运用科技等手段。而当钱不好赚时，精细化管理、提升效率就变得尤为重要，大家希望通过科技手段来解决运营中的痛点，这也是金融行业走向"成熟期"的表现。

金融行业最初阶段是依靠销售驱动的，只要有产品，凭借着努力、勤奋和人脉，就可以把业务做起来。但是，市场经济的本质是竞争，越来越多的人会加入行业竞争。第二个阶段是产品驱动，好的产品才能胜出。行业开始关注产品设计，既包括机制上的设计，也包括技术上的设计。但由于金融是没有专利的，因此新产品红利最多持续半年至一年。第三个阶段是运营驱动，这要求你效率要比其他人高，必须综合考虑信

---

* 王翔，时任基煜基金总裁、"基构通"创始人。

息、服务、风控等。一旦要比拼运营效率，科技自然会受到重视。

金融有很多子行业，每个子行业都有其基本逻辑。对于现阶段的金融科技，我的第一个观点是：只要是金融行业就必须要处理好科技和监管的关系。我是中国基金行业的早期从业者，传统金融机构出身，现在又在从事金融科技。在这个过程中，我经历了心态的转变。前几年谈金融科技时，我和很多传统金融机构的人一样，内心是有紧张感的，觉得科技会颠覆一切。但这么多年亲历其中，我越来越深刻体会到，做金融科技一定要敬畏金融传统，无论是对传统金融的监管、场景还是对风险的认识。金融行业几百年来，风险、运营等有其既定程序和规则，绝不能不顾及。不能有了新技术就颠覆了本质规律，这是非常危险的。

我的第二个观点是：做金融科技时，对发展的过程也要有敬畏之心。前几天，我重读了《论持久战》，这是一篇有大智慧的文章。金融的发展也是“持久战”，不可能指望用黑科技在半年或一年内实现金融科技。这个过程一定非常缓慢，技术是需要人来驾驭的，中国金融科技的人才结构尚在初级阶段，培养一批既懂金融又懂科技的优秀人才需要很长的时间。

我的第三个观点是：做金融科技一定要脚踏实地，一定要扎实，扎实，再扎实！金融科技需要从小的场景做起。以基煜基金做“基构通”平台为例。基金销售有两个部分：To C 和 To B。在 To C 端的“赛道”上已经有蚂蚁、腾讯等很大的机构，初步建成了中国个人投资者基金买卖的基础设施；但是 To B 端的中国机构投资者，无论是银行，还是非银金融机构，他们购买基金时仍然采用手工的、线下的、纸质的、点对点的交易方式，效率非常低。而这些机构投资者管理着中国居民几十万亿元的理财资金。基煜基金具有证监会颁发的基金销售牌照，通过“基构通”平台为国内机构投资者搭建了电子化的、线上的、无纸化的、平台化的服务平台，大幅提高交易效率和内控效率，我们觉得把专业的机构投资者服务好了，也是在为千家万户的老百姓做贡献。

青岛市南区正在建设“五个中心”

高　健*

市南区是青岛市重要的中心城区，是青岛一张极富人文与发展魅力的名片。作为青岛历史文化的主要发源地，聚集了被誉为万国建筑博览会的21国风格的265处历史悠久建筑，历史文化街区面积占全市92%。作为全市红瓦绿树、碧海蓝天最具代表性的城区，这里风景秀丽，环境宜居，山城湾浑然一体。是2008年奥帆赛、2018年上合组织青岛峰会、2019年海军节的举办地。作为青岛乃至山东半岛服务经济核心区，这里时尚元素聚集、时尚商业发达，服务业增加值占生产总值比重达91%。

市南区作为全市金融业的大本营，2018年实现金融业增加值286亿元，占全区生产总值的25.9%，拥有总量占全市60%以上的150多家金融机构，本外币存贷款余额分别约占全市的40%、60%，区域经济和金融呈现互促共进的良好格局。

“青岛·中国财富论坛”今年是第五届，已经成为青岛金融综合改革试验区建设的重要组成部分，在金融界正在产生重要的影响。本次论坛的主题科技助力传统金融焕发新动能，具有鲜明的时代特征和现实意义。当前，市南区正在按照青岛市委发起的15个攻势的部署，聚焦学深圳赶莆田，加快建设区域总部经济中心、国际贸易金融中心、国际航

* 高健，时任青岛市市南区委副书记、区政府区长。

运服务中心、国际交流中心、国际时尚中心五个中心，着力打造承载全市城市功能核心的青岛市中央活动区。

我们热切期盼各位嘉宾畅所欲言，留下真知灼见，为市南区的发展建言献策。我们将充分汲取论坛成果，树立平台思维、生态思维，借助市场化机制、专业化力量，推动科技与金融的融合发展，不断激发金融的发展活力，科技的创新动力。同时，也诚挚欢迎国内外金融机构和人才到市南区创业发展，共创美好未来。

金融科技助推金融机构提高核心竞争力

陶文军 *

中国财富论坛为青岛财富管理试验区的一项重要品牌活动，受到越来越多的关注。东营银行也很荣幸能够参与本届论坛。近年来，东营银行坚持以改革促发展，以创新求突破，取得丰硕成果，综合实力和品牌影响力不断增强。我们在东营、济南、淄博、潍坊、滨州等地设立分支机构 85 家，资产总额达到 1087 亿元，存款余额突破 800 亿元，贷款余额 485 亿元，各项指标在全省城商行系统名列前茅，在全国同质同类商业银行位居前列，连续八年在山东省地方金融企业绩效评价中获得“AAA 级优秀金融企业”，连续七年在东营市银行业金融机构综合评价中排名第一。

当前，金融科技日益成为金融机构提高服务水平和核心竞争力的共同选择。东营银行也已将发展金融科技上升到了战略高度，将其作为实现战略转型的原动力，助力金融业务发展的新动能。

目前，我行已与京东金融、马上消金、海尔消金等机构合作开展了线上贷款业务，并正在建设自己的网贷平台。同时，我们还在努力推进智慧化网点的建设，正在筹建、近期即将开业的青岛分行就是我们打造的智慧银行示范点。在这里，我也诚挚的邀请参会各大金融科技公司积极和我们开展对接，深化跨界合作，共同探索金融科技新发展。

---

* 陶文军，时任东营银行副行长。

对 话

傅诚刚 *：我们不是颠覆，而是要融合。请各位在刚刚演讲的基础上，做进一步的阐述。

王翔：基煜基金为中国机构投资者搭建了“货架”，也就是“基构通”平台。“货架”上面连接了一百多家基金公司的几千个产品。机构投资者只要在“基构通”上开一次户，就可以买“基构通”上所有基金产品。

首先，“基构通”平台提升了机构的运营效率。2018 年的资管新规中，有两点很重要，一是“打破刚兑”，二是“去资金池”。在原来的资金池时代，机构把理财资金放在一个账户中运作形成一个资金池，开一次基金账户就可以交易。而资管新规要求每个理财产品都要单独建账。以某股份制银行为例，去年全年发行了 5000 多只理财产品。每只产品独立建账，需要开数千个基金账户，且月底会收到成千上万张格式不一的对账单。而通过“基构通”平台，机构投资者就可以集中开户、集中下单、集中台账管理。

其次，“基构通”平台提高了机构的产品筛选能力。互联网时代，出现了大量的无效信息和垃圾信息。我们帮助机构投资者做数据筛选，通过归因等各种分析方法，根据机构投资者的不同需求设计基金筛选模块，帮助机构投资者迅速定位产品，帮他们在几千个产品中选出最合适的品种。

最后，“基构通”平台帮助机构投资者加强内控。To C 和 To B 在逻辑上有着根本的区别。To C 的逻辑是效率优势或价格优势。但对于 To B 来说，除此之外，机构投资者更注重的是安全，安全往往是压倒

---

* 傅诚刚，时任阿布扎比国际金融中心及金融服务监管局中国区首席代表。

一切的。针对安全与效率的平衡，基煜基金做了“五层权限管控系统”，用电子化手段管理机构投资者的后台权限，避免了大量集中交易产生的内控风险。

我们“基构通”希望用我们持续稳定的投入，帮助中国机构投资者提高效率，让中国机构投资者的效率和世界顶级的机构一样高。

汪申：我们是初创公司，主要业务体现在以下三个方面：

第一，我们有自己的 BaS 系统，就是 Blockchain as Service，计划在年底正式上线。BaS 系统可以把物流的信息、供应链金融的信息，放在一个区块链上。区块链的不可篡改性、数据溯源性，会更好地解决供应链金融方面的问题。在其他行业，比如航运问题、食品溯源问题等，都可以运用区块链解决，BaS 系统将来也会运用在其他领域。

第二，我们致力于打造监管科技产品。监管科技是把监管条例的一部分做成计算机代码，类似于智能合约，把监管变得智能化。这样就实现了在镜像世界的智能监管。

第三，是我们和银行的业务，主要解决隐私计算问题。在银行系统里，隐私是最为重要的话题之一，用户如何保障隐私，在分享数据的时候，又该如何加密。隐私计算也是我们的重要方向。

吴志刚：给大家讲一个概念。当前，金融领域有 P2P 乱象，十年前则是担保乱象。那时，全国各地有很多担保公司在违法集资，逐渐地，民营担保公司没有了，只留下了国有的政策性担保公司。为什么？因为担保赚不到钱。

现在，担保却成了香饽饽，因为是用政策性资源做准公共平台，提供信用服务，主要针对中小企业。现在银行有了普惠金融部，面临的问题是放不出去款，据说已经成了各大银行的政治任务了。很多银行都会去找政策性担保，再去服务中小企业。但是，担保公司不愿意做，为什么？因为这么多年下来担保公司一直是“典当式”，你拿东西来抵质押，我给你借钱，没有其他手段。

我曾任中国担保业联盟信息化委员会主任。目前唯一可以提升中小企业担保能力的，就是金融科技。我们机构只有两个能力提供给担保公司：一是降低成本，这个成本不仅是获客的成本，还有包括决策效率的成本；二是提供新的风控手段，不仅是靠抵质押。希望在未来，金融科技能够更好地为中小企业融资赋能。

李璠：中国光大集团于 1983 年在香港成立，是中国改革开放的产物。光大集团有三大特点，一是综合金融，二是产融合作，三是陆港两地。其中，关于综合金融，光大集团有银行、证券、保险、基金等，几乎拥有所有的金融牌照；而产融合作，是指光大既有金融也有实业，比如环保、养老、旅游等。陆港两地为跨境金融、产业服务提供丰富场景。

在光大新的战略周期中，李晓鹏董事长提出打造具有全球竞争力世界一流金控集团的战略目标，着力打造“三大一新”四个板块，其中一新就是指新科技板块，通过科技赋能创造价值。光大集团正在积极践行敏捷、科技和生态战略转型。

科技怎样在光大集团战略转型中创造价值呢？我认为体现在三个方面：链接、赋能、创新。

首先是链接。一是搭建数据平台、完善数据治理，增强数据洞察能力和分析能力，提升数据资产的共享和价值创造能力。二是做协同平台，连接内外生态，打造数字生态系统。在该领域，光大是有些天然优势的，通过做内外连接，把内部企业连接起来。通常来说，27 个合作伙伴可以建成一个生态，光大拥有构建平台的能力，将合作伙伴链接起来，通过打造业务渠道的前台，能力的中台，数据的后台，构建协同生态平台。

其次是赋能。通过内部打造信息化数字化处理平台，提高整个集团的管理效率。在外部，通过建生态平台，围绕提升客户体验构建端到端一体化服务流程，通过先进的科技产品对外输出，形成对生态圈合作伙伴的有效支持。

最后是创新。光大是按照“创投基金 + 内部双创”来推动集团创新工作，如在内部推动双创机制，施行统筹性创新管理等。上述创新体制机制及承载主体由科技板块按照集团深化改革、协同发展的总体要求统筹规划，光大科技有限公司负责具体实施。

科技创新驱动金控集团数字化转型，创造科技价值是我们努力的方向。

贲圣林：有一次，有位领导介绍我的时候说，“贲教授是科学家”，让我非常感动。而我现在任职的浙江大学，是理工科的强校，是创新创业最火热的大学之一，发展势头非常强劲，比起我的母校会发展得更好。

我本人很关注平台和生态，在这里，我想介绍一下我所在的浙江大学互联网金融研究院的发展经验。

一是“政产学研创投”一体化。“政”是政府的政策，在中国财富论坛的另一场高峰论坛，我们的团队正在讲杭州金融科技规划，这方面我们和政府一起做了很多努力。“产”就是产业，我是浙江互联网金融联合会的会长，我们也对该领域的产业十分了解。有关于“学”，我们致力于培养复合型人才。“研”是研究，我们一直在做互联网金融的研究，也写了很多报告。有关于“创”，我们成立了企业，做孵化园区，比如摩西信息科技、金字塔等，都是我们参与设立的企业。有关于“投”，我自己也是天使投资人。我们通过“政产学研创投”一体化，作出了一个小小的生态。

二是跨学科。跨学科的复合型人才非常重要。浙江大学是学科最全的学校之一，我们的互联网金融研究院由七个学院共建，包括计算机学院、数学学院，和我自己所在的管理学院、国际商学院等。

三是全球视野。我们做的所有研究必须要放在全球的高度。中国经济虽然已接近世界舞台的中央，但是话语权还不够、理论体系还不够、标准还不够。业界已经做得非常好了，但是学界还很有差距，这也是我们的短板，未来应该继续努力。

傅诚刚：这是一场思想的盛宴。最后一轮，请每位嘉宾用一两句话寄语科技助力新动能和青岛打造财富管理试验区。

贲圣林：百舸争流，千帆竞发，勇进者胜，奋楫者先。金融行业须真正地拥抱科技，快速转型，走在时代的前列。

李璠：金融深化改革、扩大开放需要我们积极持续探索。在金融开放过程中，金融的无处不在、无微不至将会是未来发展趋势。金融科技如何顺应新趋势呢？我认为，借助金融科技将金融服务无缝、无感知地融入到人们生产生活中，将是未来金融科技的发展趋势。金融功能以后要向“无感”演进，触手可及，立可获取。希望青岛在早日成为国际财富中心，打造为世界一流财富管理生态圈。

吴志刚：很巧，下个月我们会和青岛的担保公司签约合作。希望明年的这个时候，我们已经为青岛很多机构实现了科技赋能，为政府、企业、个人创造更大的财富。

汪申：我觉得人才是最重要的，尤其是跨界人才。金融科技最需要的三个方面的人才：一是金融，二是技术背景，三是法律。我也是朝着这个方向走的，从本科学物理，到美国做律师，再到金融科技。金融科技需要跨界人才。

王翔：金融科技是一个非常缓慢、持久和寂寞的过程。我相信，只有最踏实、最开放、最坚定的人，才会赢得这场马拉松。对青岛市，千里之行，始于足下，期待青岛在财富管理方面越做越好。

傅诚刚：感谢各位专家，各位现场的观众，我们本场讨论到此结束，希望明年我们再次相聚青岛。

第十三章

迈向数字经济的金融科技

——《财经智库》解读杭州样板

随着新一代数字技术的发展，金融科技逐渐席卷全球，颠覆了金融业态。创新活力之城杭州，孕育了蚂蚁金服、恒生电子、新华三、海康威视等名企，已发展成为金融科技产业高地。对此，《财经智库》成立课题组，对杭州金融科技展开高密度调研，走访50几家企业和协会，召开多次内部研讨会，撰写出《迈向数字经济的杭州金融科技》研究报告，并向社会公开发布。报告对杭州发展金融科技的定位与生态、问题与挑战做出了详细分析，给出了发展建议，亦为全国各地发展金融科技提供重要参考。

解读数字中国之杭州样板：大写的C和小写的b

王忠民*

杭州作为数字金融样板，代表着中国对数字经济、数字金融的理解，代表着进步和进一步发展空间拓展的可能性和发现。我们在杭州明确了一个坐标系，从历史角度来说是人类进入农业时代，工业革命，新的信息化时代。我们又把信息化时代，从信息化、互联网化和数字化划分为三个清晰时代。而更深厚、更久远的是数字化时代的到来。数字化时代今天已经表现在数字化的工具能够触达的人口数量，能够触达的消费者，能够触达的生产者，能够带来的数字化时代上市公司，数字化时代的非上市公司，数字化时代的独角兽。数字化时代任何一个终端和末梢都表现出这个时代数字化的裂变，其中数字化金融代表着新的数字化应用逻辑和数字化模式。

如果我们从全球范围来看，数字化的投顾场景，数字化的金融，数字化的商业模式，都是在投顾市场经济相对发达国家产生。我们在 to C 端进行一次有效植入性应用，就是在电商、搜索、社交，这三大应用场景当中，从国外商业模式当中，直接引入到了中国，产生了中国在这三大场景当中的有效应用公司，这就是 BAT（百度、阿里巴巴和腾讯）。我们发现 BAT 三大场景当中，杭州这个地方，电商场景中会发生几次

---

* 王忠民，全国社会保障基金理事会原副理事长。

历史性的巨大进步。调研时发现，三个场景引发三个维度变化。第一个是国外数字化场景电商当中产生它的投顾公司亚马逊，亚马逊能不能在云端化当中，后端中产生所有活动都以数字化云服务，基于投顾场景的丰富性和深厚性，这要求云端化，呼吁云端化发展。亚马逊故事，能不能表现在中国故事当中，而中国故事表现在杭州故事当中。这是数字化投顾电商场景引发投顾的云端化场景。今天杭州已经开花结果，就是阿里云，基于数字化电商场景，成为全球第三朵云，在中国成为第一朵云，第一朵云业务规模是第二和第四朵加和的总量。

如果我们看第二个方面应用，数字化在电商场景当中拓展之后，在杭州看见第二个维度当中的进步和发展，这就是把非金融领域，往金融数字化场景拓展。这一步我们看见的不仅是一强，蚂蚁金服，而且在这一个过程当中看见更多其他金融端服务的杭州金融科技公司。我们看到做金融信息风险分析，拿这个风险分析的产品和工具链接所有现有的金融公司，提供这样一种服务，让你的业务线可以降低成本、提高收益，我们来分着做这样的服务。

51 信用卡，to C 端信用卡发售和管理作为一个中间场景提供给大家。我们看见的是所有软件操作系统平台全部都是这一家公司。这样一个原有电商往金融专业，金融垂直进行服务时，带来杭州一强多能、多专、细分与垂直领域当中的大量延伸拓展，带来杭州今天数字化金融业态体系。

第三个方面的影响，如果数字化体系这一个区域当中快速发展，生态体系当中免不了有一些社会生态体系在当中服务。杭州是最先把政府的数据对新的民营公司开放的城市，会让支付、养老、城市基础服务和办公系统当中的开源系统，让你所有的东西最多跑一次，但背后是所有的办公流程进行数字化的解读。而且我们在杭州还发现了让法院审理这些东西基于数字化产生的数字法庭。我们看到的是全社会数字信息和数字源流，面对投顾场景应用，谁开放的早，开放的及时，谁开放的更加有深度。数字化在这一个区域当中产生的历史进步，和产生的社会触达服务群体，将会是蓬勃的、有效的。所以我们把这样一些东西回到了一个我今天带来的词语，大写的 C。如果中国这个时候大量的是 C 端消费者，不仅是收入水平提高，而且是觉醒以后的消费者，那么要在互联网这一个领域当中，在数字化新的服务领域当中，给 C 端能够带来最大的服务、最大的福利、最低的成本和最有效的各种链接。我们会发现中国的 C 端，恰好是市场化的 C 端，每一个人基于自己福利最大化，收益最大化，是迎接互联网和数字化时代的技术商业模式，新的金融和新的逻辑。在这样一种纯市场化 C 端不断壮大的中国，收入是增长最快的。而恰好在杭州这个区域当中，C 端这样一种觉醒和从电商延展到金融，到公共服务，全部链接起来以后，恰好吻合全球所有数字化服务最初都是 to C 端的情况，这才开始有技术供给，有商业场景拓展和有数字化的蓬勃爆发。

我们这时候还必须回答在这样一个场景当中碰到的问题。移动支付技术，可能过去基于扫码，特别是二维码这样一个发明，在日本，其他地方已经成熟。怎么就被我们拿来用作智能手机当中应用支付领域的拓展？甚至初期拓展还有好多争议。我们在电商的服务平台当中，最早有效的应用在平台信息服务当中，以后再拓展到全社会的时候，恰好应用于我们 to C 端。从身边小 c，每个个人的 c，再到集团的整体业务链条的大 C，再到全社会的 C 端的扩张这一条路径，才是数字化商业业态体系。这不仅是全球模式，也是中国模式，是杭州模式，是金融业务线当中一个场景模式和得到有效成功应用的模式。

我们会发现如果拿杭州样板和全国，或者全球其他地方都做一些明显的或者隐性比较的话，它的这些长处可能还有待发展。甚至还有一些可能更加有效应用于新的空间。其中一个空间我们会发现，为什么今天除了把这一个 C 作为大写之外，全球应用，中国应用，杭州应用，大公司在应用当中，金融应用当中 C 端逻辑爆发者，为什么把 B 写了一个小写 b？恰好我们这一个领域，杭州模式当中有一个在 B 端应用两极分化和市场拓展当中形成了分极行走。

怎样的两极分化？从全中国角度来说，全球实际B端都落后C端，但中国B端尤其落后C端的数字化场景和数字化金融大爆发。最能够说明问题的是B端所有链条能够打通的信用逻辑，比如数字白条，在供应链当中叫作供应链金融的东西，居然技术已经成熟，金融逻辑已经成熟，但是在中国真正的B端的所有的长链条和深厚链条当中，居然打不通，因为B端太小。原有B端抗拒和应用能力不能够解决我们这一个链条当中，所有环节当中的重新利益分配和重新梳理产业链条，解决不了这样的问题，以至于没有得到有效应用。

回到杭州模式，杭州之所以互联网金融在数字化时代快速发展，不仅仅是C端的觉醒和爆发，而在于一个特殊的B端，在杭州已经形成，这就是民营企业，民营中小企业，民营小市场，像义乌这样一些东西。如果我们会发现电商平台当中那样一些小机构、小公司、夫妻店，这样那样的店，如果概括成中国B端当中小b端这个层面的时候，我们才发现如果杭州模式在土地端有所应用，有所发展，有所进步的话，一定是对这一个小b端的大量的应用。所以催生了杭州这一个生态体系当中，在B端大量的中小企业，大量的互联网中小企业，大量的互联网中小企业当中的数字化，不仅像电商模式，也向其他的模式有效拓展。另一条线是当中我们围绕投顾场景和应用，能不能让小公司为你服务和帮你成长。怎么让这个公司可以与之链接起来，形成他自己技术和商业拓展链条，最根本的问题在于如果我能够产生某一种服务体系，只在原有B端包括金融大B端，渗透到你这一个服务点和服务业上面时，而不是全线改造你。刚才举几个例子，实际上说我用一个点，所有大型B端的机构，包括大型B端金融机构的一个点的服务，让你降成本，增收益，我跟你分润，这一个时候形成我们在to B端几个应用和市场的发展。在这当中还有一个杭州在应用过程之中的一个生态体系的构建特殊逻辑。

比如说我们调研时看到，大型的投顾公司，后来和中型公司，小型公司在业务线不同层面、维度的公司，大多都有参股，入股。股东或者说原有公司出去的中层管理人员和原来业务线人，重新在市场当中建立新的业务线这样一种基于股权，基于人力、技术的这一些角度链接而形成一个产业业态体系。需要给杭州一点表扬的是在这个业态体系当中，今天我们看起来基础研究那么贫乏的地方还在建大学，他们关注于技术初期基础性的东西，在杭州未来说不定哪一天会发生作用的技术投入。我们看到全球市场当中如果谈到数字化生态体系的时候，需要 B 端初期基础研究，需要源源不断的有新思想、新应用，今天看起来根本不知道何时会应用额东西，说不定哪一天就有价值，杭州正在打造这样一些潜在的基础。

杭州人才引进，今天看杭州物联网数字化生态体系当中，还缺人，缺投顾人，缺技术人。以至于我们在杭州看到的是他们的人才，不仅有"新四军"，而且当中，投顾的公司，主要是依靠国外的那样一些最有技术力量，甚至已经获得一些奖项，甚至市场当中有品牌的人员的引入。而我们"新四军"其他的方面，从高效角度，实际产业应用角度，从不同系列角度满足数字化生态体系对团队、对人员的这样一个进步发展和要求。这是杭州在 to B 端的进步和提高。

遗憾的是我们看到大量真正 to 大型 B 端逻辑中在杭州没有展现个例。杭州产业体系拓展没有拓展到杭州在原来，比如汽车制造、建材，和其他一些大型 B 端公司的数字化改造、数字化提升和数字化新的场景应用。以至于传统产业依然是传统产业，新兴产业依然新兴产业。两个生态体系没有交融，没有互换，没有发挥出有效平行逻辑。最值得期待的是如果这一个场景当中还会出现一些真正的云端化的比较的话，我们发现杭州的这一朵云，现在更多还是 to C 端竞争优势，从开源角度来看，已经发展成蓬勃之势。我们发现 to B 端后台服务应用相对是弱的。

最后强调如果数字化生态体系是原代码的开源，今天杭州这样一个数字生态体系是互联网时代，是从股权、人员、商业产业链条链接，而不是从原代码第一次开发和数字化云平台当中边际成本为零的云服务当中全面覆盖提供。创造出杭州最有竞争力加速器新公司产生，这样一个生态级公司在杭州，目前还基本表现在平台级公司而不是生态级。恰好如果把这一个放在 B 端时，我们还可以说今天的 B 端的数字化应用在杭州，这一个样板还是小 b，当然在全中国是更小的 b。新开源云服务全面成熟的体系当中，加速器新创业平台当中，我们正在以杭州业务推广到全国其他城市。

构建以数据为核心的监管体系

杨　东*

从我个人角度，我认为杭州金融科技创新从电商开始到电子支付，再到支付宝，以及一系列的金融产品，特别像支付宝、余额宝、项目宝等金融产品的产生非常具有连续性，并且带动杭州的一系列优秀的企业发展起来，比如51信用卡，恒生电子等企业。所以我个人认为从法律监管和风险的角度来说，在某种意义上，杭州的发展是基于很好地抓住了法律监管的落后性。

支付宝就是一个最典型的例子，在法律尚未有规范的情况之下，支付宝形成的一系列创新，从事后看，也缺乏了相关权威部门的授权。我是电商法起草组成员，支付部分是由我起草。这样一种特殊的模式，就让支付宝能够成为中国数字时代的数据流量入口中的特殊入口，后来再到微信支付。根本上是因为有了移动支付，与智能手机相结合，形成一个数据的爆发原点。数据爆发具有特殊性，对全世界来说，支付宝是最早的开发银行案例，也是最早的移动端数据流量入口。

杭州经验实际是基于电子商务支付宝移动支付的特殊产品。而这一种特殊产品，是数据流量的根本创造。而这样一种创造是因为当时特殊的法律环境、监管环境，给了支付宝，给了马云一个创造历史的机会，这是因为法律漏洞造成的这样一种特殊机会。这样一种特殊机会使得在

---

* 杨东，时任中国人民大学国发院金融科技与互联网安全研究中心主任。

过去五年到十年期间，数据成为能够使蚂蚁金服在杭州成功发展的根本原因。这在于数据这样一个流量入口，一个非常好的移动支付的入口。这样一个入口带动杭州变强，也带动中国在全世界移动支付领域，包括金融科技领域的全球地位。这样一种地位今天来看，应该说是非常成功的。所以杭州经验，应该说是过去五年到十年的金融科技发展缩影，也是金融科技发展制度原创性的一个特殊创造，这样一种特殊创造具有历史性、阶段性。

今天包括“一行两会”所采取的态度，是强监管、严监管。突然变成了以支付宝为核心的，被称为数据流量的重要入口。但银行等传统金融机构却失去了数据流量入口，在这种情况下采取比较严格监管，包括对 P2P 和其他方面监管，也为了更好的防范风险，进行数据资源整合。这种情况之下我们突然发现从更高纬度，基于区块链技术，在全球范围内，数据资源争夺成为新一轮国家竞争，包括中美贸易战竞争也是数据竞争。

如何在数据成为重要生产要素、战略性资源争夺过程当中考量？杭州包括整个中国，下一步金融科技创新的方向和趋势是什么？我觉得这里面就需要从杭州经验当中总结出未来我们中国金融科技发展的方向和趋势，所以我个人认为核心在于数据的资源流量入口，以及数据资源的有效利用，数据成为生产要素的核心，制度保障方面如何加以规范发展，这是最核心的。所以我也是从这个角度提出以杭州为样板，提出中国下一步金融科技发展的建议。

杭州已经初步具备一个生态模式，而且它借助浙江的人才、资金，包括各类的资源，科研人员的储备，也包括浙江传统工业，包括传统金融落后，使得杭州有弯道超车的历史机遇。包括区块链技术等应用，实际也是为他提供了非常好的一个模式。有很多创新做法，包括网商银行、杭州银行、海康卫视等都通过相关技术产生对数据利用实现非常好的应用。杭州为什么能够成功？制度建设方面也是杭州金融办，包括各区金融办，也就是现在的金融局，他们的创新监管，包括全世界第一家的杭州互联网法院，为电子商务纠纷的解决提供高效、便捷的事后解决方式，这也是为推动电子商务，金融科技发展提供非常好的制度保障，包括区块链司法等。在法院系统方面采取区块链等技术创新，是整个政府层面对区块链利用非常好的案例和模式，这也是从杭州开始的。所以杭州这几年不仅是从一个纯粹的法律漏洞，也是政府监管能力提升，包括法院，司法救济这个区块链技术的应用等方面。对青岛，对其他地区来说有可圈可点的经验值得借鉴。个人认为过去两年杭州发生的金融风险不用太过关注，因为发展才会带来风险，没有发展根本不会有风险，要客观看待所谓风险。关键风险过后要采取更好的应对模式和监管的手段，这是最根本最主要的。

重点我们需要看下一步杭州应该采取什么样的监管方式。我认为整个杭州生态当中，能成功的核心是通过支付宝、余额宝等，抓住数据流量入口，抓住信用体系建设核心，抓住科技驱动的信用发展。所以数据是蚂蚁金服在杭州成功的关键核心。下一步发展最关键的是拥有最多数据的政府和传统银行金融机构数据如何能够打通开放，这是下一步我提出的数据三座大山，包括政府银行和大的平台。现在包括腾讯也好，数据资金争夺也是成为互联网企业竞争力核心，数据竞争和数据开放，是下一步的核心。如何开放政府的数据，如何开放银行金融机构数据，政府的数据开放，通过我们在湖南娄底一些区块链政务经验来看，我觉得通过监管科技来开放数据，包括构建政府、企业、银行、金融科技企业的这一种平等的，实时动态的这么一种监管体制本身，也是能够实现企业、银行、政府和监管部门之间数据的开放共享。这个通过监管科技，实际上能够让政府，让监管者、企业和创新主体能够构建一个平等的、实时的一个数据共享的模式。只要能够实现这样一种模式，创新企业数据，包括 2015 年恒生电子数据也好，包括蚂蚁金服数据，可以及时有效地提供给政府。政府可以掌握足够动态，包括为政府提供数据服务，能够有效进行风险防范，只要能够有效的让政府掌握创新行业的企业数据，政府就能够放心地、更好地去监管。也不至于说采取一刀切态度，切掉以后什么都不让你干。所以解决这种从什么都不管，到一刀切过渡监管摇摆核心的解决方案就是通过监管科技，而且通过监管科技核心最根本目的是能够解决数据动向开放，而且能够把拥有数据最多的政府门槛打通。能够把政府和企业，包括和银行、51信用卡的合作，三者之间可以把数据打通就能够实现数据的开放、共享、确权和赋能。这是共享经济概念，实现某种意义上政府、企业、银行数据开放共享。

所以如何把数据价值发挥起来是下一步，包括杭州在内，整中国面向未来监管最核心的一个重要课题和使命，这里面需要人工智能，区块链，包括技术的结合。包括杭州要做监管沙箱，本身也是为了实现监管科技，为了实现数据触达，政府通过监管沙箱了解企业创新产品，了解企业过程，对企业有一个数据的准确触达才能更好监管。所有一切围绕数据，以数据为核心的监管体系，并实现数据开放共享，这是下一步无论是监管还是金融科技生态发展当中最根本、最重要的任务。

为什么现在开放金融成为热点，数据原来从支付宝这样一个流量入口，要变成数据更好的向政府、企业开放共享。数据只有开放共享才能更好实现数据价值的有效利用，让数据成为中国生产要素当中最核心的生产要素。包括我提出共票理论，也是有利于数据价值有效确权和利用。我觉得杭州这方面可以再做进一步探索，为中国能够再进一步发展，也为杭州成为数据经济第一城进行更好的突破和发展。

国际金融科技中心杭州实践及对青岛的启示

刘　洋*

目前全球金融科技有两大类型。一是以原始创新引领的美国模式。美国在技术创新、金融基础设施、创业创新环境等方面有显著优势，传统金融机构也在积极利用金融科技进行业务创新。二是以技术应用和生态构建引领的中国模式。中国已成为仅次于美国的世界第二大数字经济体，计算机出货量、手机出货量、网民数量、电商交易额、移动互联网、双创、移动支付等细分领域世界第一。用户、场景、交易等应用规模化、细分化、生态化是中国金融科技的显著特点。

在传统金融领域，北京和上海云集了绝大多数金融总部，深圳有证券交易所，而杭州几乎没有任何传统要素资源优势，不过近年来杭州依托发达的数字经济，完善的金融体系，优越的营商环境，创新发展移动支付、大数据征信、智能投顾、金融云、数据金融、互联网金融交易平台、区块链金融、智能证券、智能基金等新金融业态，将金融科技从效率驱动批量获客的营销工具升级到效能驱动高质量发展的新经济新动能。同时，杭州近年来宏观政策加大对金融科技扶持力度，积极优化产业布局和区域协同、全球连接，构建包容审慎监管体系，社会组织、高校科研院所、社会智库积极参与，普惠型应用创新与赋能型平台构建双

* 刘洋，时任中国区块链与产业金融研究院院长。

轮驱动的国际金融科技中心正在建成。

例如，2018 年杭州数字经济核心产业增加值达 3320 亿元，增长 15%左右，占全市 GDP 的 24.59%，增速超过浙江省、杭州市 GDP 增速的 2 倍，在全省数字经济的比重超过 1/2，其中金融科技贡献功不可没。

再如，根据相关第三方调查数据，2016 年以来，杭州金融综合竞争力列全国所有城市第五位，数字普惠金融发展指数列全国所有城市第一位，2018 年杭州人才净流入率（13.6%）居全国第一，金融科技与北京、旧金山、上海、伦敦、纽约、深圳等城市并列世界第一梯队，被媒体誉为“移动支付之城”“无现金城市”“最智慧城市”。一批金融科技龙头企业、高成长性独角兽企业在杭州孕育发展，例如蚂蚁金服在金融科技全球百强榜排名第一，恒生电子在保险、基金、银行、证券等 IT 服务市场占有率连续多年保持全国第一。

一、杭州实践：“一超多强＋小微企业群”构筑全金融科技产业链

不同于传统科技企业只是按照客户“命题作文”要求提供应用开发、网络维护等信息系统工程服务，杭州金融科技发力在应用创新和平台构建两个方面，尤其是平台金融科技构建成为杭州特色和杭州亮点。

其一，围绕电子商务、互联网金融、互联网科技带来的广泛用户应用需求，在支付、信贷、理财、征信、风控等金融业态、业务、产品、服务实现互联网化和高效便捷体验，以技术普惠优势迅速在 C 端做大业务规模和应用场景。作为新金融市场主体，与传统金融机构展开市场竞争，助推金融供给侧结构性改革。

其二，传统金融主要服务 20%头部客户（大中型企业、高净值人群），剩余 80%长尾客户（小微企业、普通公众）基本很难被有效服

务，融资难、融资贵、金融服务效率效能低一直是金融难以普惠难题。杭州金融科技企业通过传统金融机构过去关注和服务较少的长尾客户突围，更加尊重、满足长尾客户需求，使得金融科技企业与长尾客户形成共生共促关系，也有利于其从平台金融科技向更高阶的生态金融科技升级。

其三，结合金融科技企业自身不同业务板块做大做强和协作共进多元化发展，以及产业链融合整合的需求，将金融科技赋能 B 端和服务于跨行业、跨区域的“金融科技 + 平台金融”构建，形成规模化和高价值（高估值）的平台经济体系。

目前，杭州已基本形成层次丰富、协同互补的“一超多强 + 小微企业群”全金融科技产业链。第一梯队是蚂蚁金服为代表的全球一流金融科技企业；第二梯队是高成长性、高估值（市值）、高活跃度的大中型金融科技企业，其中不乏上市公司、细分领域领军企业和隐形冠军，如恒生电子、新华三、海康威视、信雅达、PingPong 金融、安恒信息等；第三梯队是众多小微高成长性金融科技企业。

另外，杭州不少金融科技企业创始人、高管团队、核心技术团队来自阿里系、浙大系、海归系、浙商系等“新四军”，背景渊源深，人脉互通性强，使得杭州金融科技企业之间业务合作、相互投资、交叉持股等合纵连横频发，促进了资金、项目、人才、政策等高端要素资源融合集聚，创业创新的“星星之火”呈现“燎原之势”。

平台金融科技构建是杭州的一大特色。互联网带来社会化大协作和社会分工更加细化精准，并在数字经济和金融科技的双轮驱动下，金字塔型、大象型传统金融机构越来越感受到平台型、扁平化、创新型、科技型新金融企业的竞争冲击，固定资产规模和全职员工数量不再是评价企业竞争力和社会贡献能力的唯一标准，平台构建成为杭州一批金融科技头部企业商业模式和技术开发应用的差异化竞争优势。

例如，阿里巴巴在电子商务“让天下没有难做的生意”，实现了年交易量 5 万亿、5 亿活跃用户、1000 万家淘宝店主和天猫商家等庞大业务和数据规模。电子商务等消费服务带来的支付、征信、贷款等金融服务需求，以及经营用户资源、流量资源对其他金融服务带来的营销效应，使得阿里巴巴成为一家平台金融科技巨无霸企业水到渠成。

阿里巴巴发起设立的金融科技集团——蚂蚁金服，不仅拥有大数据、云计算、人工智能、生物识别等金融科技的全球最大规模场景及其应用，也为平台上的合作金融机构提供大数据、云计算等技术输出服务，也就是金融科技赋能。同时，蚂蚁金服及其关联企业也拥有第三方支付、互联网银行、互联网保险、基金等金融牌照，也可以认为蚂蚁金服是一家混业经营的平台金融科技集团。

更进一步分析可以看到，阿里巴巴在电子商务等新经济领域打造的“大平台 + 小企业 + 创业者 + 消费者”自由连接体与利益共同体这样的“巨平台 + 海量市场末端”商业模式，成功输出到蚂蚁金服，凭借用户和业务体量、C 端成熟模式和先发优势，短短数年蚂蚁金服便成长为全球估值最高、现阶段中国最具代表性的金融科技超级巨头。2018 年 6 月，蚂蚁金服完成 140 亿美元融资，创下全球最大单笔融资规模纪录，彼时其估值超过 1500 亿美元，成为仅次于阿里巴巴、腾讯的国内第三大互联网公司。

蚂蚁金服通过在阿里生态体系内外不断拓展应用场景，围绕用户生活服务完成了从支付到平台金融科技的“云—管—端”蜕变和完整布局，类似于金融业的天猫，构建“蚂蚁金服 + 新金融新经济”生态圈。

二、杭州挑战：发展不平衡不充分制约杭州金融科技建立“跑赢胜势”

抢跑优势并不一定能够长期建立跑赢胜势，尤其是金融科技这一兼有创新驱动和监管敏感的领域。加之资源环境约束更趋强化，劳动力、土地等要素成本不断攀升，区域产业和项目竞争愈发激烈，杭州金融科技发展面临“高端回流”“中低端分流”双向挤压和发展不平衡不充分挑战，持续保持金融科技先发优势和领跑发展的压力陡增。

通过技术应用创新普惠长尾用户，杭州金融科技企业得以迅速做大用户规模、业务规模和公司市值（估值）。但不能忽视的是，除了蚂蚁金服、恒生电子、新华三、信雅达等少数头部企业、上市公司能够实现较强盈利能力，不少金融科技企业还没有形成稳定的盈利模式，只能依靠持续融资来建立维持技术优势和扩大业务规模。与其他科创企业一样，如果长期无法实现盈利，金融科技企业淘汰率同样会很高。

金融科技监管核心是如何保障其“向善”或者“不作恶”，而现实中技术应用创新不可避免会触及政策法规盲区和市场伦理底线。对杭州金融科技发展的挑战在于，如何管控、防止利用金融科技损害社会诚信和公众利益、进行非法金融活动，如何发展应用合规科技、监管科技。

平台金融科技在兼容并包、整合资源后，可能比传统金融机构在业务规模更大、市场边界更广、竞争力更强，其中核心企业受益最大。一些平台金融科技在迅速做大规模的过程中，核心企业基于上市公司、股东对效益指标的刚性要求，创始团队对更大规模、更大影响力的成就感痴迷，利用中心化技术、资本、资源不对称优势，占用、盗用平台其他利益相关者的核心资源（如用户大数据、长数据），野蛮收购与之存在竞争关系的中小科创企业，“让天下没有难做的生意”异化为“让我没有难做的生意”，反而形成封闭式平台闭环。这类平台金融科技模式在进入成熟市场经济体，往往遭遇反垄断监管干预和市场排斥，无法解释清楚“中心化机制下如何做到技术向善和不作恶”。

三、青岛建议：加大金融科技发展和赋能

近年来，为主动融入山东省新旧动能转换战略，争当全省新旧动能转换的排头兵、驱动器和示范区，青岛市积极发展金融科技助推财富管

理行业发展，推动金融产业体系合理布局。例如，《青岛市“十三五”金融业发展规划》等政策规划对金融科技给予鼓励和支持，财富管理高地金家岭金融提出打造“青岛金融科技中心”战略，市北区规划建设中国链湾区块链生态产业体系。

青岛市可以结合财富管理金融综合改革试验区和金融科技中心建设，加大金融科技发展和赋能：

一是对标杭州等金融科技领先城市，围绕打造东北亚金融科技中心目标，提前规划和布局，并与杭州、上海、北京等城市以及韩国、俄罗斯等有关城市做好要素资源、技术创新、成果应用、项目孵化、产业链整合等对接合作。

二是加快金融科技赋能财富管理，促进金融供给侧结构性改革，青岛在智能投顾、家族理财、金融超市等领域具有较好的发展基础和比较优势，可以在这些领域率先突破，金融资源叠加技术创新实现竞争力提升的倍增效应。

三是推动金融科技赋能传统产业，让产业金融跃动起来。例如，青岛可以围绕航运、贸易、家电、食品、旅游等重点产业发展供应链金融、区块链金融、大数据金融、信用金融等智能金融业态，打造蓝色经济“深蓝区”。

四是推动金融科技服务国家战略。如“一带一路”贸易金融、结算金融、开放金融，西海岸新区、黄岛经济开发区等园区可以扶持发展智能硬件、大数据、云计算等数字产业，并将金融科技作为产业重点发展方向。尤其是可以推动金融科技在数字产业化、产业数字化、城市数字化的数字经济中先行先试、引领发展。

合规利用数据发展金融科技

颜　阳*

传统金融科技令我们越来越困惑，它的分类非常静态。由于金融科技的日趋变化非常大，这个过程中间一个企业可能涵盖所有领域，这时候我们觉得分类可能失去了价值，于是我们根据杭州调研的50多个企业，按照两个维度分类。正向维度从技术维度，横向是属于业务的维度进行抽样得出这样一个模型。

我们看杭州金融科技商业模式，这里面垂直领域平台化，越往上面走平台化程度越高，标准化程度越高。从生产流通到交易这一个层面，越往后服务对象跟被服务对象之间关系是越来越弱的。在这个过程中间我们看一下，特别还有广告这一块儿跟运营商关联比较大，5G出现后下一步给我们会带来相当大的机遇。

金融科技企业创新基本是罗列A区，所以A区是属于高度的密集区。对互联网公司，包括一些电商，是在B区，相对来说它需要的资源会更大。先以阿里巴巴这样的企业来解释这个模型，不仅对企业，对监管和投资都有比较大帮助。阿里巴巴和蚂蚁金服分布在B区，对生产企业和交易要素这一块儿，比如与大宗交易市场就有必然联系，不管关联度多高，实际上真正在阿里系带来的最大变化，就是它在2012年与2013年之前的云战略。通过这个升级为云战略，把它的服务进行了

* 颜阳，时任中关村大数据产业联盟副秘书长。

标准化，标准化以后，再往下面回归到他服务的这样一个体系就得到了升华，不是传统意义的孵化器，而是云加速器。整个蚂蚁金服、阿里巴巴体系在全球范围内都是稀缺资源，它不仅可以带来优良技术，同时还带来了世界顶尖人才。由于这一种云加速器存在，它也渗透到对生产企业的云服务中，带来很大的冲击，而且完全属于病毒式传播。

同时所有人在整个服务体系里面，瞄准最后一个方向，就是我们说的金融生态运营平台。这带来一个很大的优势，就是我们说它完全可以处在一个高阶高维的创新模式下面。在这样一个体系里面，它整个的模型分类和它给我们带来的作用，体现在几个特征里。因为跟实体关联度比较高，同时由于它的技术特征比较明显，而且是以一种动态方式去观察、创新和管理这样一个企业，所以具有这样一个动态特征，导致我们很容易观察到这些企业发展的趋势，同时这不仅仅是对狭义金融的方面，而是对于泛金融领域也有很大帮助，这促进了我们监管效率的提升。

在这里面还有一个很大的要素，就是我们现在地方推进的过程中间，实际拼的是什么？就是在我们三个维度下面形成数据整合。除了传统方式以外，因为现在我们处于强监管这个体系里，怎么合规利用数据是一个难题。杭州采用一种方式是用投资方式去打造一个相对闭环，相对比较容易进行数据变现的合规变现。我们看到传统投资和技术有几种模式，一种网状投资可能相互之间耦合性不是特别高，新型的模式是在打造一个自身体系的闭环，相对来说耦合性比较高，这里面对于它的应用和数据来讲会占便宜。实际我们更希望的是这一种组合模式的诞生，在这一个情况下，杭州的产业投资，首先投资机构在逐利，就可以研究怎么高效地达到收益。

现在我们科技发展，很多地方呈现出这样一个特色，也就是说政府前期对企业渗透度比较高。杭州从共生圈一到共生圈二的发展。传统投资企业天使 VC（风险投资）跟 PE（私募股权投资）分的比较开，共享资源有一定关系层面在里面，科创板推出要召集资源有一定难度。这里面一个趋势是三点之间更灵活，被投企业之间关联度更高。政府这个角色会逐渐退出，会把更多资源服务于企业，实现跨域协同，这样可以做的更大。

于是我们说在基于这样一个体系，杭州发展我们提出几个建议。第一个通过这个模型，我们可以进行模块化的分类监管。同时监管实现弹性化，往高走要收紧，下面要放开。因为下面跟服务的产业关联度比较高。往右面走因为泛金融特色比较强，一定要严。往左边要宽松，体现这样一个弹性。在服务上支持变得非常灵活，按照这一个类型越往高处，这个平台化需要更多资源对接。往右边需要更多金融创新配套政策。这样可以跳开很多以前的制度，有的放矢解决相关服务和监管的问题。我们觉得金融科技数据方面要进行最大冲击，下一步要进入数联网这样一个阶段。第一，数交换阶段，要达到更开放阶段是数融通阶段，一定通过技术层面进行新的改革，整个架构体系，必须要嫁接区块链，这会带来天翻地覆的变革。所以这样的变化将把所有机器里面数据，转化为以机器为中心，转化为以人为中心。这样将来数据的主权，数据隐私，数据的安全就会迎刃而解。整个杭州金融科技我想给我们带来的借鉴是，第一产业数字化，第二金融生态化，最后实现数据资产化。

企业的数字化转型需重视四个环节

倪守奇 *

恒生电子1955年成立于杭州，2003年在上海证券交易所主板上市，2008—2018年连续11年入选全球金融IT百强。恒生聚焦金融行业，致力于为证券、期货、基金、信托、保险、银行、交易所、私募等机构提供整体的解决方案和服务，为个人投资者提供财富管理工具，目前是中国唯一的全领域的金融IT服务商。

恒生能取得今天这样的成绩，归结于两个方面：一是方向上，我们专注技术深耕金融。二是组织体系上：我们成立了三级研发体系：

第一级恒生研究院，负责研究前沿技术，像区块链、人工智能、大数据以及高性能计算等都是恒生研究院在专职研究和实验，探索技术方向。

第二级是技术研发中心，负责技术平台的研发和交付，降低产品技术门槛。

第三级是业务部门平台研发，负责产品平台的研发和交付，积累和沉淀业务能力。

通过三级研发体系赋能之后，我们向客户交付的产品和服务，不管是效率、质量还是持续服务的能力都得到了客户的认可。我这里写了一个数字：100的N次方，如果将第一个“1”看作是实体经济，即生

---

* 倪守奇，时任恒生电子股份有限公司高级副总裁。

产，贸易就是后面的一个“0”，金融是再后面一个“0”，科技是上面的N次方；也就是说，如果贸易能促进经济的10倍增长，金融就是100倍，而科技带来的是指数级的变化。金融科技是最先进的生产力，而通过技术，为客户创造超越期望的价值，则是恒生能取得今天成就的根本原因。

金融科技对社会的巨大促进作用，催生了数字化转型的浪潮，对一个业务单元，或者一个金融机构来说，在数字化转型的过程中，到底需要做哪些工作，我们总结了以下四个方面：第一客户交互，第二产品转型，第三运营优化，第四员工赋能。一般情况下对一个业务单元或者一个机构，要想完成数字化转型，需要重视这四个阶段的工作。金融机构完成数字化转型之后，会通过连接、协同，让上下游间所有的合作机构，甚至整个的生态体系完成数字化的生长和进化，这个方向几乎不会变化。

金融科技是金融机构的核心竞争力，当前财富管理正在从产品销售向资产配置阶段转型。而专业化的有资产配置能力的投顾人员严重不足，而依托金融科技的财富管理机构，有可能在这一轮转型中脱颖而出，成为财富管理的赢家。

一、通过APP实现和客户交互的数字化。提供面向投资者的财富终端，面向投顾人员的理财师终端；并实现财富终端和理财师终端的实时交互。

二、从卖产品到卖服务的转型。通过投资团队的研究，生产或提供满足各类不同需求客户的投资组合和大类资产配置建议，结合客户的“适当性”和需求提供资产配置和规划建议，并提供持续的有温度的“投”“顾”服务。

三、运营优化，将整个财富管理的业务流程数字化和标准化，在提升效率的同时，也极大地提升了服务的准确性。比如通过倾听、建议、实施、跟踪的四步工作法，让客户经理轻松的实现产能飞跃，同时通过每一次四步循环，逐步逼近客户的真实需求，从而可以提供更贴近客户需要的资产配置建议和服务。

四、1+N 员工赋能。即每 1 个客户经理或投资顾问，背后都有一个资深的“投资顾问团队”提供专业的支持，并且“投资顾问团队”可以根据需要调动整个平台的资源。而每一位前台的客户经理，只需要将专家团队的配置建议，通过自己的口，讲述给客户即可。这种方式，也可以通过机器人实现智能投顾的目标，直接为客户提供自助式的投顾服务。

展望未来，金融数字化后，金融的效率得到了极大的提升，在数字化的金融体系内，所有资产都在一个封闭的闭环内运行，因此金融最核心的风险管理和控制也变得更加容易，而在金融服务实体的过程中，你会发现，只要有一个环节没有完成数字化连接，这个环节的资产就在数字化的闭环之外运行，而这一环节也一定会是风险最集中的地方。这会驱动或倒逼金融机构通过连接、协同，将越来越多的实体企业和合作伙伴纳入进来，并终将进化为产业互联网，从而真正地在帮助企业提升效率的同时，让金融机构的风险得到有效的管理和控制。这可能是金融服务实体的最美好的期待，也是金融变简单的方向之一。

从三个方向推动券商业务转型升级

吴　强*

同花顺成立于1994年，有着25年的历史，全公司约四千名员工，其中研发人员约为两千人。2018年，我们的研发投入为3.9亿元，占全年净利润的61.9%。

我们的业务由2B和2C两轮驱动，也是国内最大的C端用户金融信息服务APP的提供商。其中，移动互联网事业部、i问财事业部等是对2C业务，云软件等是对2B业务。在金融科技领域，我们的自我定位是金融服务解决方案提供商，我们的愿景是金融科技为客户创造价值，商业模式是全面的互联网合作。

在金融科技领域，未来最重要环节是AI的赋能。我们已经做了很多年的技术储备，并推出了相关产品，涉及机器学习、自然语言处理、基于金融的搜索引擎、语音识别、图像识别、人脸识别等。2016年也因此成为同花顺的人工智能元年。

人机交互是AI在金融领域重要的前端技术应用，它有两个分支，一个是语音交互，一个是图像交互，即俗话说的语音识别和图像识别。无论语音还是图像，交互完后输入数据、结构化数据，实现对用户语言的理解，就要用到自然语言理解和深度学习。而针对用户的表达，给予正确的反馈，则要用到后端的大数据、知识图谱等来解决。

---

*　吴强，时任同花顺执行总裁。

以券商来说，目前，券商行业遇到一些问题，如经纪业务收入下滑、获客成本提升等。事实上，券商在互联网上的获客成本并不比线下低，平均每个用户的获客成本高达在 400—500 元，且存在着技术支撑缺乏、服务模式单一等问题。针对这些问题，我们在解决方案里面给出了一些未来的发展方向。一是经纪业务全面向互联网化转型，目前券商的营业网点已经开始大规模缩减，把更多业务放在互联网上。二是经纪业务向财富管理转型。三是机构业务和个人业务并重。

下面，我将列举同花顺的几个发展案例。

第一个案例是同花顺的产品——i 问财。它是垂直的金融搜索引擎，基于自然语言分析、海量实时历史数据和多领域查询。例如，想在大量的季报、年报中找出基本面好的上市公司，这样一个简单的问卷通用搜索引擎技术很难实现。什么叫作基本面好？这不是一个关键字，不是说这个报告里面有“基本面”三个字。事实上，基本面的背后有一个具体的金融概念，通常是指主营业务突出、市盈率比较低、连续几年增长等。回答这样一个简单的问题，列出相关的上市公司，就需要各类人工智能技术的支持。

第二个案例是无论同花顺自己还是客户，都可以利用同花顺 APP 上的大量海量数据指标、富文本问答等功能，涉及实体识别语言处理、动态答案、自主学习等技术，这些技术都嵌套在了同花顺的 APP 上。

第三个案例是 Feed 流技术。以前，我们提供给用户是广播式的服务，我提供什么你看什么。Feed 流技术是我们针对用户标签，根据用户的行为和使用习惯，给用户看到他真正想看的东西。让每个人打开自己的金融 APP，看到信息都是完全不一样的。根据客户的资产状况，我们也会主动智能地推荐他真正感兴趣的信息。

第四个案例是同花顺的推荐引擎，其最大的瞬时并发量高达每秒 3 万次，推荐列表生成时间小于 50ms，给用户节省了大量时间。同时，在商业模式方面，我们不仅给客户提供相应的金融科技技术，也通过同花顺自己的平台帮助中小客户实现联合运营。

第五个案例是我们帮助用户从经纪业务向财富管理转型。这个转型涉及两个平台：一是智能投顾平台，二是 AI 理财师。AI 理财师是指基于所有技术给券商经纪人或者保险经纪人打造专属的智能金融助理。通过 AI 理财师，使经纪人达到较高金融服务水平。

同花顺的定位是综合型的金融科技服务平台和赋能平台。我们也愿意利用所有技术为客户和金融机构提供更好的服务。

数字经济时代的网络安全问题

王　瑞*

数字经济发展当中存在两大挑战，产业数字化和数字产业化。数字产业化的发展过程中，在数据流通领域会不可避免地出现一些新问题，如政策和法规限制、数据集中后主体责任不清楚、管理制度不健全、安全技术在新的应用上存在瓶颈等。

我们在2017年时协助杭州市数据资源管理局，也是我国第一个以数据资源命名的大数据管理机构，做了顶层设计，帮助推出了《杭州市政务数据安全保障体系规划》。我们逐步梳理了数据安全、流通、利用、自身防御的体系化建设，配合《杭州市政务数据安全管理办法（暂行）》《政务数据共享安全管理规范》等制度标准的落地，涵盖了数据的收集、传输、处理等各个环节。

在数据流通中，我们把数据监管单独作为一环，通过一些技术手段，让政府大数据使用方清楚看到数据流通中的各种安全问题。我们建设了杭州数据安全管控平台，对数据共享交换流程、敏感数据访问和使用、用户数据访问行为等进行了全流程监控。使用态势感知图形化、数字化的方式进行疏通，使使用部门更清晰地了解到数据使用过程中的各类安全问题和相关流程的推进。

安恒也参与协助杭州推行了“最多跑一次”改革。在改革的第三个

* 王瑞，时任安恒信息首席技术专家。

环节——政务智能，尤其重要。让安全大脑成为城市大脑中的一环，在原来有城市大脑流程体系中，添加安全环节，能让大家能够感受到真正的安全。

同时，我们协助了杭州政务上云，将事前安全检测、事中安全防御、事后服务结合，用我们的平台和融合能力，集成到杭州政务云上。这可以是一套系统，也可以是一套应用。在金融领域，我们也和一些金融云平台合作实现了安全能力的整合。事实上，工业制造云化是产业数字化中颇具代表性的环节，也是智能制造中的一个关键信息基础设施，有效提升了效能。但在提升效能的同时，我们也要看到云化引入的安全威胁，很可能涉及民生，需要重视。

举例来说，最近有一条新闻，深圳的某一个物联网厂商发生了数据泄漏，包含终端、用户名密码、后台密码等关键信息。这些问题我们2018 年时也遇到过。我们在执行进博会安保工作时，发现大量的物联网设备被盗用攻击政府网站。对此，有关于视频敏感信息，我们与摄像头厂商合作，一起解决了前端安全、网络安全、数据中心管理等流程。我们与物联网厂商合作推出了一个物联网安全心解决方案，内嵌在物联网设备中，有设备自我防御和感知周边网络安全的能力。该方法既可以叠加到原来的物联网厂商中，也可以针对一些新的通讯进行加密。

我们希望通过线上线下打通，形成一个城市网络安全运营中心，从而给监管机构带来更多方便，也让安全机构、监管机构可以更好地服务于大众。以金融领域为例，我们基于安全大脑，推出了网络金融安全的监测预警，全网分析网站是否非法集资、恶意诈骗。事实上，这些网站非常分散，但我们能做到发现风险和威胁，并且将其提供给监管机构，最终将违反犯罪的人绳之以法。

我们利用 AI 技术，对所有网站进行空间测绘，通过分析特征、取出内容和行为，判断是否是高风险网站。以金融风险为例，各监管机构无需建完整系统，只需要完成数据拉取和任务分发。效果怎么样呢？该系统在 2018 年正式布局后，已经协助浙江、山西、上海等多个经侦部门破获许多数额巨大的金融诈骗案件。希望监管机构可以利用这些新技术，让金融行业更安全。

我们希望用技术不断迭代，将需求不断整合，最终让网络更加安全，使数字经济发展更好。

数字经济时代下金融业的智能化转型

祝　伟*

2015年，“互联网+”概念出现，其核心内容是大量线上线下的产业融合，跨越时间、空间、地理的限制。2017年，在“互联网+”的基础上又出现了数字经济的概念。其实，“互联网+”也好，数字经济也好，本质都是产业的信息化建设和数字化建设。当前几乎所有的业态比如金融、政务、物流、交通等都在进行数字化改革，产业的数字化升级将会沿袭着数字化、数据分析化最终走向智能化的发展脉络。未来，智能化转型将会逐步渗透各行各业。

同盾科技从成立至今共有六年时间，累计服务了一万家企业，其中许多是金融领域的。根据我们的理解，金融行业的智能化转型背景有以下五点：

第一，金融行业的本质是数据化。金融是数字信息高度集中的行业，尤其，当今的金融行业越来越贴近场景，金融也因此成为人工智能应用的优秀土壤。第二，底层算力的提升，为行业的智能化转型打下了坚实基础。第三，越来越多的通用型AI底层框架和技术涌现，专业化人员的门槛大大降低。第四，国家已经把人工智能上升至国家战略高度，各类政策扶持，包括优势的智慧资源都在涌向该行业。第五，无论海外还是本土，智能化转型人才越来越多，为行业发展带来了较大

* 祝伟，时任同盾科技联合创始人、副总裁。

动力。

我们列了一个金融行业的智能化应用架构图，从底层至顶层分别为云计算、大数据分析和人工智能。其中，云计算和大数据分析更侧重在IaaS和PaaS层面。智能化的重点在人工智能，其最下层是围绕机器学习和深度学习的通用型工具平台，再往上是围绕着语音、图像、语义、知识图谱等能力，再往上是结合金融行业具体场景，推出实际应用包括智能反欺诈、智能风控、智能运营等。

接下来，我会分享一些具体场景的实际应用。

第一是智能反欺诈，网络黑产每年要给社会造成的损失超过一千亿。结合人工智能、复杂网络、设备指纹、IP画像等大数据风控技术，同盾构建了多层次、立体化反欺诈运营生态，构建了中国最大的机构间反欺诈局及实时运行了数千个先进的反欺诈算法模型，从登录、验证、支付、下单等多个场景为客户提供智能化反欺诈服务，现在同盾每天欺诈情报监测预警超过100万次，日均拦截IP代理行为超过150万次，帮助各类机构保护账户及交易安全超过200亿次，累计为全社会守护了万亿元资金的安全。

第二是智能风控领域，它占据着金融行业的核心地位。通过智能风控，以智能分析决策驱动风险量化，为整个金融行业提供贷前、贷中、贷后的信贷全生命周期解决方案。同盾正在通过SaaS的模式，构建金融机构的联防联智体系，包括了310家银行，如大型银行、城商行和股份制银行等。

第三是保险科技领域，同盾有着相应的整体解决方案。保险科技领域有两个核心内容。一是理赔阶段，如何通过智能分析驱动方式来提升自动化的核保效率，而不像过去一样依托人工或者半自动方式。二是欺诈风险，以车险为例，我们发现车险理赔环节其实有20%以上是蕴藏欺诈风险的。依托人工方式，往往没有办法识别，所以通过数字化，通过人工智能方式在理赔环节提升对欺诈风险的识别效率。

第四是监管科技领域，针对金融各行业需要做大量的kyc工作，在交易层面也要做大量的数据分析，识别违反监管的潜在风险，比如反洗钱。此外，通过内部交易行为监测和大数据分析，及时判断风险。

最后，和大家分享一下我们同盾对金融智能化行业转型趋势的判断。我们认为，金融机构会持续加大在该领域的投入，通过人工智能、云计算等技术来降本增效。此外，未来 80%以上的个人用户的交互侧会逐步被人工智能替代，包括智能化客服、智能化信审和智能化营销。未来，不仅是金融机构的业务部门，中后台也会逐渐引入 AI 场景。大的金融机构会逐步引入私有云，中小型金融机构来会通过公有化方式进行合作和打通。

作为在杭州本土成长起来的企业，我们深切感受着杭州数字经济转型过程。

数字经济赋能全球贸易新生态

罗永龙 *

回顾新的时代背景，大数据、云计算、人工智能、区块链、5G 等新兴的技术正引领变革浪潮，驱动中国经济从高速增长转向高质量发展，数字经济蓬勃发展。

根据中国信息通信产业研究院发布的《中国数字经济发展与就业白皮书 2019》，2018 年，中国数字经济规模达到 31.3 万亿元，占 GDP 比重为 34.8%。可以看出，数字经济已经成为拉动中国经济的主要增长力，也是促进产业升级的重要驱动源泉，是世界各国新一轮产业竞争的制高点之一。回顾历史，短短十几年的时间里，中国已经成为从一个依靠农业和工业的发展中国家，成长为全球数字化大国和全球金融科技的领跑者。

数字经济为各个省份和城市带来了经济发展的新动能。杭州是一个非常典型的案例，正从过去的电商之城，逐步向数字经济制高点蜕变。金融科技在数字经济中占比重非常大，金融科技正改变传统金融机构的模式，包括运营模式、商业模式以及金融服务的供给模式。很荣幸，在《迈向数字经济的杭州金融科技》这份研究报告的调研中，《财经智库》来到了 PingPong，给我们提出了很多宝贵意见，共同探讨了金融科技企业生存发展之路。

---

* 罗永龙，时任 PingPong 合伙人。

中国和世界各国间的贸易越来越频繁，特别是通过跨境电商这种创新型的贸易形态，让“买全球”“卖全球”成为可能。活跃在全球和“一带一路”舞台上的主角是数以万计的中国卖家，肩负着将中国制造推向全球的重任，也是撬动国际贸易的新兴力量。然而，无论平台还是信息、税务、支付、物流，都在阻碍着跨境电商的出海。

举例来说，我们有一个客户，产品非常好，但是对于产品出海犹豫了很久，后来，他们找到 PingPong。PingPong 的定位是链接中国跨境卖家与海外的桥梁和纽带，赋能中国的跨境卖家，帮助大家提升出海竞争力。为此，我们与客户进行了三个方面的讨论，做了三个事情。

第一，我们为产品及其市场定位做了分析，基于 PingPong 的大数据，我们帮助他们找到了最合适的平台，并且邀请平台的专项物流计划点对点的辅导，扫除障碍。第二，邀请专业团队进行业务流程的梳理，弥补短板，包括他们的团队短板以及运营流程的瑕疵。第三，我们给这个企业内部做了一个详细的培训，负责培训的这位 PingPong 员工曾在普华永道任职，世界上顶级的会计师事务所之一。解决这三个问题后，这家企业在美国的“黑色星期五”大卖，成为销售冠军，货款也由 PingPong 帮助收了回来。

这个企业实际浓缩了中国跨境电商出海的全过程。我们解决痛点，开发了贸易收款产品以及一键式开店的 SaaS 系统、ERP 系统、跨境出口阳光退税服务、海外 VAT 缴纳产品等，基本构建了一个全产业链的新生态。

我们经常会找一些客户座谈，目的是了解客户痛点，并且有针对性地解决他们的问题。很多客户会称赞我们说 PingPong 是最懂卖家的平台，对于这种鼓励，我们感到很欣慰。客户只需集中时间和精力回归生意本身。PingPong 则是解决了中国出口卖家和海外电商平台的信息不对称问题，解决了 PingPong 和跨境电商企业之间的信任问题，我们赢得了客户的信任，所以他们愿意相信我们，愿意让我们更好地赋能和服务他们“走出去”。

彼得·蒂尔在《从0到1》中谈到，创业时，我们要创造新的事物，而不是简单的复制，即新事物是我们常常听到的从0到1，复制是从1到n的过程。我们经常和同行讨论，什么是一个优秀企业的特征，后来我们发现，进化、不断迭代和创新才是一个优秀企业的特征。比如腾讯、小米、阿里巴巴都在不断进化，PingPong也在不断进化，基于客户对我们信任，我们在不断开发更好的产品服务客户。

我们认为，自己做的事情既微小又伟大。微小是指数字经济中，我们只是一个很小的螺丝钉，伟大是指我们和众多合作伙伴一起重构了跨境电商和跨境贸易的生态，一起改变历史。

第十四章
中国财富管理金家岭指数

随着中国金融市场的发展，金融结构和功能都在发生着重要的变化。金融市场将从以融资为主过渡到融资与财富管理并重的时代。在此背景下，中国人民大学研究团队自 2017 年起开始编写《中国财富管理发展指数报告》。本指数体系囊括全球财富管理发展宏观指数、中国财富管理行业发展指数、区域财富管理指数，以及财富管理前瞻性指数。通过指数化的方式，更加客观、直观地对中国财富管理行业发展现状进行描述，对财富管理行业未来发展前景进行预判，从而为财富管理实践提供参考和指导。

中国财富管理金家岭指数有望在2019年得到提升

谭松涛 *

《中国财富管理金家岭指数报告》主要从全球财富管理宏观指数、中国财富管理行业发展指数、中国财富管理区域发展指数，以及中国财富管理前瞻性指数四个角度对当前全球以及中国财富管理行业发展状况进行量化评价。根据课题组的研究成果，我们主要有如下结论。

第一，关于全球财富管理行业发展情况，我们从财富管理行业的总规模、离岸财富管理的规模、高净值客户的财富份额这三个维度构造出了全球财富管理规模指数；从财富管理规模增速和高净值人群财富增速两个维度构造了全球财富管理发展指数；利用全球清廉指数构造了全球财富管理发展环境指数。整体上看，2018年北美和亚太区域财富管理整体发展领跑全球。其中，北美、亚太、西欧、东欧、拉美、中东与非洲七个区域的综合指数得分分别为62.00、58.23、52.82、44.25、41.77、36.41。从各分项指标的具体数值看，北美和西欧区域的规模指数水平值较高，分别达到68.43和61.46；亚太区域紧随其后，达到52.81；排名最低的是东欧，指数得分为29.00。从财富管理发展指数而言，发展中国家和区域得分更高，其中亚太区域发展指数达到80.31；而北美和西欧两个区域的发展指数分别为26.32和10.19。从财富管理环境指数

* 谭松涛，时任中国人民大学财政金融学院副院长。

看，北美和西欧远远领先于其他区域，分别达到 91.26 和 86.80，亚太区域环境指数为 41.57。从以上数据可以看到，2018 年全球财富管理行业继续保持向上发展态势，各大区域财富管理规模稳中有增，其中，特朗普执政下的美国在财富管理行业表现强势，而亚太地区在中国等经济体的带动下继续保持快速增长。然而，从财富管理行业发展的绝对水平和制度环境角度看，北美和西欧依然处于领先地位。

第二，关于中国财富管理整个行业的发展情况，我们选取银行业、证券业、保险业、信托业和基金业等五个子行业进行研究，并从财富管理行业规模、产品发行、机构集中度、机构声誉以及人才队伍发展五个维度构造了相应的测度指标。从规模上看，2013 年至 2018 年间中国财富管理行业规模整体呈现先增后减的趋势，其中 2013 年至 2017 年增长迅猛，从基期的 100 增长到 342.52，五年间增长了两倍多，而 2018 年指数首次出现回落，降至 319.07，下滑幅度达到 6.85%。其中，基金、证券和信托业规模指数分别下降 11.48%、16.41%和 13.52%；银行和保险的指数则稳中有升，升幅分别为 8.67%和 9.97%。从产品发行的角度而言，该分项指数从 2013 年基期的 100 增长到 2016 年 326.40，四年间增长了两倍多，但 2017 年大幅下降至 189.46，而 2018 年又回升至 202.84，增幅为 7.06%。但这一反弹主要是由券商集合计划类产品和定向资管产品的大幅增长带来的。银行、保险、基金、信托类产品的发行事实上都不同程度下降。从机构集中度指标看，该指数从 2013 年基期的 100 发展至今，总体呈下降趋势，其中，2018 年我国财富管理机构发展指数为 90.16，同比下降 1.46%。这表明在过去的几年间中国财富管理机构的集中度逐步降低，行业竞争逐渐增大。对于机构声誉，我们一方面采取了问卷调查的方法从主观角度进行了度量，另一方面采取文本分析的方法从中国主流财经媒体的新闻报道数据库当中，测度了国内 67 家金融机构财富管理业务在媒体当中的声誉状况。从整体上看，两类方法得到的结论基本是一致的。具体而言，近年来社会整体对于财富管理的认知度，对财富管理的美誉度都是在不断改善的，整体看法趋于正面，机构声誉情况持续性提升。从分类别金融机构声誉度来看，工商银行、招商银行、中国人寿、中信证券、华夏基金、中信信托、恒天财富、赤子之心资本分别在国有商业银行类、股份制商业银行类、保险类、券商类、证券类、公募基金类、信托类、第三方财富管理公司类以及私募基金类机构中声誉排名第一。最后，我们用国际金融理财师（CFP）、金融理财师（AFP）包括金融理财管理师（EFP）的人数规模对财富管理行业人才队伍发展状况进行了度量。从相关数据可以看到，截至2018年12月31日，中国大陆CFP系列持证人总人数为233409人，其中AFP持证人总人数为195867人，CFP持证人总人数达到30726人。国内财富管理人才队伍的规模整体是上升的，但是幅度较小。与中国财富管理行业整体规模相比，行业内高级财富管理人才或者理财师整体还是匮乏的。

第三，关于中国不同区域财富管理行业发展状况，我们将目标主要锁定在全国4个直辖市和15个副省级城市，然后从区域经济的市场化程度、区域的金融发展政策支持状况、区域金融规划重视程度、区域财富管理需求水平、区域财富管理规模，以及区域的财富管理人才团队状况六个维度对不同城市的财富管理发展状况进行度量，并最终形成不同城市和区域财富管理发展指数。从最终评分来看，上海、北京、广州、青岛、深圳、杭州在财富管理行业发展方面排名靠前，具体数值分别为10.00、9.79、9.49、9.19、9.02和9.00。

从各分项指标看，（1）我们从政府与市场关系、非国有经济的发展、产品市场发育程度、金融业市场化程度、市场中介组织的发展五个方面构造了不同区域经济市场化程度指标。从得分上看，南京、杭州、宁波、深圳等城市政府分配经济资源的比重相对较小，经济的市场化程度相对较高。（2）我们用各地方金融办（金融工作局或金融服务办公室）等部门印发的金融类规章制度数、地方人民政府所印发标题关于金融业的法规数、地方政府机构印发标题含有“财富管理”关键词的法规数综合度量了不同区域在财富管理发展政策支持力度的差异。结果表明，上海、青岛、杭州等地在这一维度上的排名靠前。(3) 我们选择各地金融“十三五”规划中“金融机构”“金融人才”和“财富管理”三个关键词词频数量作为地区金融规划重视程度的代理指标。结果显示，广州、重庆、深圳、青岛、北京等城市在地区金融规划重视程度上相对更高。(4) 我们从财富管理市场和当地居民对财富管理认知水平两个角度度量了地区财富管理需求状况，结果显示，上海和北京的财富管理市场指标远远超过其他城市；而青岛市在财富管理认知指标上得分位居各大城市首位。(5) 从地区财富管理规模角度看，无论是银行理财、券商、还是基金，上海、深圳、北京均位居前三甲。整体上看，这三个城市的财富管理规模远远领先于其他城市。(6) 从地区理财师规模角度看，北京远远超过其他城市，跟随其后的是上海、深圳和广州。因此，整体看，北京和上海目前还占据整个财富管理机构的中心、政策的中心和全国金融市场中心的位置，但是青岛在财富管理政策制定、财富管理宣传和居民认知等角度有较高的得分。青岛市财富管理金融改革试验区建设对中国金融业的整体繁荣发展，仍然具有很大的促进作用和比较高的战略意义。

第四，关于财富管理前瞻性分析而言，我们主要基于 2017 年、2018 年的数据，对未来的财富管理行业、机构和区域的发展情况进行一个简单的预测。根据相关数值我们可以看到，从规模角度而言，最近几年中国财富管理的发展，前瞻性指数呈现逐年往下走的趋势。这意味着中国财富管理行业的发展更加规范、更健康了。在未来，随着制度的建设，规定的出台，各类财富管理主体机构无序发展的局面可能要慢慢结束了，财富管理行业整体规模增速可能会有一些波动，但是行业一定会向更健康的方向发展。从行业发展的前瞻性指数看，银行业在连续保持了四年平稳增长之后，在 2018 年出现了大幅的负增长，信托业整个指数在持续增长，证券业的指数在 2017 年有了下降，2018 年有了比较大的回升，基金和保险也都是类似的情况。区域的情况，主要结论基本没有大幅变化，北京、上海、广州、深圳、青岛、杭州，这六个城市依然处于财富管理行业第一梯队，这是一个相对稳定的结果。从规模和增长的情况分析，我们做了一点动态的预测。但是，由于每年经济环境总是会有一些预期外的事件冲击，2018年整个财富管理指数就遭受了比较大幅度的下降。我们认为，随着各种不确定性的逐渐消除，2019年财富管理行业的发展势头可能会有所恢复，增速会有一定回升。

以上是《中国财富管理金家岭指数》编制团队对2018年中国财富管理发展状况的简单归纳，不当之处还望多多指正。

指数投资是未来投资最大风口之一

宋永明*

从事公募行业以来，我一直在思考一个广大投资者关注的问题：究竟什么因素在驱动着中国股市的涨跌?

我在中国人民大学财经学院读书时，以及工作后，都学习和分析过相关理论以及方法。我们公司内部曾经组织过一个研究，根据 2005—2017 年的数据，以股价作为因变量，三大类七项指标作为自变量进行分析，包括估值的指标——PE（市盈率）和 PB（市净率）、盈利的指标、营收的指标、市值的指标。分析结果与感性预测基本一致，数据并不都与股价持续正相关，并不是利润高的股价就一定能上去，也并不是盈利好的、估值好的，股价就能上涨。唯一一个不同的年份就是 2017 年。2017 年的情况是，所有刚才讲的估值类、盈利类和成长类以及市值规模类的因子，都跟股价相关。利润高的，股价上升快，大盘股涨得快。我们做回归分析时发现 2018 年总体也延续了这一趋势，虽然市场下跌，但是大盘蓝筹股下跌幅度小一点。

这种现象说明资本市场的发展在逐步向有效市场回归。经济学、金融学的有效理论告诉我们，市场越有效，战胜市场的难度就越大。所以，量化分析结果表明，整个市场并没有一致的风格。

这个结论对我们投资有什么启示？市场之所以并不是有效的，并没

---

* 宋永明，时任民生加银基金公司副总经理。

有完全由一些稳定因子驱动变化，原因就是基金经理通过努力挖掘或通过其他外部的信息，战胜指数的概率比较大。在诸如美国这样的发达市场国家，股价涨跌基本由市值、成长性或者盈利驱动，投资经理努力的空间较小，这个结论也在实践中得到了印证。比如中国在 2005 年到 2018 年底期间，股票基金收益率其中有七年是跑赢指数的，五年没有跑赢指数。所以说，中国的基金经理通过个人努力战胜指数的概率比较大。在美国，从过去十年（2007—2016 年）的数据来看，有七年股票基金的收益率是低于指数的，有三年跑赢了指数。这就印证了在西方有效市场下，指数投资越来越受重视，而我们国家之前指数投资没有受到重视。

但从 2018 年这一被动投资元年开始，指数投资越来越受到重视。2018 年，从公募基金来看，股价下跌的情况下指数基金余额增长 40%，如果按份额计算则增长了 65%。2019 年上半年已经增长了 32%。美国近十年被动投资比较发达，公募基金中指数投资的比例从 6 万亿美元增加到 18 万亿美元，增加了 3 倍；公募基金的占比从 18% 增长到 36%，也翻了 1 倍。

下一步指数投资是未来资本市场、资产管理，甚至财富管理行业的最大的风口之一。市场在逐步向有效性迈进的过程中，指数基金因为透明度高、成本低廉，特别是 ETF（交易型开放式指数基金）流动性更好的特点，会越来越受到投资者的青睐。

让老百姓真正从资本市场获益

魏　涛*

二十年前说到券商，大家都认为是做股票投资的。后来，券商建立了固定收益业务，资管业务也发展起来了。我认为，未来，券商在财富管理这一领域大有可为。

目前，老百姓的财富管理资产配置主要还是房地产，过去的十年甚至二十年，房地产收益比例都不错。未来，无论是一级市场还是二级市场，股票投资的重要性以及财富管理的重要性都在上升。

谈券商就离不开资本市场，但坦白讲，我们过去在财富管理方面做得不是特别好。现在三千家，十年前可能也是三千家。未来，整个资本市场，除了融资功能，更多还是压在投资端，财富管理端，让老百姓真正从资本市场获益。我们需要从这个方面做很多工作，不能只依赖房地产。

一方面，必须提高中国上市公司的质量，特别是A股上市公司的质量。老百姓为什么把投资放在房地产，是因为房地产过去十年差不多涨了十倍，最差的也是五倍以上。但是股票市场就不那么令人满意了。为什么呢？中国最好的上市公司，过去十年给投资者创造最大价值的上市公司，也翻了一百倍，但是没在A股，这是我们的心头之痛。所以资本市场也好，券商也好，未来怎么帮助中国好的上市公司在A股上

---

* 魏涛，时任华西证券总裁助理、研究所所长。

市，让国内老百姓也享受到。增值一百倍的上市公司不在国内，我们自己买来买去都是垃圾股，财富管理的增值从何谈起呢?

当然，为什么中国最好的上市公司没有在A股上市，这是值得研究的话题。业内的大家都知道，有很多问题，比如原始投资人，PE（私募股权）投资人都是外资机构，你不让它减持，又受限，三年五年才能减，减完之后又不能出去。所以只要是外资投得好的公司，目前首选都不在A股上市，都跑到美股、港股和海外去了，导致老百姓错失机会。

另一方面，我们自己也要提高财富管理能力，券商不太关心老百姓的财富，只要在这儿交易就行。但现在不一样了，很多券商把经纪业务都改成“财富管理部”，所以下一步需要真正在这方面提高财富管理能力。

落脚到研究这一块，我们的券商研究所有一百多人的研究规模，涵盖了很多领域，从宏观到大类资产配置，从股票策略到固收策略，到行业领域，甚至到中小板、科创板的研究。未来，研究所必须给买方的投资机构和券商的投行部门做好服务，把上市公司的定价做好。

未来十年价值股相对于成长股高位溢价

刘陈杰[*]

首先从长一点的愿景看，我们发现日韩、台湾地区、香港地区、新加坡，居民的资产负债里面，资产的这一部分，在追赶过程中，房地产的占比非常高，现在中国大概占到百分之七八十的比例。从海外金融看，未来十年到二十年，这个比例要降 20 个点，这 20 点会跑到股票、债券等其他金融领域。当时做这个研究是高盛，我在高盛工作了七年，做完这个研究之后，我就毅然投身到中国财富管理这个行业，我觉得这是个蓝海，这是我对愿景的看法。

回到中国和全球的角度，简单谈两点。一个是中国国内整个资本市场相对来讲抽丝剥茧，是比较清晰和简单的逻辑环境。我们发现从 2014 年开始，中国实体经济投资回报率开始低于风险收益率，这种情况在 1984 年的日本也出现过，如果没有去杠杆，未来可能是泡沫的时期。但是 2018 年做了去杠杆，这个事情就被抑制住了。所以最重要的宏观变量就是央行的货币政策，大概流入到资产管理行业的钱，是央行放钱的 40%左右，我们有一个具体指标监测，就不多讲了。至于说风投问题，随着过剩流动性、机构化程度，以及外资的进入程度，慢慢的在未来十年中，价值股相对于成长股的溢价是一直往上走的或者是高位的，这是对趋势的判断。

---

* 刘陈杰，时任望正资本全球对冲基金董事长，前高盛中国首席策略分析师。

对于全球来讲，发布的美国非农数据非常好地超过了预期。美股又往上涨，最后差不多持平。整个全球目前处在民粹主义非常昌盛的阶段，全球各大央行，包括中国央行、美联储，不得不进一步宽松。7月大概率还是会降息，即便是宏观数据非常好，也会降息，9月还会降息，如果不降的话，美股可能会面临10%—20%的跌幅。所以从全球看，目前以及今后一段时间，处于非常危险的民粹主义泛滥的环境，这个环境怎么产生的呢？就是2009年以后，美联储、日本央行包括中国央行放了很多钱，形成资产价格增长速度比工资水平增长速度快得多的局面，所以阶层之间的矛盾越来越多。如果全球再放水，我相信贸易战可能只是比较温和的表达方式了，再放水五到十年，可能表达方式会更激烈一些，这是对全球整个金融环境的看法。

同时，我们发现像美国的SP五百（标普500指数），从2009年以后到现在，增长幅度跟全球央行放水的速度高度相关，相关性达到92%。一旦停止流动性注入，整个全球资产将会面临非常大的风险。

固收领域是资管行业的重要组成部分

田昕明 *

固收和资产管理行业已经紧密结合。我之前看了一组数据，银行端出来的理财产品，它的底层资产里面，有 70% 都是固定收益类产品，大概有 50% 的标债和 20% 的非标债权。但是如果回到今天讨论的话题，尤其是高净值的财富管理，这个比例就迅速上升了。这个比例在过去这些年是温和上升的，但是 2018 年全年也只有接近 50% 的水平。比较有意思的是，这里面储蓄和现金类的资产大概占了 25% 左右。

为什么是这样的结构？是不是因为高净值人群过去享受了很多年的高速增长，他们要不就配置真正高回报的、股权类的或者比较接近的投资产品，要不就做防御，干脆拿现金和储蓄类的，把中间这些比较宽泛的固定收益产品给忽略掉了？我们觉得这里其实是资产管理行业，尤其是固定收益的管理行业和高净值人群财富管理结合最密切的点。

不妨展望未来的发展方式，如果这类高净值人群把一些资产配置到固定收益领域，行业会变得怎样呢？我认为其中一个特别明显的变化，就是改变固定收益投资的负债稳定度。

所谓的负债，也是资金来源。大家都知道，现在固定收益投资负债基本是两个方面。一是银行的钱，无论是来自银行金融市场部的钱，还是资产管理部的钱，都是有特别鲜明的特征。它的业绩基准特别明确，

---

* 田昕明，时任融通基金管理有限公司固收部投资经理、策略研究主管。

金融市场部要符合FTB（内部资金转移定价）成本，资产管理部要给投资人有所交代。二是散户或者一般投资者的钱，我们认为它是比较稳定的，但也会受很多东西的干扰。比如说今年以来股票市场涨了百分之二三十，个人投资的债券基金就受到了很大抑制。所以固定收益投资一直面临负债不稳定的问题。

如果是高净值客户，和他们谈投资，更多是讲配置，讲组合，讲财富的长期规划。这些人肯定不会因为今年股票涨了百分之二三十，就把计划投资固定收益市场里面的份额削减掉，这个是对负债的稳定判断。基金公司为了享受这一块的蓝海，可能也要做出改变，比如我们的销售、基金经理在营销客户的时候，要基本测算一下客户这边的成本。如果面临的是高净值客户，更多是要以整个全球经济运行的角度，大类资产轮动的方向来讲，讨论以什么份额投资固定收益类的资产是合适的。这对整个营销和投资团队都提出了更高的要求，我认为这是机遇和挑战的并存。

银行系成立子公司是财富管理行业一大利好

陈 静[*]

我们关注到银行系的资管公司都在陆续成立。我们在 7 月 4 日宣布挂牌开业，现在管理的资产规模大概是 1.8 万亿元。理财子公司说是新鲜事物，其实也不是。像我们中国银行是来源于投行资管部，我们的负债端是你们大家的理财，另外我们投资的资产端，目前银行系主要投的是债券，还有非标。我们这个是不能进入权益市场的，包括还有一些非标比例的限制。目前大部分的理财是刚兑，会导致投资的时候需要资产是要有担保的。在这个基础之上，很多公司都在做嵌套，还有资金池业务，这样做的结果导致风险变的很大。所以后来在 2018 年的时候，银监会发了资管新规，要打破这个刚兑。在监管的要求下，我们成立了自己的子公司。

子公司一旦成立，对财富管理行业是非常大的利好，为什么这样说呢？首先供给端的产品更加丰富了，一旦打破刚兑，就可以根据风险进行产品定价，会推出更加多元的产品，根据不同的风险偏好提供产品。现在我们也会推出分级理财，下一步理财子公司的资金也可以进入到股票市场，这样的话也可以为股票市场带来增量资金。同时在新的公司里面，我们讲到资金来源和资金使用是要匹配的，在这种情况下我们鼓励

---

* 陈静，时任中国银行投资银行与资产管理部高级分析师。

大家做长线投资，而不是特别短线的，这是第一方面，就是供给端会增加。第二，可投的领域是非常广的，除了投债券、非标、权益类以外，还可以开展另类投资，在这方面理财机构进入的比较少，这样我们可投资领域就比较多了。

还有一点，以前会通过通道做一些业务，在理财子公司成立运营以后，通道成本会降低，这样成本降下来，会让利于广大投资者。最后一点，我感觉下一步资管公司可能会向大财富管理推进。我们看到，其实中国银行早在2007年，就成立了全国第一家财富与私人银行的机构，同时我们有投行资管部。大家很多对这两方面的业务不清楚，投行资管部就是以产品为中心，发出产品进行投资，私人银行财富管理部门专门做配置，以客户为中心，做产品的配置，顺便做到账户管理、代扣和财务。下一步，资管公司可能往前延伸、往后延伸，做一个大的财富管理。就像当前的摩根大通，是资管业务和财富管理并行，而瑞士银行是财富管理为主，资管业务服务财富管理。

对 话

刚健华[*]：我们在平时做研究的时候，发现一个金科玉律，打败市场的超额收益这一部分，应该是风险调整过的。中国市场从2005年股权分置改革之后，对比中美之间的波动率或者方差，中国方差还是挺大的，代表了我们资本市场波动性很大。到底是什么东西驱动着资本市场的波动?

宋永明：中国资本市场波动率大，有上市机构、中介机构的专业性、净值程度等原因。我个人认为比较重要的原因是投资者，或者说资管产品的委托人，与西方差别比较大，中国股市投资者主要是个人和机构，机构中资产管理产品的投资人也是个人和金融机构，这个金融机构主要是银行。

在我国资管市场上的投资人主要是两类，一类是个人，这个个人和西方的个人不一样，是普通老百姓，当然也包括高净值客户。我们测算下来，高净值客户占比并不是特别突出。另一类是以银行为主的金融机构，银行在资管行业中的占比非常高，很重要的原因是银行的通道业务。

西方国家是什么状况呢?有高净值客户，以保险、养老金、基金为主的投资机构，构成也是个人和机构，但是跟中国差别比较大，这种差别对资本市场产生了很大的影响。

我国的个人和银行金融机构，风险偏好非常低，风险敏感度非常高，一旦有市场波动，会迅速买进卖出。但是在西方国家，就美国来说，高净值客户和保险基金的资金是长期稳定的，他们对市场的风险承受能力比较高。西方国家这种把资金放在市场长期稳定持有的行为，是

---

* 刚健华，时任中国人民大学财政金融学院应用金融系副主任。

市场波动小的原因。

我们国家下一步也在逐步推进投资的稳定化和投资者机构化，比如现在成立的理财子公司，以及正在推进的养老目标基金，就是希望老百姓把钱放在保险或者公募基金里面，通过这种方式使资金长期持续流入到资本市场。再比如机构化的改革，刚才提到主要是以银行为主的通道，现在希望把投资从银行转到个人，从个人通过专业的投资机构再到资本市场，真正转到长期稳定的资金里面去。这也是大势所趋，监管层也意识到这个问题，这对未来资本市场的稳定是至关重要的。

提问：国内很多财富管理公司的盈利模式都比较间接，比如采取的是客户转介绍或者代销其他企业线上产品的方式。对比来看，现在大多数欧美财富管理公司都是以一种直接向客户收取费用的方式进行销售。这种直接的模式日后是否会成为国内财富管理公司的大趋势？究竟有哪些优势和问题呢？

宋永明：刚才我讲了，因为中国资本市场的投资者和西方国家的投资者是有差别的。国外高净值客户进入资本市场进行财富管理，所委托的投资机构主要是独立的、专业的财富管理机构。这些机构叫咨询公司或资管公司，在整个资管行业、资管市场的链条中是独立的，他们通过向客户收取费用，进行资产配置和咨询，提供相关的投资建议，根据客户的收益进行分成。这种模式在英美比较常见。在欧洲大陆国家和日本，包括中国，通过银行和证券代销机构的模式比较多一些。

我认为未来随着资本市场的发展和高净值客户增多，专业的第三方独立投资咨询机构比例会越来越高，这肯定是一种趋势。它的优势是可以进行专业化的资产配置。现在我国所谓的资产管理机构、中介机构或者代销机构都是从资产管理方收取费用，而不是从客户收取费用。这就造成了我们很难站在投资者的角度、站在客户的角度思考问题。独立的第三方专业投资管理机构直接向客户收取费用，就可以从客户的利益和出发点进行资产配置，这是它的优点。

至于它的缺点，目前来说，中国可能暂时还不具备发展第三方专业投资管理机构的条件。因为目前中国的资产管理机构以及中介机构还很难树立起为客户、投资者或者为委托人利益思考问题的方式，它的核心利益还是把规模做大，收取固定的金融费用。这些机构在向银行、券商做产品销售时，银行的代销渠道和券商会想尽办法把这个产品卖出去，而不是让客户财富增值，所以在理念的转变上还需要一段时间。

提问：我是青岛日报的记者。青岛市作为全国唯一以财富管理为主题的金融综合改革试验区，集聚金融机构是重中之重，您对财富管理区聚集金融机构有什么好的建议，怎么才能够吸引像华西证券这样有实力的金融机构？

魏涛：目前从全国范围来看，北京、上海、深圳三个地方的金融机构比较聚集，把这三个城市的经验研究一下，应该有不少启发。最开始金融机构都在北京，之后上海、深圳出台了众多政策，逐渐把金融机构吸引过去。

站在青岛的角度来讲，青岛有很多优点。第一，青岛要找准自己的定位，这个中心想依托什么为基础。北京是金融基地，上海有上交所，深圳有深交所，那么青岛的特点是什么？推动以航运贸易金融为中心，这是个思路，国外的很多金融中心几百年前都是贸易港口起家，例如纽约、鹿特丹等，青岛围绕着航运，甚至可以围绕东北亚自贸区来做文章。另外一个思路是中国北方的金融中心，围绕着保险、租赁，依托北方经济的整体转型，山东省也在积极做新旧动能转换。青岛要找到自己的定位和切入点，这是最根本的。

第二方面，是具体的政策出台，可以设置一些短期利益把金融机构吸引过来。比如土地税收方面，如何吸引高端人才。要想吸引人才从北上广深来到青岛，其户口、子女上学等很多问题需要我们设身处地为对方考虑。金融机构一家还成不了气候，等来十家、二十家，量变就会引起质变，聚集效应一旦显现人才不请自来。前期肯定有一个痛苦、较长的投入期，地方政府在这方面需要耐心、需要力度。

提问：科创板即将开通，这是个新东西，风险比较大。个人中小投资者在信息、经验、抗风险方面与机构投资者肯定存在差距。作为中小投资者，如何参与科创板?

刘陈杰：科创板我们在全力备战。但是说心里话，我们进行的是全球配置，用中国最好的科技公司跟美国前十大科技公司比还是有很大差距。所以我们是积极备战，同时谨慎小心。此外相关披露的材料还是不够充分，(科创板）虽然在制度上有很大进步，但还不够充分。仅凭这些，我们很难对它进行很好的估值。作为私募机构，对科创板会积极参与，但还是偏谨慎乐观。从投资的角度，中小投资者更是以抗风险为重，要看清楚这个公司真实的投资价值。这是我不成熟的建议。

第十五章

青岛再出发

随着都市圈时代的到来，中国城市格局正在重新洗牌。许多城市都在不断推出各种创新政策，力求在未来的城市竞争中占得先机。青岛市正在围绕“956”产业体系，发起十五个攻势，着力打造国家东部地区转型发展增长极和面向世界开放的桥头堡。崂山区金家岭金融聚集区作为青岛财富管理综合示范区的核心区，正努力推动金融产业持续壮大。如何借鉴国内外先进城市的发展经验，结合自身优势，整合全球优质要素资源，营造富有活力的营商环境，加快建设开放、现代、活力、时尚的国际大都市，对青岛市与金家岭提高竞争力具有重要意义。

青岛金融业需要抓住六大发展机遇

王　军*

我有几点体会，青岛各方面基础比较好，面对当前国内国际的环境，有六个发展机遇。

第一，金融供给侧结构性改革。怎么理解中央提的这个金融供给侧改革。近期出现了二十年未见的包商银行风险事件，大家很担心，是不是未来要以“破”——处置风险金融机构为主。我觉得既有“破”，但是“立”也是很重要的。在这个过程当中，我们青岛是有机遇的。山东的金融发展包括青岛，和我们的经济总量和经济地位是完全不匹配的，山东经济总量全国第四，山东的银行、证券、保险、基金等金融业的比重是非常低的，银行有唯一的一家全国性股份制商业银行，但是发展不理想；城商行则比较散、小、弱；证券在全国来说，基本上十名以外。因此未来金融业的发展机遇非常大。理解金融供给侧结构性改革，既有“破”，但是“立”是更重要的。我们青岛怎么利用自身优势，做大做强本土的金融业，如何整合山东的金融资源，如何谋划金融业的发展路径，这是很重要的一个努力方向，青岛应该很好地学习、领会和结合中央金融供给侧改革的精神和政策，争取有所突破。

第二，金融开放。中央强调金融开放非常多，李克强总理最近在达沃斯论坛又予以强调。在 5 月初的时候，郭树清主席接受专访时，又提

* 王军，时任中原银行首席经济学家，中国国际经济交流中心学术委员会委员。

了 15 条措施。青岛有条件在这方面多吸引外部资本，不仅是银行、保险、证券等几大领域，在资产管理领域，因为经济处于下行周期，处置不良资产的一些外资专业机构，像秃鹫基金，我们也要注意加大引进力度。还有，像一些大的咨询公司、资产管理机构等，包括我们主打航运的牌，航运业中有很多中介机构，如果能把它的总部或者注册地吸引到青岛，也将非常好。大的商业银行引进有困难，但是小一些的金融机构门类是可以配合我们财富管理试验区的定位，还有上合组织在胶州的实验区的定位，配合国家重大战略的落地实施，可以配合着在金融方面做些文章。

第三，银行理财子公司。光大理财作为全行业第一家理财子公司，注册地在崂山，纳税也在青岛，是一个非常好的开端。未来财富管理的新格局，最大的竞争者就是来自银行系的理财公司，这个机遇我们一定要抓好。青岛方方面面是具备条件的，我们有这么好的政策体制，出台了这么多的优惠政策来吸引大家。在这方面我们可以多向深圳学一学，深圳非常厉害，把个税地方留存部分全部返还金融机构及其高管。深圳南山区聚集了金融业相当多的人才，金融就是靠人才，吸引不来人，什么也做不成。青岛的优势是什么呢？不像长三角和珠三角，杭州在人才方面竞争不过上海，珠三角竞争也很激烈，青岛离这两个地方，还有北京都比较远，环境也非常好，我们可以在税收方面争取出台一些政策，作为一个杠杆，可以集聚人才，把金融业整体盘活。

第四，金融科技。现在一谈金融就离不开金融科技，金融科技是我国未来金融业发展一个大趋势、大风口，用很好的、最适用的技术手段可以让金融业服务实体经济更高效。发展金融科技需要抓住两点：一是怎么在本土得以应用，二是怎么做好监管，这些是管理层非常看重的。

第五，科创板。未来由科创板所引发的科技创新型企业的蓬勃发展，也是一个大机遇。我注意到前一两个月在青岛召开的创投大会，山东未来一定是科技创新的新高地。我看数据，山东在科创板申报的企业有 7 个，离发达省份还是有一定距离的，但也是实现了零的突破，非常不容易，体现了我们的基础和优势。科创板是当前资本市场建设的一个重点，我们可以结合山东正在力推的新旧动能转换，来做好培育创新动能这篇大文章，我觉得我们青岛应当紧跟科创板所衍生出来的大机遇，找准突破点，乘势而上。

最后，航运金融。这是我们青岛比较独特的优势，能够成为区别于其他地区发展的特色。国内有条件发展航运金融的城市不是很多，像上海比较早就提出国际航运中心建设，还有广州，其他的城市就很少了。航运金融是比较专业的领域，比如说航运保险、航运法治体系建设等，我们可以加大研究力度，争取做出特色，做出成效。

这六个方面的机遇如果把握得好，青岛金融业发展是大有机遇的，前景不可限量。

政府要打好两个基础

竺　稼*

我觉得中国过去的经济发展，走了一个跟西方不一样的发展模式，这个发展模式里，政府起的主导作用非常大。我们想在中国改革开放之后跟以前的最大变化就是引入了市场机制，市场机制是什么？就是要有自下而上的创新，要有自下而上的很多举动，不简单的是在事先都有蓝图和规划，把赢家和输家都指定了。

今天的世界是数字化世界，在这样的环境中，很多原有的壁垒会被打破，我自己觉得，会给很多像青岛这样的城市很好的机会。如果以前都是政府导向的话，都要到北京，国家说我把金融中心放在上海，所以大家都要去上海。其实在今天这样的时候，我觉得青岛金家岭怎么能够异军突起，就是鼓励市场化，鼓励创新，鼓励大家在想出各种各样的办法来做出新的业务。

要走出新的业务模式，从政府角度，其实要做的是两件事情。一个是把基础设施做好，这个基础设施怎么让信息的畅通，包括交通的便捷，包括住房、市内交通、营商环境。第二点还有人文环境，让青岛是一个大家喜欢来的地方。青岛自然地理环境是非常好的，怎么样把人文环境做得更好？这里面人文环境还包括如求医、就学、娱乐等。不光是物理的基础设施，还有人文的基础设施，如果把这两个基础设

---

* 竺稼，时任贝恩投资私募股权（亚洲）有限责任公司董事总经理。

施做好，我相信一定会吸引很多的金融人才来。有了人才就有了创新，有了创新就能够把金家岭、把青岛变成一个中国后起之秀的财富中心。

金家岭需要加速金融业产业转型

李迅雷 *

我发现金家岭的变化很快，金融增加值占 GDP 上升到 17%，超过了上海和北京的金融占 GDP 比重。当然金家岭是一个区域，它有特殊性，但上升势头非常好。

对于未来中国，我觉得我们讲了很多愿景，但很多愿景注定是实现不了的。比如说我们要把一个省打造的怎么样，但中国经济变化不是以省为单位了，更不用说以东北为一个单位，以中部为一个单位，以西部为一个单位——不是这样的，现在越来越细分化了，我认为中国经济步入存量经济主导的阶段。以前存量经济是共生共融，一旦一个区域起来之后，带动方方面面都起来了，现在是分化时代，存量经济最大特征就是分化，你起来了，其他地方相对落后了。

这种时代，发展战略应该更加精准化。我现在发现中国三条线发展比较快。一个是长江经济带，长江沿线城市发展比较快。一个是粤港澳大湾区发展比较快，湾区之外的广东是分化的。我们都说广东经济很好，遥遥领先，但是你仔细分析一下，广东的大部分城市人口在流出，流到哪里呢？流到了广州、深圳、佛山、珠海，连东莞都是净流出。进入分化时代，不是过去口头喊喊，以点带线，以线带面，不是这样的。美国早出现了铁锈地带，中国一些地方已经成为铁锈地带，将来还会有

---

* 李迅雷，时任中泰证券首席经济学家兼研究所所长。

别的铁锈地带。今年房地产最火的一个是苏州，一个是西安，整个陕西人口是净流入，去除西安，陕西人口是净流出。整个山东来讲形势还是比较严峻，山东 2017 年是全国人口净流出人口数量最多的省，去年还是净流出。

这个时代我们应该找点，青岛是一个很好的点。青岛在过去几年，把大连甩到了后面，以前我经常去大连参加会议，现在这几年很少去大连参加会议；把宁波也甩到后面。青岛把金融定位定在金家岭，我觉得这个还是要继续集聚，这个集聚需要有更好的政策，有更好的市场化机制，吸纳更多的人才。金家岭已经取得了很好的成就，将来要继续努力。

金家岭这个点已经产生了一定的辐射性，一定的影响力。传统金融如券商，如果不转型的话，经过几年，它的增长速度肯定不如保险，因为保险得益于人口老龄化。无论传统金融，还是新兴金融，还是要不断学习进步，现在除了数字经济时代，金融在更新，传统金融在被颠覆。一项新技术出来之后，在金融领域里，在细分行业出现了异军突起。所以马云曾经讲过，他是金融行业的搅局者，他的搅局是成功的，出现了蚂蚁金服。

金家岭要抓住机会。在我印象中，青岛做量化交易的私募基金做得非常好，已经具备了一定的基础。这个基础如果能够再扩大，让更多金融量化团队能够入住金家岭，会形成一定的规模效应，对金家岭金融业的带动还是非常好的。我也愿意把国内做得比较好的金融工程的、互联网金融介绍到金家岭来。

建议设立财富管理城市联盟

庞魁霞 *

借此机会，我先介绍一下亚洲金融合作协会，也就是亚金协。亚金协成立于 2017 年 7 月，为首家由中国倡议发起设立的区域国际金融组织。是由习近平主席在 2015 年博鳌论坛提出倡议，李克强总理在四次国际场合多次推动成立。亚金协主要由亚洲国家和地区的金融机构、金融行业组织以及相关专业服务机构自愿结成。目前，120 余家会员机构来自亚洲、欧洲、美洲、大洋洲、非洲五大洲 31 个国家和地区，涵盖银行、证券、保险、基金资管、期货、国际金融中心、行业协会、金融科技及金融服务等领域。

青岛拥有天时、地利、人和的发展环境。中国经济迅速发展几十年，已经积累了一批高净值人群需要进行财富管理，这是天时。青岛是全国唯一以财富管理为主题的金融综合改革试验区，地理环境有配套的基础设施，而且很多人说国际金融中心有一个很重要的地理因素，一定要有水，青岛在这方面已经具备了这个特点，这是地利。中国人的勤劳，还有家族传承对财富管理的需求很大，山东人又是特别善良、勤劳能干，这是人和。

亚金协会员包括伦敦金融城、阿布扎比国际金融中心、阿斯塔纳国际金融中心等。这几个中心分属欧洲、中东、中亚，青岛属于中国，各

---

* 庞魁霞，时任亚洲金融合作协会副秘书长。

个国际金融中心之间会存在相互竞争，但也有很多可以合作的空间。建议设立财富管理城市联盟，打造一个聚焦财富管理的城市联盟生态圈。目前亚金协正在和青岛市政府合作积极推动这一项目。下一步，建议青岛围绕财富管理这个题目，打造各类的生态圈，在招商引资过程中，尽量引进和财富管理相关的多品类金融机构，形成一个供给方和需求方在一条供应链、产业链内循环的生态圈。

青岛城市建设可以向阿布扎比学习

傅诚刚 *

全球22个阿拉伯国家，中东是最关键重要的一个区域。中东之所以重要，因为它供给全球一半以上的石油，石油衍生的金融资本非常丰富强劲。中国从中东进口了一半的石油，中国从其中进口了三分之一的石油。

中国是阿联酋最大的贸易伙伴国，石油领域的合作空前密切，签证双向免签。阿布扎比是政府主导的新国际金融中心。这个国家最大的酋长国是阿布扎比，也是首都，它的GDP占到了82%，监管、政府机构聚集在阿布扎比。国家推动经济多元化，石油占GDP比重从80%在五年时间里降到50%以下，服务业发展迅速，未来则希望把金融业比重提高到10%—15%之间。它的国际金融中心发挥了很大的作用，我们正在管理建设的阿布扎比国际金融中心，很像金家岭金融区。意图就是说把全球超过万亿美元的资产在未来能够吸引回到这个地区来，在本国本地区地区进行管理。海湾合作委员会国家，超高净值人口超过全球的10%以上，在过去三十年里，60%海合会资产都配置在全球市场。原因是因为本土没有成熟的、深化的、广泛的国际金融市场。

阿布扎比的一些做法可供青岛借鉴。第一是制度变革。阿联酋是奉行伊斯兰教义的国家，在国际金融中心里则直接采用普通法治理。第二

---

* 傅诚刚，时任阿布扎比国际金融中心及金融服务监管局中国区首席代表。

是机构和个人免税。第三是给外资企业百分之百所有权。第四是金融产品可以使用任何币种发行。用优惠的营商措施吸引来机构，用产业升级和多元化带动经济增长而不是仅仅依靠税收。此外，阿布扎比除了有中东北非最好的国际教育和其他优越的生活条件。它的国际教育体系，我们美国和欧洲的同事都觉得比本土国家要好。说到引进大学，它在十年里直接引进纽约大学、中欧大学等，主要原因是想通过这种方式促进对人才的吸引力，对国际人才的吸引力。这种方式，我们和青岛在这方面有很多契合的地方。

阿布扎比人口本身就不到两百万，但是外来人口有八百万。国际雇员承担国家治理、金融业和科技服务业等行业的重要管理职责。从青岛城市建设来说，我们的做法不一定适用，但是在过去十年里，我们的尝试展现了多个方面的生命力。未来我们和青岛之间会产生一些比较直接的项目合作，期待促进双边投融资落地。

财富管理既要规范化更要差异化

倪守奇 *

青岛要进一步发展，要把以下几点做好。

第一就是市场化、法治化和规范化。其实这一点如果执行到位的话，相信青岛会更好。政府要做好基础设施，最大的基础设施就是制度的基础设施，这个基础设施做好了之后，发展就上去了。对于市场来说，所有的参与主体，大家最担心的是不确定性，如果有一个统一的规则的话，确定性解决了，很多问题就迎刃而解了。第二，市场化最主要的竞争关系和服务关系，这个关系在市场竞争中非常重要，所有参与主体是平等的，是相互服务或者被服务的，这一点上，政府的作用至关重要。到青岛来，感觉到青岛市政府，包括区政府服务意识很浓，青岛在所有的计划单列市当中，GDP 仅次于深圳，这是非常了不起的。

我和同事经常出差到外地，回来都觉得在全国所有城市服务做得很好的，就是深圳、杭州。给大家举个例子，市政府公开向杭州市民，企业包括外来企业，做一个承诺，所有市民或企业到政府办事只跑一趟，如果跑第二趟，那就是政府失职，这一点非常好。

第二就是规范化，很多需要科技解决，所有能被计算机处理的，基本上是数字化和标准化了。包括今天说的高大上的人工智能，也只是更精细化的规范化，把这一点看清了，它的本质没有变化。一旦规范化，

* 倪守奇，时任恒生电子股份有限公司高级副总裁。

它的产能会被迅速无限复制，它的效率会极大的提升，成本会极大的下降。在市场竞争下，最大竞争力就是谁的成本低，谁的效率高，尤其在互联网时代。

在传统经济时代，前五名都能活下去，但是在互联网时代，可能第二名都活不下去。青岛要想做好金融服务实体经济这个点，利用现代金融科技作为起步是必须的。金融业务相对于传统业务来说，有一个非常重要的特点，就是所有成本都是后置的，比如你把贷款贷出去之后，成本才刚刚开始，你要做好风控，做好调研，做好跟踪，做好收款。开始做得规模再大，如果风险没有控制好，也许哪一天就突然倒掉了，这就是你的风险管理是否能管好的问题。另外一个点，在互联网时代有一特点，要做到第一才能活得好，即你需要在某一个点做到第一或者说有一定的差异化。在这个过程中，青岛要做到第一的话，一是要充分利用金融科技的力量，二是要找一个差异化的点，或者说找到一个能做到第一的点。财富助力航运贸易金融创新，从本次会议的标题看，这个点很可能是航运，航运也的确是青岛有别于其他城市的特色。

移动支付先行，树立青岛金融科技标杆

李紫建[*]

青岛相比其他海滨城市，自身拥有几大优势。

第一个优势就是知名度。海尔、海信、青岛啤酒等作为一个城市的品牌早已闻名全国，而且青岛是座具有悠久历史文化的城市，拥有很多对外友好交流的城市，德国风情街，浓郁的德式日式建筑都堪称经典。但在金融科技领域还没有可作为名片的企业。

第二个优势：智慧青岛。很早之前青岛就意识要在这个方向布局，但可惜市场机制引入的还不够，如果充分利用市场竞争机制，那么金融科技的青岛就会更快变成现实。

第三个优势：人才。在青岛，很多孩子会就读在国际学校，目标是出国深造，深造之后却没能回到青岛，如何吸引他们能回到青岛，增添青岛的人才活力。举个例子，在我的公司，一年内会有五个来自青岛的学子，这些人里面，不仅有海外留学经历，还有研究生学历，能吸引他们回来，说明他们还是很愿意为国家出力的。在习近平总书记提出“一带一路”倡议的号召下，我们的业务涵盖全球十多个国家和地区，在2013年出海第一个国家印尼，接着是马来西亚、老挝等东南亚国家和地区，通过支付，我们把国与国之间、行业与行业之间做了完美衔接，也因为海外事业的拓展，更需要这些学子充分利用学之所长，施展自己

---

* 李紫建，时任丰瑞祥总裁、祥付宝董事长。

的理想与抱负，在这一点上，和这些海归的青岛学子契合度很高。

青岛现在不论是航运，还是贸易，都是相对发达的。如何在金融科技这部分做加法，值得我们去思考，下面我举几个建议。

第一个建议，建立跨境支付业务。在此，我以澳门为例，我们公司拥有澳门唯一的一张互联网金融牌照，可以开展移动支付的收银，而移动支付的流水中，有不少是大陆来的游客，大部分都是来澳门旅游及购物，大陆人很喜欢在澳门和香港这两个地方购物。尤其来购物的这些人，连续去了两次，包含机票和住宿费用，成本核算下来，会发现根本划不来。但跨境电商的市场是客观存在的，而且需求很大也很强烈，也正因为如此，才有了这么多专注在跨境电商领域的互联网公司。

海关在今年 4 月开始实施的《海关总署公告 2018 年第 194 号（关于跨境电子商务零售进出口商品有关监管事宜的公告）》（以下简称《海关总署公告2018年第194号》），目标朝向就是跨境进口电商行业的“合规化”，该公告成为最关键的基础之一。

广东佛山的公司，利用地理和区域的优势，通过打通海关、货运、贸易这三者，平均每个老板每天有两万单，这个生意的规模就不得了，还可以拉动当地政府的 GDP，黑龙江有位省长对这个模式就很感兴趣，我给出的建议是邀请他去佛山亲自考察。

第二个建议，建立财富中心。去年在加拿大多伦多考察，当地有不少有钱的中国人，他们要建一个富人俱乐部，人数大概在 2 万多，入会门槛是 1 亿加币，这也意味着在多伦多，能加入该俱乐部的家庭有 2 万多个，相对加拿大地广人稀来说，这是一个庞大的数量。而这个俱乐部的目的，就是在为这个群体服务，为这些至少拥有 4、5 亿人民币的家庭服务，服务什么呢，就是要把这部分财富合理去投资，那么财富投资总会去寻找投资路径的，我刚好参与策划了这个项目，和青岛的财富中心定位非常契合。青岛可以在每个国家找到这种合作的项目连接，可能更有助于财富中心的落地。

第三个建议，全球钱包。我们的主要产品是全球电子钱包，钱包适用于各个场景，尤其像青岛这里有各种贸易和货运的交易场景，基于钱包可以把各行业都通过支付连接在一起，把钱包放到支付连接的应用场景里，在钱包中可以赚取服务费，也有利于当地 GDP 增长。

第四个建议，物流中心。我们在马来西亚做电子钱包的时候，发现，阿里巴巴、京东以及国内众多电商机构，在吉隆坡都有自营的物流中心，这是一件很不可思议的事情。不论是从当地国家和政府给予的配套政策、还是从人才角度、成本角度考虑，这部分可能需要由专业人士来回答和探讨。

以上是我从这 12 年金融科技的行业和领域角度，以及合作过的国家和地区经验，对青岛的发展提出的建议，有不足之处，还请大家海涵。

崂山要鼓励应用科技

白春雨*

今天谈到科技助力金融财富，在科技对互联网金融的作用，以及科技在崂山地区的发展，我有一个想法或者建议。目前崂山在科技方面十分重视，有人工智能、区块链等各类公司，我们建议是不是可以把这些联合起来在崂山搞一个试点，来助力财富论坛，财富管理，这是可行的。我们是搞技术的科技公司，能不能用科技创新应用助力金融财富、政府管理等工作？也可以助推我们的科技创新。去年在杭州考察政府一站式服务，我想崂山肯定也是这样。对于“互联网＋政务服务”，我们是做底层的数据支持，比如说公司注册，还有个人的许多政务服务方面的事情，都是要以公民个人信息数据为基础。

个人信息首先要对其身份进行认证，身份认证最核心的就是生物特征，比如说人脸。我们现在推荐采用多维生物识别技术来助力银行业或财富管理，保障安全性和风控。现在跟国内大的银行和互联网金融公司在实践，包括“一带一路”的国家，我们都在做这件事。就是多维生物识别：刷脸、加指纹、加声纹，这对高频小额支付和低频大额支付是不一样的，讲 AI 助力移动支付，就要多维识别。现在的支付宝、微信支付等，只有刷脸，所以还需要添加手机号或身份证号，实际上已经是二维。由此可见，多维生物识别应该是一个发展方向，中国在这方面一定

---

* 白春雨，时任海天鑫创 CEO。

是走得最好的，包括李克强总理在政府工作报告里谈到了人工智能的事情。中国无论在政策上，还是政府层面都很支持。

我们看到崂山在这方面做得很好。科技是一种推动力，有我们崂山区政府在科技方面的鼎力支持，不管是移动支付也好，财富管理也好，从大数据到人工智能，再到区块链。崂山都可以先行实践。我的提议就是在青岛，在崂山，我们能不能加强应用科技落地。像搞区块链联盟一样，把搞人工智能的、云计算的各类公司、与本地像浪潮这样的公司合作，搞一个以应用科技为驱动力的一个创新，助力金融科技及财富管理，以“互联网+政务服务”为契机，提高政府管理，使我们崂山在全国乃至世界都走在前列。

财富管理行业是青岛未来发展的重点

王　翔*

对于财富管理行业我谈几点看法。第一，青岛建设财富管理中心这个举措非常好。在经济减速周期要找一个好的行业作为抓手是非常难的，因为绝大多数行业都在减速，唯有财富管理行业有逆势发展的巨大潜力。经济减速与人口老龄化密切相关，财富管理行业的发展将受益于人口老龄化，这与其他行业是不同的。展望中国未来十年，财富管理行业将成为增长确定性最大的行业。

第二，财富本质上没有国界，会自由流动，并且最终将流动到相对安全、风险收益最优、信息最透明的领域。因此，除了技术以外，财富管理行业的基础设施建设非常重要，尤其是相关的法律环境和制度的建设。

第三，财富管理行业是一个信用行业，信用的建立要靠长期的积累，不可能一蹴而就。从全球来看，新加坡、瑞士等以财富管理为中心的区域，其形成信用的过程都是以十年计的。青岛在建设财富管理中心的过程中，同样需要管理者有足够的耐心，把青岛财富管理品牌逐步建立起来。

---

* 王翔，时任基煜基金总裁、“基构通”创始人。

未来崂山区金融产业发展的方向

江敦涛 *

国务院批准青岛成为财富管理金融改革试验区以后，由时任山东省省长郭树清批准，青岛设立了金家岭金融区，作为整个青岛市财富管理金融改革试验区的核心区和主要承载区，以期吸引更多的金融机构和企业能够选择来崂山发展。这个金融区是以什么思路来打造的？为什么崂山是青岛或者中国北方适合集聚这么多金融资源和要素的地方？

首先，目前青岛应该是中国长江以北经济发展最活跃的区域之一。中国进入“万亿俱乐部”的 12 个城市中，北京、青岛，和郑州是唯有的 3 个北方城市。从这个角度讲，青岛是中国长江以北经济发展活力最强的区域之一。金融产业的集聚一定要看这个地区经济的活跃度，从这个角度看，青岛应该是金融产业集聚落地中国北方的重要考量区域之一。为什么金融产业集聚到青岛，一定要到崂山来呢？除了自然资源禀赋，崂山这几年一直致力于打造金融产业集聚发展生态。这是近年来崂山金融产业发展中非常重要的工作。

第二，作为金家岭金融区管委会主任，我认为崂山金融产业发展涉及三个思路。第一是要加强金融产业载体建设和规模扩张。任何金融区在发展初期一定要有规模，金融产业发展的重要特点就是产业的集聚效应，规模扩张对金融产业、金融区的发展特别重要。第二个思路，打造

---

* 江敦涛，时任青岛市崂山区委书记、青岛金家岭金融区管委会主任。

金融产业发展和集聚的产业生态，防范系统性金融风险的发生，这是国家的要求，也是金融区发展非常重要的思路。第三是要打造科技金融服务体系。金融产业的机遇如果没有创投、增值的机会，金融产业在这个地区很难有集聚的可能性。近年来崂山金融产业结构是什么？我们二产是 45%，三产 54%，以及特意保留的一产大约 1%，是为了文旅结合而保留的农业。从这个角度讲，我们当然要把金融产业作为重点，实体经济始终是我们的方向。金融区发展过程中，一定要重点完善和建设科技金融服务体系，实现金融产业对高新技术产业、实体经济的保障和支撑。

第三，在整个金融区发展过程中我们一直在讲一个理念：一个区域的产业结构决定了其人口结构，人口结构决定了这个城市发展的层级。所以崂山作为高新技术产业和金融产业集聚区，高层次人才是这个区域的主要人口结构。以前是房地产主导了崂山人口增长，现在我们在实现产业集聚主导人口增长。这个区域需要高端的商业配套、医疗、教育等资源。除了知名的青岛二中，我们从北京引进了十一学校，在崂山设立了 K12 教学体系，现在发展非常好，我们和李希贵校长沟通也非常好。但是我们也意识到，崂山缺高端的国际学校，我这次到欧洲去也在探讨引进高端的国际学校。再一个就是高端医疗，我们最近也在和中国中医科学院接触，现在基本达成一致建设国医大师传承基地。中医的教学只能是医院来教学，不能是医学院。同时，我这次到瑞士也接触到了一些金融资源，特别是高端医疗和养老资源，我们和苏黎世大学附属医院在探讨合作，希望把苏黎世大学医学院和上海瑞金医院的合作项目落到崂山来。这样从中医和西医的角度，都希望有高端的医疗资源落地。

希望崂山能集聚更多的高端配套资源，形成良好生态，使这个区域真正成为一个适合金融领域高层次人才集聚发展的区域。我们热切期待各位能到青岛，到崂山来发展。

在未来发展中，崂山金融区有两点必须要坚持做下去。

第一是国际化，中国正在进行全面对外开放，金融是红利领域，国际化是我们必须要坚持的。这几年一直和伦敦金融城合作，我这次到瑞收获也特别大，国外有很多资源也想到中国来，但缺乏有效平台。金融产业集聚发展的定位是什么？我和卢森堡上会也讨论过这个问题，国际化是任何金融区未来发展必须走的方向。

第二，青岛金融科技中心就在崂山。任何一个金融区，如果不是金融科技强区，或者没有掌握金融科技的制高点，未来发展是没有潜力的。因为金融科技决定了未来的金融业态、金融产品、金融资源的集聚可能性。自 2016 年提出金家岭金融区打造青岛金融科技中心，几年我们集聚了很多资源，包括中国区块链很高端的人才团队。我们的观点一直是多做少说，甚至是只做不说，要的是真正的实惠和发展。我们已经在行政审批效率提高上做了很多工作。未来，很多区块链产品更多要到这个区域做检测认证。因为作为行业制高点，赛迪研究院的区块链研究院就在崂山。我们坚持认为，没有金融科技制高点的掌握，金融区就没有发展前途。

我们有很好的生态与服务。通过不断努力，崂山会越来越好，青岛会越来越好，山东会越来越好。

打造面向国际的财富管理中心

赵　燕*

崂山区一共是 395.8 平方公里，30 万户籍人口，5 个街道办事处，162 个社区，我们去年的各项经济指标还是不错的，去年的 GDP 是 274 亿元，地方的一般公共预算收入，就是地方可以花的钱是 153.2 个亿元，在山东省 137 个县市区里，我们位居第二位。

金家岭金融区是国家级青岛财富管理金融综合改革试验区的核心区。我们以打造面向国际的财富管理金融中心为目标，坚持“紧抓载体建设和推动规模扩张、优化金融生态和严控金融风险、构建科技金融体系”三管齐下的发展思路，推动金融业增加值年均增长 20%左右，2018 年达到 123.34 亿元，占 GDP 比重达到 17.7%。目前，已聚集金融机构和类金融企业 870 余家，其中大型法人金融机构 16 家，国内外上市企业 12 家，分别占青岛市的 80%、25%，管理基金实缴规模突破 500 亿元，占青岛市的 80%。经过近几年的发展，金家岭金融区正加快迈入国际知名的财富管理金融中心行列。

服务实体经济，是金融业发展的使命和本源，作为全国唯一的以财富管理为特色的金融综合改革试验区的核心区，我们正加快打造全球创投和风投中心，精心制订了“金融产业政策 18 条”“金葱人才奖励措施 6 条”“创投基金政策 9 条”等一系列扶持政策，推动青岛金家岭金

---

* 赵燕，时任青岛市崂山区委副书记、区长。

融区成为全国金融激励范围最广、兑现力度最大、引才引智最优、产融结合最紧的金融区之一。我们真诚地希望各位领导、各位专家学者借此机会，畅所欲言、碰撞思想，在金家岭金融区留下宝贵的思想财富。同时，我们也诚挚地邀请各位金融家、企业家成为金家岭金融区的合伙人，在崂山这片投资沃土上开拓新的事业版图。我们将提供一流的服务、一流的政策、一流的环境，与大家携手奋进，共创美好未来。

后　记

以战略耐心应对全球剧变
做好自己的事情

张燕冬 *

提笔，堪似沉重。

2020 年初，新冠肺炎疫情成为一只突如其来的超级“黑天鹅”，迅速演变为全球性的重大公共卫生危机事件。在过去短短几个月中，世界上所有国家几乎无一幸免，全球每天感染新冠病毒的人数和死亡病例数不断增加。疫情的全球性暴发，不仅造成了重大的人身伤亡，而且对经济、社会、地缘政治、国际关系、世界秩序等各个方面都已产生并将继续产生深刻的影响。

疫情对全球经济形成巨大的外生冲击，并将过去长期积累的结构性问题和贫富问题凸显，恐慌情绪蔓延，IMF 甚至预期全球经济增长将大幅萎缩。虽然中国疫情逐渐得到控制，经济活动得以先于欧美逐渐重启，但已经与全球经济紧密相连的中国，难以独善其身。全球生产与供应链的断裂、全球需求的垂直下跌，已经对中国经济反弹产生反灌影响。而北京近期出现的新发地疫情，也在难以预料的不确定中。

---

* 张燕冬，时任《财经》杂志执行主编、《财经智库》总裁。

中国政府在防控疫情的同时，加大了宏观政策逆周期调节力度，出台了阶段性减税降费、增加金融专项贷款，以及货币和财政等一系列政策，努力推动企业复工复产和经济秩序恢复。当前，虽然国内企业逐步开工，但经济恢复尚需一定时日。尤其国外疫情尚处于高峰期，国内经济反弹仍面临严峻的外部环境冲击，存在很多不确定性。中国能否顺利通过这场大考，尚需时间检验。

在这个特殊的历史时刻回顾“2019 青岛 · 中国财富论坛”，不禁感慨万千。尽管当时没有也不可能预测到来年疫情的暴发，但很多嘉宾对国际政经、经济走势、金融和财富管理热点的分析和预判还是较为理性、准确的。疫情的出现更加速了一些趋势的加剧，同时也带来了一些更为严峻的新问题。

在 2019 年 7 月论坛举办之际，全球经济在多种变量的博弈和不确定之下，风险与机遇并存。全球经济增长乏力，经贸格局深度调整，新兴经济体经历结构性重压与变革。随着中美贸易战的严峻性和复杂性加剧，以及中国国内去杠杆取得的阶段性成果，如何进一步深化改革开放，加快新旧动能转换，促进科技创新发展，成为全国各地的共同挑战与任务。金融是国家重要的核心竞争力，金融制度是经济社会中重要的基础性制度。中国经济的可持续发展，需要深化金融供给侧结构性改革，增强金融服务实体经济的能力。在创新、开放、监管进程中，如何构建一个健康有序、配套健全的市场，如何进一步疏通金融服务实体经济链条、提升资金效率，在新的形势下，作为金融服务实体经济重要抓手的财富管理行业如何进行结构性调整，都有赖于决策者、监管层、机构从业者乃至投资者的勠力同心。

2019 年，也是“青岛财富管理试验区”获批之后的第五年，几十项创新试点落地实施，为青岛财富管理中心的发展带来持续的推动力，而与之相伴的“中国财富论坛”也为试验区的发展和资源引进起到重要作用。我们欣喜地看到，当时在时任山东省省长郭树清推动下的光大财富总部也于去年落地青岛，外资金融机构“意才”安家青岛……青岛在最新的“全球金融中心指数”榜单中已跻身前30位。

青岛正面临着如何以财富管理为突破口深化金融供给侧结构性改革，增强金融服务实体经济能力的重大机遇。青岛市委书记王清宪上任后，提出了建设国际航运贸易金融创新中心，并发起“十五个攻势”，为青岛下一步发展勾画了蓝图。要实现这些目标，离不开金融与财富管理行业的支持。无论是推动青岛建设国际航运贸易金融创新中心，打造长江以北国家高质量发展的战略支点，还是推动新旧动能转换、科技创新、经略海洋、深化改革，以及在人工智能、高端制造业等方面实现跨越式发展，都需要丰富的金融产品和有活力的金融体系加以支撑。

“2019青岛·中国财富论坛”在此背景下举办。论坛以“财富助力航运贸易金融创新”为主题，如王清宪书记所说，“航运、贸易、金融，三者是一个互动的系统。航运是贸易的重要载体，贸易是金融的重要依托，金融是贸易的重要杠杆。金融放大贸易，贸易撬动航运。推动航运、贸易、金融紧密互动发展，就是打造一个生态系统”。论坛围绕全球与中国经济、开放与全球投资、逆周期下的财富管理新格局、航运贸易与金融创新、资本市场制度创新与突破、风险投资赋能创新生态、多渠道拓宽企业上市之途、供应链金融与实体经济、全球资产配置路径与未来、移动支付的场景革命、科技助力传统金融焕发新动能等议题开展了深入讨论，并就青岛金家岭金融聚集区的发展路径提出众多建议，同时也解读了《财经智库》杭州金融科技的研究报告，为青岛金融科技的发展提供参考。

回想2019年青岛“中国财富论坛”，颇有些小波折。论坛时间是7月5、6、7日三天，但在7月5日天公不作美，北京下起了暴雨，下午和晚上几乎所有航班都取消。证监会副主席方星海、社科院副院长高培勇等重要嘉宾因航班一再推迟，在机场等到半夜，而最终未能赶赴青岛；一些外国嘉宾在北京转机时不得不在京留宿一夜后改乘高铁；幸好央行副行长陈雨露、银保监会副主席曹宇等嘉宾赶在雨前抵达青岛。陈雨露副行长、曹宇副主席对“中国财富论坛”的评价给与会人员留下深刻印象。陈副行长将“中国财富论坛”评价为“中国财富管理行业发展的重要风向标”；而曹宇副主席强调：“中国财富论坛已发展成为具有国际影响力的财富管理交流平台，在聚集专业智慧、推动中国财富管理行业探索前进方面发挥了重要作用”。

全球化挑战与中美贸易战是近两年来最受关注的话题，中美嘉宾都非常关注中美的未来以及如何应对。发改委学术委研究员、中国国际经济交流中心首席研究员张燕生提到G20的领导人为全球缺乏增长动力、世界往何处去感到焦虑，中国要“保持历史耐心、战略定力、底线思维。面对两个大国博弈，要做好自己的事情”。上海重阳投资管理股份有限公司总裁王庆提到“要切忌把短期问题长期化”，长期促进经济增长的因素是确定的，那就是全要素生产力的提升，包括科技的进步和体制机制的创新。美国白宫经济顾问委员会前主席 Austan Goolsbee 认为中美两国的冲突从长期来看还有可能会逐渐化解。

虽然国际形势相对趋紧，但中国还是要坚定推进改革开放，特别是金融领域开放的真实步伐。中国人民银行副行长陈雨露提到要“扩大金融业高水平对外开放，推动形成财富管理开放新格局”，具体将“推动实行准入前国民待遇加负面清单管理模式，制定统一的准入和监管标准，确保中外资机构皆可依法平等进入负面清单之外的领域和业务，不断扩大金融市场双向开放，满足国内投资者在全球范围内配置资产，以及国际投资者配置国内金融资产的需求”。

开放既要“引进来”，瑞银证券有限责任公司总经理钱于军用数据告诉大家外资进入中国市场已成“新常态”；也要“走出去”，招商银行总行首席投资官赵驹提到中国的海外投资虽然这两年有所回落，但情况似乎不那么完全悲观。就在近几天，央行和外汇管理局联合发文，取消了境外机构投资者额度限制，这是开放金融市场、吸引外资入华投资的一大步。近日，央行已经批准美国运通（AMERICAN EXPRESS）以合资方式进入中国，在中国开设银行卡清算业务，此举反映了中国正在进一步进行开放和金融业改革。

制度和机制创新是发展的动力。银行理财子公司作为财富管理行业的热点很受关注，中国银行保险监督管理委员会副主席曹宇提出“要引导理财子公司起好步、亮好相、开好头，坚持严格监管，维护公平竞争，保护投资者合法权益”；时任度小满金融副总裁、现任光大理财董事长张旭阳提出理财子公司的三个责任：“更加有效促进储蓄向投资转化，促进中国资本市场发展；促进个人的财富管理的保值增值；成为金融科技的创新堡垒，成为创新发动机的角色。”全国社会保障基金理事会原副理事长王忠民则就如何管理五万亿社保资金提出了自己的新思路。在资本市场领域，中国证券业协会执行副会长安青松提出加快完善资本市场基础制度；贝恩投资私募股权（亚洲）有限责任公司董事总经理竺稼明确提出打破二级市场退出壁垒，以活跃整个资本市场。

科技创新赋能金融也是论坛讨论的热点。中国互联网金融协会会长李东荣提出财富管理行业高质量发展应注重发挥金融科技作用，“科学高效地设计出既符合监管要求，又满足人民财富管理需要的产品，推动财富管理行业实现高质量发展。”与此同时，传统金融业也在转型过程中向数字经济迈进。中国银联推出的“云闪付”在社会中产生影响，并在本届论坛组织了“移动支付的场景革命”专场讨论。青岛市市南区则组织了“科技助力传统金融焕发新动能”的讨论。来自杭州金融科技课题组的专家和企业家则分享了观点和经验，为青岛和全国提供借鉴。

对于青岛非常重视的航运贸易金融创新，来自中、英、德、美、韩的嘉宾分享了宝贵经验。时任青岛港集团董事长李奉利展示了青岛港如何助力青岛成为航运贸易金融中心的做法；国家发改委综合运输研究所所长汪鸣就港航协同发展、打造枢纽经济分享了观点；德国汉堡港口物流公司董事局主席 Ruediger Grube 认为创新对港口未来发展至关重要；航空管理集团 CEO、DHL Express 美国区前首席运营官 Peter Davies 则分享了空港经济的经验——这对新机场即将投入运营的青岛也很有借鉴意义；伦敦海事服务协会前 CEO Doug Barrow 则侧重谈了航运金融的作用；韩国 CJ 物流中国区总裁兼 CJ 荣庆物流共同总裁鱼在爀则给青岛市和青岛港提出了具体的建议。

回顾“2019 青岛 · 中国财富论坛”的内容，结合当前疫情下的全球与中国局势，有几点感想：

第一，全球化虽然遭遇挫折，近期的疫情让国际氛围更加紧张，中美关系前景堪忧，不确定的世界让已经错综复杂的政经结构再次发生剧变。尽管基辛格感叹“中美关系再也回不到从前”，但或许中美关系不是要回到从前，而是要抓住切入点和共同点或互补点，这是双方面临的共同课题。在疫情面前，各国虽然也在打口水仗，但最终还是要靠科学的分析研究与合作的态度共同度过这场全球危机。

第二，历史上的许多重大灾难事件往往成为改变历史进程的催化剂，但需要理性的思维来对待。进入 21 世纪以来，各类灾难、危机不断，2001 年 9 · 11 事件、2003 年非典、2004 年印度洋海啸、2005 年卡特里娜飓风、2008 年汶川大地震、2008 年全球金融危机、2009 年全球甲流 H1N1、2013 年埃博拉病毒、2020 年新冠病毒……新冠病毒绝不是人类所遭受的最后一次灾难，但面对灾难，积累经验，吸取教训，人类社会才能不断前行；冷战思维和民粹主义，只能把世界更加推向深渊。

第三，在中国融入世界的过程中，要保持一种谦虚谨慎的态度和战略定力。最近中行“原油宝”事件让我们更加认识了国际市场的风险与自己能力的不足。在国际金融巨头的挑战面前，我们在一些领域要像小学生，在加大开放的同时也要学习经验与控制风险。提升自身还是第一位，而强健自己才有能力应对外部环境的变化。中华民族在走向世界的过程中，要有不卑不亢的胸怀走向世界，同时以兼容并蓄的气度让世界走向我们。

第四，中国改革、开放、创新的步伐永远不能停滞。在经济增速逐步回落的情况下，如何真正保持高质量发展，除金融领域的改革开放，可释放新动能的改革领域还有很多，如社会治理体系、共同服务体系、财政与货币政策、人口与户籍政策、国有企业、土地制度、贫富差距等，但在改革已经进入深水区的情况下，往往牵一发而动全身，如何进一步推动改革，需要更大的勇气与智慧。

第五，财富管理市场的发展与开放将成为经济高质量发展的重要推动力。加快推进多层次金融市场体系建设，完善广覆盖、差异化的金融机构和产品体系，在满足群众日益增长的差异化、个性化财富管理需求的同时，引导财富管理行业反哺实体经济，避免资金过度流向房地产等领域，是监管部门和行业的重要任务。

总之，从长远看，疫情可能导致全球格局的分散化与多中心化，而疫情所产生的激烈纷争，可能将使中国在疫情后面应对更为严峻的国际形势。一方面，短期应通过超常规的扶持措施帮助受疫情影响的企业，尤其是中小企业度过难度，避免冲击演变成趋势性、系统性、内生性和中长期问题；长期则需要通过改革，激发中国经济和金融新活力，理顺中国经济内循环，以底线思维应对异常复杂的国际环境。但另一方面，应该认识到 40 多年来中国经济发展所取得的成就与中国拥抱全球化、与各国开展各方面、各领域的交流与合作密不可分。要“避免因一时短视而犯下不可挽回的历史性错误”，更要保持历史耐心和战略定力，保持进一步扩大开放包容、和而不同、共享合作的心态。

疫情终将过去，人类终将前行。衷心祝愿世界，祝愿中国，祝愿山东，祝愿青岛。

最后我要代表《财经》杂志感谢：已经离开山东但始终对“中国财富论坛”给予高度关注和支持的郭树清主席，以及“一行两会”领导对论坛的支持；感谢山东省政府、青岛市委、市政府领导的支持，感谢王清宪书记和孟凡利市长，感谢时任副市长刘建军；感谢青岛金融局的专业支持和具体指导，感谢王锋局长、王锦玲副局长、李鸣处长等；感谢人民出版社重点工程办主任、编审鲁静的专业编辑；最后，再次对所有对“中国财富管理论坛”作出贡献的嘉宾及工作人员表示感谢！

2020 年 6 月于北京

策划编辑：鲁　静
责任编辑：刘松弢
特约编辑：于　永　熊琳琅　王湘怡　喻春来　韩　冷
封面设计：姚　菲

图书在版编目（CIP）数据

全球变局下的财富管理趋势：2019 青岛 · 中国财富论坛 / 王波明，张燕冬 主编．—北京：人民出版社，2020.8
ISBN 978－7－01－022283－7

I. ①全…　II. ①王…②张…　III. ①投资管理－研究－中国
IV. ① F832.48

中国版本图书馆 CIP 数据核字（2020）第 118719 号

全球变局下的财富管理趋势
QUANQIU BIANJU XIA DE CAIFU GUANLI QUSHI
——2019 青岛 · 中国财富论坛

王波明　主编
张燕冬　执行主编

人民出版社 出版发行
（100706　北京市东城区隆福寺街 99 号）

环球东方（北京）印务有限公司印刷　新华书店经销

2020 年 8 月第 1 版　2020 年 8 月北京第 1 次印刷
开本：710 毫米 ×1000 毫米 1/16　印张：28.25
字数：392 千字

ISBN 978－7－01－022283－7　定价：70.00 元

邮购地址 100706　北京市东城区隆福寺街 99 号
人民东方图书销售中心　电话（010）65250042　65289539